RÉQUISITOIRE

DU

GÉNÉRAL POURCET

PARIS. — TYPOGRAPHIE LAHURE
Rue de Fleurus, 9

PROCÈS DU MARÉCHAL BAZAINE

RÉQUISITOIRE

DU

GÉNÉRAL POURCET

COMMISSAIRE SPECIAL DU GOUVERNEMENT

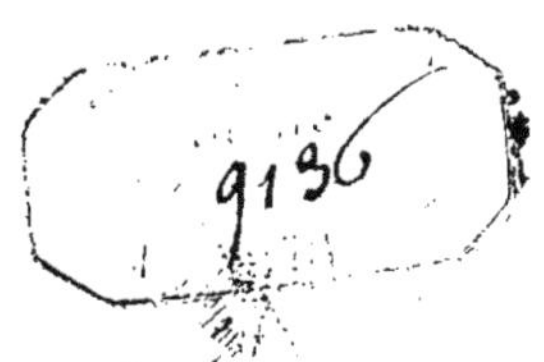

PARIS
AUGUSTE GHIO, LIBRAIRE-ÉDITEUR
41, QUAI DES GRANDS-AUGUSTINS, 41

1874

RÉQUISITOIRE

DU

GÉNÉRAL POURCET

COMMISSAIRE SPÉCIAL DU GOUVERNEMENT

PREMIER CONSEIL DE GUERRE SIÉGEANT A TRIANON

Audience du 3 décembre.

PRÉSIDENCE DE M. LE DUC D'AUMALE.

La séance est ouverte à midi 35 minutes.

Le général-président donne la parole au commissaire spécial du gouvernement.

M. le général Pourcet se lève et s'exprime en ces termes:

Un maréchal de France est traduit devant vous sous l'accusation d'avoir manqué aux devoirs du commandement, et d'avoir livré sans combat une armée de cent cinquante mille hommes et une place de guerre de premier ordre.

La France attend votre jugement.

Elle veut savoir si un général en chef a failli à son devoir; s'il a violé les règlements et les lois; s'il a manqué de droiture et de loyauté; s'il a toujours prêté à ses lieutenants l'appui qu'il leur devait; s'il a engagé clandestinement avec l'ennemi des relations illicites; si, obéissant à des préoccupations coupables, il s'est éloigné de ces principes d'honneur qui font la sécurité du pays, la force et la gloire des armées!

Elle veut savoir, enfin, si les actes du commandant de l'armée du Rhin n'ont en rien contribué aux revers éprouvés sur d'autres théâtres, ou si, au contraire, sa conduite a exercé sur l'ensemble des opérations militaires, pendant la campagne de 1870, une désastreuse influence!

Si pénible qu'il soit de raviver des plaies encore saignantes, l'équité comme l'intérêt général commandaient de déterminer par des débats publics les causes d'une capitulation qui a pesé d'une manière fatale sur les destinées de la patrie.

Désigné pour de redoutables fonctions, j'ai dû me soumettre à la tâche assignée, et je viens aujourd'hui, après des investigations consciencieuses et de solennels débats, déclarer devant vous que les charges imputées au maréchal Bazaine sont pleinement fondées et réclamer contre lui la rigoureuse application de la loi.

Mais si mon mandat m'impose le devoir de soutenir l'accusation portée contre le maréchal Bazaine, il me donne aussi l'occasion de rendre un public hommage à sa vaillante armée, qui a pu subir un immense désastre sans cesser de mériter l'estime de la patrie. Dans ces luttes gigantesques, à Rézonville, à Saint-Privat, officiers et soldats firent toujours leur devoir. Par leur ténacité dans une lutte inégale, par leur courage dans les combats, par leur résignation dans les privations, par une discipline que les situations les plus extrêmes ne purent ébranler, ils ne cessèrent d'être dignes de notre glorieux passé. L'ennemi lui-même rendit un éclatant hommage à leur valeur. Ils ont droit aussi à la reconaissance du pays, malgré leur défaite, car il est digne d'une grande nation d'honorer ses défenseurs, alors même que leurs efforts sont restés impuissants à la défendre.

Oui, messieurs, quelque funeste que soit le résultat de la lutte, un général d'armée restera honoré de tous si, avant comme après le combat, il a fait complétement son devoir de chef et de soldat; s'il a pu, à bon droit, prononcer cette parole d'un de nos preux illustres dont la fortune avait trahi le courage : « Tout est perdu fors l'honneur. »

Dieu seul, en effet, messieurs, tient dans ses mains le sort des armées comme celui des nations.

La France qui, aux premières années de ce siècle, avait promené ses couleurs victorieuses dans toutes les capitales de l'Europe, n'a point échappé à cette loi de la destinée, et après avoir, récemment encore, ébloui le monde par l'éclat de ses triomphes, elle vient de l'étonner par l'étendue de ses désastres.

C'est qu'il n'est pas de jeu plus redoutable que le jeu des batailles, jeu terrible où, selon la parole de Napoléon, un général peut compromettre, à la fois, sa réputation, ses troupes et son pays. La stratégie de la guerre, la conduite des armées et leur emploi en face de l'ennemi exigent de vastes connaissances, un caractère résolu, des vertus éprouvées. Tout entier à sa noble mission, supérieur à tout esprit de parti, à toute pensée d'égoïsme, le général en chef aura pour seul objectif de ses efforts l'honneur et l'indépendance de son pays, la gloire et le salut de son armée. Pour remplir ces devoirs, qui commandent le sacrifice de toute pensée personnelle et même de la vie, il faut intelligence, énergie et patriotisme, il faut surtout un grand cœur.

L'histoire glorifie les chefs d'armée qui se sont dévoués aux intérêts de leur patrie. Elle lègue avec orgueil leurs noms à la postérité et les lui propose pour modèles. Mais si elle leur décerne ainsi ses plus précieuses récompenses, elle réserve, par contre, ses plus sévères flétrissures pour le général qui, sans souci de ses devoirs, sacrifiant les intérêts généraux à des préoccupations personnelles, n'a pas craint de s'abaisser à des manœuvres coupables pour couvrir les visées d'une ambition égoïste.

C'est parce qu'elle lui impute une telle conduite que l'opinion publique demande compte au maréchal Bazaine de la capitulation de Metz. Son émotion serait-elle aussi vive, s'il ne s'agissait que de fautes militaires d'un général en chef, quelles qu'en aient été les conséquences. Non, messieurs ; comme celles de tous les peuples, nos armes ont eu des jours néfastes, et nos annales nationales, à côté de nombreuses victoires, durent enregistrer aussi des revers. L'année 1870 y a inscrit des dates à jamais douloureuses. A quelques jours de distance, à quelques lieues pour ainsi dire l'un de l'autre, sur le sol même de la patrie, deux de nos grandes armées ont subi les mêmes extrémités. Mais, malgré la similitude apparente de leurs désastres, quelqu'un a-t-il jamais eu la pensée de porter contre le loyal commandant de l'armée de Châlons les accusations graves articulées de toutes parts, et jusqu'au sein de notre armée contre le commandant de l'armée du Rhin?

N'a-t-il pas été, au contraire, universellement reconnu qu'entraîné par son désir de sauver l'armée de Metz, le maréchal de Mac-Mahon est tombé victime de son chevaleresque dévouement?

Pouvait-il croire que le commandant de l'armée du Rhin, instruit de sa marche, ne tenterait pas une sortie sérieuse pour venir en aide à l'armée de Châlons, qui, malgré l'insuffisance de ses forces et de son organisation, se portait si généreusement à son secours!

Pourquoi la route de Metz ne fut-elle pas libre alors devant lui, comme l'avait été quelques jours plus tôt celle de Forbach pour le maréchal Bazaine?

Qui doute que les deux grands désastres de la guerre n'eussent été ainsi évités?

Faut-il chercher dans la faiblesse ou dans l'impéritie du maréchal Bazaine les motifs de sa conduite, ou doit-on l'attribuer à de mesquines et égoïstes passions auxquelles il aurait sacrifié les intérêts de son armée et de son pays?

Vous aurez, messieurs, à prononcer sur ces graves questions. Les faits révélés par les débats ont dû porter dans vos consciences, comme ils l'ont porté dans la nôtre, la conviction profonde que ni la faiblesse ni l'impéritie ne suffisent à expliquer les actes du commandant en chef de l'armée du Rhin, et qu'on ne saurait en trouver le mobile que dans les suggestions inavouables de l'intérêt personnel.

Mis à la tête de nos armées par la confiance du pays, pourquoi s'éloigna-t-il de ces sentiers de l'honneur et du devoir où l'homme est sûr de rencontrer toujours le respect et la reconnaissance de ses concitoyens? N'avait-il pas reçu lui-même un éclatant témoignage de ces sentiments dans la démarche par laquelle la ville de Versailles manifestait sa fierté de le compter au nombre de ses plus glorieux enfants? Elle ne pouvait prévoir alors qu'elle aurait bientôt à lui donner une prison, et qu'un tribunal réuni à ses portes aurait à prononcer sur une accusation flétrissante portée contre lui!

Vous connaissez, messieurs, les nombreux et brillants services du maréchal Bazaine; ils justifient hautement sa rapide carrière. Les commandements militaires et politiques dont il fut chargé mirent aussi en lumière les souplesses et les ressources variées d'un esprit fin, pénétrant et habile à dissimuler. Peut-être un long séjour en Algérie, dans la pratique des voies tortueuses de la politique arabe, ne fut-il pas pour lui sans inconvénient et sans danger.

Engagé volontaire en 1831, le maréchal avait gravi rapidement les degrés de la hiérarchie jusqu'au maréchalat. La modestie du début ajoutait au prestige de l'élévation. Le moment était proche où il faudrait la justifier plus complétement; mais, comblé par la fortune, il n'avait pas su se préparer aux grandes épreuves qu'elle lui réservait. Aussi, chargé un jour des destinées de la France, au lieu d'élever son cœur à la hauteur de ses patriotiques devoirs, il s'est laissé dominer par de mesquines passions et par un coupable égoïsme, manquant ainsi à la fois à sa fortune et à son pays qui, au jour du danger, l'avait désigné pour le commandement suprême. C'est pour avoir trahi cette confiance que le maréchal est aujourd'hui devant vous, attendant les arrêts de votre justice.

Pour éclairer vos décisions, vous interrogerez les faits avec impartialité, sans craindre que ce procès et le jugement que vous allez rendre puissent porter atteinte à la discipline, ni altérer la considération due à la plus haute dignité militaire.

L'histoire de tous les peuples mentionne des punitions éclatantes infligées aux généraux qui ont manqué à leur devoir, soit dans la défense des places, soit dans la conduite des armées, et ont ainsi compromis l'honneur des armes et les intérêts de leur pays.

Loin d'amoindrir le respect hiérarchique, ces grands exemples de juste sévérité n'ont fait qu'ajouter à sa force et à son prestige. Ils s'imposent avec une autorité particulière dans notre pays, où l'égalité devant la loi, qui est la base de notre société civile, est également le principe de notre organisation militaire.

A côté des hautes prérogatives du commandement, nos règlements ont inscrit les obligations qu'il impose. Il importe en effet qu'une position, si élevée qu'elle soit, ne puisse être considérée comme assurant l'impunité d'actes coupables. Plus le chef est haut placé dans la hiérarchie, plus doit être sévère le compte à lui demander de l'observation de ses devoirs.

Je n'ai pas à examiner avec quelle déplorable légèreté le gouvernement impérial précipita la nation dans une guerre formidable, sans moyens préparés pour la soutenir. Tant d'imprévoyance, fatalement aggravée par l'impuissance et l'irrésolution du commandement, devait être promptement et cruellement expiée. C'est ainsi qu'une armée valeureuse, mais numériquement insuffisante, mal pourvue et mal dirigée, fut, malgré son courage et sa discipline, amenée à subir une série de revers jusque-là inconnus ; et cette France, que les nations avaient appris à respecter et à craindre, après avoir fait l'admiration de l'Europe par sa résistance prolongée au delà même du possible, fut forcée de subir une paix douloureuse.

Cette paix cruelle, la capitulation de Metz l'avait rendue inévitable, en livrant à l'ennemi, avec une de nos places de premier ordre et l'immense matériel de guerre qu'elle renfermait, l'armée nombreuse qui, depuis la néfaste journée de Sedan, constituait la presque totalité de nos forces militaires organisées.

Celui qui livra cette place et cette armée est devant vous. Il est revêtu de la plus haute dignité militaire, de cette dignité illustrée par grand nombre de ses prédécesseurs, et qu'il eût rabaissée par son mépris constant du devoir et la violation des lois militaires, si l'indignité de sa conduite eût suffi pour en ternir l'éclat.

On chercherait en vain dans l'histoire une capitulation plus déplorable que celle consentie pour la reddition de Metz et de l'armée campée sous ses murs.

Aussi, cette catastrophe imprévue causa-t-elle, dans toute la France, une immense stupeur.

C'est à la suite de cet événement que le principal délégué, en province, du gouvernement du 4 septembre, lança contre le maréchal Bazaine l'accusation publique de trahison.

Certes, il lui appartenait de traduire, en termes énergiques, la vive expression de la douleur nationale.

L'émotion du premier moment, l'absence de renseignements précis, expliquent l'amertume des reproches adressés au général qui venait de porter un coup si terrible à la défense du pays; mais c'était dépasser le but que de confondre dans la même accusation tous les chefs de cette malheureuse armée. Tous avaient loyalement fait leur devoir jusqu'au dernier jour. Alors en captivité, ils ne pouvaient, pour repousser la calomnie, montrer leurs camarades tombés en grand nombre sur les champs de bataille.

Vous savez en effet, messieurs, que les combats livrés par l'armée du Rhin ont été de beaucoup les plus meurtriers de la campagne. L'armée de Metz compte 2152 officiers, dont 26 généraux, mis hors de combat. C'est à ces chefs qui venaient de se montrer si courageux en face de l'ennemi que le ministre de la guerre infligeait l'épithète infâme de traîtres. S'il eût mieux connu l'armée, il n'aurait pas ignoré qu'elle n'est l'instrument ni d'un homme, ni d'un parti, qu'elle appartient au pays seul, qu'elle met son devoir et son honneur à servir loyalement le pouvoir qu'il s'est donné, et à se consacrer exclusivement à sa noble mission : Protéger la France au dehors, assurer au dedans l'ordre public et le respect de la loi.

Nous avons donc été heureux d'entendre dans cette enceinte même l'auteur des proclamations du 30 octobre et du 1er novembre 1870 laver les chefs de l'armée d'indignes soupçons, dont le respect unanime de l'opinion avait suffi d'ailleurs à les venger.

La capitulation signée pour la reddition de la place de Metz et pour celle de l'armée tombait sous le coup de la loi militaire. Aussi, dès le mois de décembre 1870, le ministre de la guerre désignait les membres du conseil d'enquête devant lequel devait préalablement comparaître l'auteur de cette capitulation. Mais la continuation de la guerre contre l'Allemagne et, plus tard, les douloureux événements politiques qui survinrent en 1871 forcèrent à ajourner l'exécution de ces dispositions réglementaires; le conseil d'enquête ne put s'assembler que dans le mois d'avril 1872, et après un examen approfondi, il émit l'avis que le maréchal Bazaine méritait le blâme.

C'est donc d'après l'avis unanime de ce conseil que le ministre de la guerre donnait un ordre d'informer contre l'ex-commandant en chef de l'armée du Rhin, et que, à la suite de l'information, sur l'avis du rapporteur et les conclusions conformes du commissaire du gouvernement, le maréchal Bazaine était mis en jugement.

Aucune des garanties assurées par la loi n'a donc manqué au maréchal, et il ne nous reste plus qu'à vous démontrer que les actes de son commandement tombent directement sous l'application de la loi.

Mais avant d'entrer dans l'examen détaillé de ces actes, il convient de préciser les principes mêmes de la loi, en ce qui concerne son application aux faits articulés dans l'ordre de mise en jugement.

Vous le savez, messieurs, le maréchal Bazaine exerçait en fait deux commandements distincts : celui de l'armée du Rhin, dont il fut investi le 12 août 1870, et celui de la place, qui lui était momentanément dévolu en vertu des dispositions réglementaires qui subordonnent au général en chef le gouverneur de toute place comprise dans le rayon d'action de l'armée.

Le maréchal doit donc répondre devant la justice de la capitulation de la place de Metz, comme de la capitulation de son armée. Ce sont deux crimes distincts tombant, chacun séparément, sous les sévérités de la loi ; il convient donc d'en bien préciser les dispositions, car elles diffèrent, selon qu'il s'agit de la capitulation d'une place de guerre ou de la capitulation d'une armée en campagne.

La loi ne considère pas comme criminelle toute capitulation d'une place de guerre. Le commandant qui rend sa place ne devient coupable, en effet, que lorsque, avant de capituler, il n'a pas rempli toutes les obligations imposées par les règlements.

Mais la loi prohibe d'une manière absolue toute capitulation en rase campagne. Si elle a eu pour objet de faire poser les armes devant l'ennemi, ou si, avant de capituler, le général n'a pas fait tout ce que lui prescrivaient le devoir et l'honneur, cette capitulation est déclarée déshonorante et criminelle.

Vous le voyez, messieurs, la loi place dans deux catégories bien différentes le gouverneur qui rend sa place et le commandant qui capitule avec son armée.

Elle reconnaît que, dans certains cas, un gouverneur peut capituler sans déshonneur, sans même qu'aucun blâme puisse lui être infligé. Ainsi, quand il s'est énergiquement défendu jusqu'à la dernière extrémité, il peut se rendre sans cesser d'être honoré et estimé, et il mérite même la reconnaissance du pays.

Il ne tombe sous la flétrissure et les rigueurs de la loi que, lorsqu'avant de se rendre, il n'a pas épuisé tous les moyens de défense, et fait tout ce que prescrivaient le devoir et l'honneur.

Il y a donc obligation, pour le jugement à porter sur la capitulation d'une place, d'examiner préalablement, dans tous ses détails, la conduite militaire de son commandant, et la loi a voulu que cette conduite fût d'abord soumise à l'appréciation d'un conseil d'enquête.

Mais cette obligation préalable n'existe pas en ce qui concerne la capitulation d'une armée en rase campagne ; car cette capitulation est toujours défendue, et la loi la punit dans tous les cas.

Nous l'avons déjà rappelé, messieurs, le conseil d'enquête, appelé à donner son avis sur la capitulation de Metz, déclarait, à l'unanimité, le 12 avril 1872, que le maréchal Bazaine avait encouru le blâme. Nous devons ajouter que le conseil ne s'est pas borné à blâmer le maréchal au sujet de la capitulation de la place de Metz, mais qu'il l'a également blâmé dans ses actes comme commandant en chef de l'armée du Rhin.

Il me reste à examiner chacun des chefs d'accusation articulés contre le maréhal Bazaine.

Ils sont, comme vous le savez, messieurs, au nombre de trois.

Le premier, prévu par l'art. 209 du Code de justice militaire, pour avoir capitulé avec l'ennemi et rendu la place de Metz sans avoir épuisé tous les moyens de défense dont il disposait, et sans avoir fait tout ce que prescrivaient le devoir et l'honneur.

Le deuxième, prévu par le premier paragraphe de l'art. 210 du même code, pour avoir consenti, en rase campagne, une capitulation qui a eu pour résultat de faire poser les armes à son armée.

Le troisième, résultant de la deuxième partie de ce même paragraphe, pour n'avoir pas fait, avant de traiter verbalement ou par écrit, tout ce que lui prescrivaient le devoir et l'honneur.

Chacun de ces chefs d'accusation sera de notre part l'objet d'un examen particulier, et de cet examen ressortira la preuve éclatante que l'accusation est fondée sur tous les points.

Examinons le premier chef, celui qui est relatif à la capitulation de la place de Metz. Il est inutile de vous rappeler, messieurs, que, de toute antiquité, les châtiments les plus sévères ont été infligés aux chefs militaires qui avaient rendu les places qu'ils commandaient sans avoir épuisé les moyens de défense.

La législation des nations modernes, moins rigoureuse et plus juste, a reconnu qu'il est des cas où le commandant peut rendre sa place sans déshonneur ; mais l'histoire cite des exemples nombreux de punitions rigoureuses prononcées contre les gouverneurs qui, avant de capituler, n'ont pas rempli tous les devoirs qui incombent au commandement. Je n'en citerai qu'un seul en ce moment, parce qu'il rappelle des circonstances analogues à celles que la France vient de traverser.

En 1808, la Prusse prononça la dégradation militaire et la peine capitale contre plusieurs généraux qui avaient capitulé, devant notre armée victorieuse, sans avoir pleinement satisfait à leur devoir de commandement.

En France, les ordonnances de Louis XIV, les lois de la République et du premier Empire punissaient sévèrement tout gouverneur qui avait ouvert ses portes sans avoir forcé l'assiégeant à passer par les travaux lents et successifs des siéges, et sans avoir repoussé au moins un assaut au corps de la place, sur des brèches praticables.

Ils s'étaient montrés fidèles à ces principes, ces généraux dont le maréchal Bazaine a, si mal à propos, invoqué les noms glorieux pour tenter une justification impossible.

Ainsi, à Gênes, Masséna n'ayant plus que deux onces par homme d'un pain fait avec de l'amidon et du cacao, dut se résigner, non pas à capituler, mais à négocier. On avait parlé de capitulation, mais il en repoussa fièrement l'idée.

Il voulut et il obtint que l'armée pût se retirer librement avec armes et bagages, enseignes déployées, avec faculté de combattre lorsqu'elle aurait dépassé les lignes. « Sinon, disait-il aux parlementaires autrichiens, je sortirai de Gênes les armes à la main avec huit mille hommes affamés, je me présenterai à votre camp et je combattrai jusqu'à ce que je me sois fait jour. »

On connaissait le caractère énergique du général français, et on se hâta d'acquiescer à sa demande.

Sur 15 000 combattants, 3000 étaient morts, 4000 étaient blessés, les trois quarts des officiers avaient eu le même sort.

La conduite de Masséna à Gênes fut celle d'un chef intrépide, défenseur héroïque de l'honneur de ses soldats et des intérêts de son pays.

Il s'était souvenu de ces nobles paroles du maréchal de Villars : « Que peut-il arriver de plus indigne que d'être prisonnier de guerre ; et quand une garnison aurait été forcée, l'ennemi ne la fait pas massacrer pour avoir fait son devoir ; il est au contraire porté à honorer sa bravoure et à lui accorder des avantages. »

Pour apprécier la conduite du maréchal Bazaine à Metz, comparez, messieurs, la convention du 4 juin 1800 à la capitulation du 27 octobre 1870, et demandez-vous si les mêmes sentiments animaient les deux généraux qui signèrent ces deux stipulations.

Si en 1870 le commandant des forces prussiennes devant Metz eût osé repousser la demande du commandant de l'armée du Rhin, le maréchal Bazaine, qui commandait à 150 000 hommes braves et résolus, n'avait-il pas, pour inspirer ses résolutions, l'exemple du général Brenier à Almeida !

Cerné par l'armée anglaise, ce général, malgré le chiffre infime de la garnison, — 1500 hommes au plus, — ne songe qu'à s'ouvrir un passage à travers les lignes ennemies. Toutefois, avant de partir, il détruit le matériel et fait sauter les remparts, afin de ne laisser qu'une place vide et démantelée. Puis il sort à dix heures du soir, et sa petite et valeureuse troupe passe sur le corps des troupes assiégeantes. Grâce à l'énergie de son chef, cette poignée de braves se sauva ainsi presque tout entière.

Wellington honora la résolution héroïque du général Brenier, en déclarant que sa sortie valait une victoire. L'histoire a consacré ce jugement.

Je craindrais, messieurs, d'abuser de votre bienveillante attention en multipliant ces citations heureusement fort nombreuses dans notre histoire militaire. J'ai hâte d'entrer dans l'examen particulier de la législation actuelle concernant la défense des places de guerre.

Cette législation, vous le savez, s'est inspirée des lois et règlements jusque-là en vigueur, et plus particulièrement du décret du 26 décembre 1811, qui les avait résumés.

Nous trouvons, en effet, édictées dans le décret du 13 octobre 1863, les règles suivantes :

« Art. 255. Le commandant d'une place de guerre ne doit jamais perdre de vue qu'il défend l'un des boulevards de l'empire, l'un des points d'appui de ses armées, et que de la reddition d'une place, avancée ou retardée d'un seul jour, peut dépendre le salut du pays.

« Il doit rester sourd aux bruits répandus par la malveillance et aux nouvelles que l'ennemi lui ferait parvenir, résister à toutes les insinuations et ne pas souffrir que son courage ni celui de la garnison qu'il commande soient ébranlés par les événements.

« Il ne doit pas oublier que les lois militaires condamnent à la peine capitale, avec dégradation militaire, le commandant d'une place de guerre qui capitule sans avoir forcé l'ennemi à passer par les travaux lents et successifs des siéges, et avant d'avoir repoussé au moins un assaut au corps de la place, sur des brèches praticables. »

L'article 209 du Code de justice militaire sanctionne ces dispositions dans les termes suivants :

« Est puni de mort avec dégradation militaire tout gouverneur ou commandant qui, mis en jugement après avis d'un conseil d'enquête, est reconnu coupable d'avoir capitulé avec l'ennemi et rendu la place qui lui était confiée, sans avoir épuisé tous les moyens de défense dont il disposait, et sans avoir fait tout ce que lui prescrivaient le devoir et l'honneur. »

L'audience est suspendue pour quelques instants.

Pendant la suspension on s'entretient beaucoup du bruit qui a couru à Paris la veille au soir, et qui y avait pris une certaine consistance, que le maréchal se serait évadé. Ce matin, Me Lachaud a pris la peine de démentir cette rumeur étrange, devant les nombreuses personnes qui s'étaient rendues dans la gare Saint-Lazare pour connaître la vérité sur cette fuite.

Pendant toute l'audience et en écoutant le réquisitoire, le maréchal a toujours montré la même impassibilité, la même immobilité des traits de la figure, dont il ne s'est pas départi depuis le commencement des débats.

Complément de l'audience du 3 décembre

Présidence de M. le duc d'Aumale

Suite du Réquisitoire

M. le général Pourcet, commissaire du gouvernement, continue son réquisitoire en ces termes :

Il est inutile de vous dire, messieurs, que la place de Metz n'a pas été attaquée.

Comment en eût-il été ainsi, puisque l'armée du Rhin formait autour de ses murs comme un rempart vivant?

Comment, en présence de cette armée prête à reprendre la campagne, l'ennemi eût-il pu entreprendre les travaux réguliers d'un siége?

Il trouvait d'ailleurs à la fois plus commode et plus sûr, voyant la faiblesse et les préoccupations politiques du général en chef français, d'attendre dans ses lignes le résultat de ses feintes négociations d'abord et de la famine ensuite.

Ainsi donc, en raison de la présence de l'armée dans le camp retranché de Metz, les moyens de défense de la place ne consistaient ni dans son enceinte ni dans ses forts détachés, mais dans l'armée elle-même.

Puisque l'ennemi ne voulait pas attaquer, c'était à l'armée française à aller le chercher, à le combattre, à le harceler sans relâche, de manière à rompre le cercle d'investissement et à aller recueillir au loin les ressources nécessaires à prolonger la résistance.

Puisque le maréchal ne s'éloignait pas de Metz, puisqu'il ne se retirait pas dans l'intérieur, conformément aux instructions qu'il avait reçues, telle était pour lui la seule ligne de conduite à suivre. C'était celle du reste qui avait été conseillée, comme vous l'avez entendu déclarer, dans la réunion du 26 août au château de Grimont.

Le devoir d'un commandant de place ne saurait être compris autrement. Peut-on admettre, en effet, qu'en présence d'un ennemi qui se contente de le tenir étroitement bloqué, un gouverneur ait le droit de se renfermer dans une attitude passive, s'il dispose surtout de forces assez imposantes pour tenter, avec chances de succès, de faire lever le siége ou tout au moins de percer les lignes? Ce serait vraiment se tirer à trop bon compte des obligations que la loi impose.

Si, lorsque les vivres auront été consommés dans l'inaction, la place vient à ouvrir ses portes, nul ne voudra croire, nul n'osera dire que le gouvernenr ait épuisé tous ses moyens de défense et qu'il ait rempli son devoir.

Le maréchal Bazaine, dont telle fut la situation, loin d'avoir épuisé ses moyens de défense, ne les a donc pas même mis sérieusement en œuvre.

D'autre part, l'examen de ses actes, pendant qu'avec son armée il demeurait dans une fatale inaction sous les murs de Metz, examen détaillé dans lequel nous entrerons bientôt devant vous, vous démontrera surabondamment que le maréchal n'a pas fait, avant de signer la capitulation de la place, ce que lui prescrivaient le devoir et l'honneur.

La culpabilité, en ce qui concerne le premier chef d'accusation, c'est-à-dire celui prévu par l'article 209 du code de justice militaire, se trouvera irrévocablement établie.

Passons maintenant au deuxième chef, celui d'avoir capitulé à la tête d'une armée en campagne, cette capitulation ayant eu pour résultat de faire poser les armes à sa troupe.

Notre ancienne législation était muette à l'égard d'un tel crime, qui paraît même n'avoir pas été prévu.

L'histoire romaine n'avait offert que deux circonstances de cette nature : les fourches caudines dans la guerre des Samnites et le traité de Numance en Espagne.

Le sénat déclara ces traités honteux et refusa de les ratifier, bien que les généraux qui les avaient signés fussent investis à la fois des pouvoirs politiques et militaires.

En France, sous la monarchie, sous la République et sous le premier empire, on n'avait pas vu un général à la tête de son armée songer, même dans les situations les plus extrêmes, à rendre les armes à l'ennemi.

Ainsi, lorsque à Stein, le maréchal Mortier, avec une seule division, se trouva cerné par une armée russe, personne ne songea un instant à capituler, mais officiers et soldats jurèrent de mourir plutôt que de se rendre.

Après des prodiges de valeur désespérée, comme on pressait le maréchal de soustraire sa personne aux Russes :

« Non! répondit-il, on ne se sépare pas d'aussi braves gens; on périt avec eux. » Il continuait à lutter à leur tête, l'épée à la main, lorsqu'il fut enfin secouru. 5000 Français avaient résisté à 30000 Russes.

Bien nombreux sont dans notre histoire les exemples de généraux qui, dans les positions les plus difficiles, ne songèrent qu'à combattre et non à se rendre. Ils expliquent l'irritation de Napoléon Ier et l'humiliation qu'il éprouva en apprenant qu'un de ses généraux avait signé à Baylen une capitulation flétrissante.

Faut-il rappeler cette apostrophe qu'il adressa au général Legendre, l'un des lieutenants de Dupont, en lui saisissant la main dans une revue à Valladolid :

« Cette main, général, comment ne s'est-elle pas séchée en signant la capitulation de Baylen! »

Si l'acte du général Dupont inspira à l'empereur ces dures paroles, qu'aurait-il dit si on lui eût annoncé qu'une armée de 150000 hommes de ces soldats français qu'il avait connus si résolus et si dévoués serait condamnée, par les calculs et les intrigues de son général en chef, à poser les armes sans combat!...

On peut juger de la réprobation qu'il eût infligée à une telle conduite par la réponse que fit, en son nom, en 1813, le maréchal Berthier au prince Poniatowski, auquel les coalisés refusaient de livrer le passage pour rejoindre l'armée française, à moins que les armes de son corps d'armée ne fussent transportées sur des chariots à travers les lignes ennemies.

« Dans aucun cas, écrivait le major général, on ne doit déposer des armes; on est déshonoré lorsqu'on se rend sans combat. L'empereur préfère la mort des 15000 hommes qui sont à Cracovie plutôt que de leur voir poser les armes. Sa Majesté ne fait aucun cas de la vie des hommes qui se sont déshonorés. »

« Cette fermeté réussit, ajoute l'illustre historien du Consulat et de l'Empire, et, à ce cri de l'honneur militaire, le général Frémont autorisa les troupes polonaises à se rendre en armes à Zittau. »

Comme nous l'avons dit, messieurs, jusqu'en 1809, la capitulation en rase campagne n'avait pas été prévue en France, et aucun texte de loi ne put être invoqué contre le général Dupont. Il importait qu'il n'en pût être ainsi à l'avenir. Tel fut l'objet du décret du 1er mai 1812, dont il est utile de vous donner lecture, car le Code de justice militaire, s'inspirant des mêmes principes, en reproduit les dispositions, sinon les termes.

Ce décret s'exprimait ainsi :

« Art. 1er. Il est défendu à tout général, à tout commandant d'une troupe armée, quel que soit son grade, de traiter, en rase campagne, d'aucune capitulation par écrit ou verbale.

« Art. 2. Toute capitulation de ce genre, dont le résultat aurait été de faire poser les armes, est déclarée déshonorante et criminelle et sera punie de mort.

« Il en sera de même de toute autre capitulation, si le général ou commandant n'a pas fait tout ce que lui prescrivaient le devoir et l'honneur. »

Le Code de justice militaire reproduit la même règle. Son article 210 est ainsi conçu :

« Tout général, tout commandant d'une troupe armée qui capitule en rase campagne est puni : 1° de la peine de mort avec la dégradation militaire si la capitulation a eu pour résultat de faire poser les armes à sa troupe ou si, avant de traiter verbalement ou par écrit, il n'a pas fait tout ce que lui prescrivaient le devoir et l'honneur ; 2° de la destitution dans les autres cas. »

Ainsi, vous le voyez, messieurs, la capitulation d'une armée en campagne est toujours proscrite, elle est toujours punie, et si elle a eu pour résultat de faire poser les armes à la troupe, la loi prononce, pour ce seul fait, indépendamment de toute autre considération, la peine de mort avec dégradation militaire.

C'est un principe précis, formel, incontestable.

Comme il importe de bien préciser l'intention du législateur sur ce point, je crois devoir laisser la parole ici au rapporteur même du Code de justice militaire. Dans son rapport, sanctionné par le Corps législatif, et qui est le commentaire légal de ce code, M. de Chasseloup-Laubat s'exprime ainsi au sujet des articles 209 et 210 :

« Le gouverneur ou commandant ne peut rendre la place qui lui a été confiée sans avoir épuisé tous les moyens de défense dont il disposait, et sans avoir fait tout ce que lui prescrivent le devoir et l'honneur.

« Le projet prévoit un fait plus grave : c'est la capitulation en rase campagne. Les principes ici sont différents. Si la raison comme l'usage des nations autorisent le commandant d'une place assiégée à capituler dans de certaines conditions, les considérations les plus hautes se réunissent pour interdire cette faculté au commandant d'une troupe armée en rase campagne.

« Aussi les capitulations de ce genre sont-elles l'objet des sévérités de la législation. Il ne peut être question d'aucune atténuation, car un tel crime est toujours prémédité, la capitulation en rase campagne sera donc toujours punie. Le général eût-il fait tout ce que prescrivent le devoir et l'honneur, il est encore coupable d'avoir traité avec l'ennemi après la lutte, et la loi prononce sa destitution. »

Ainsi, dans la pensée du législateur, le général à la tête d'une armée en campagne ne peut et ne doit que combattre ; il n'a pas le droit de traiter avec l'ennemi. Un pareil acte de sa part est une usurpation de pouvoirs, même après l'insuccès de la lutte; il est puni par la loi.

Mais la capitulation devient déshonorante et criminelle, si elle a eu pour résultat de faire poser les armes à la troupe ou si le général en chef l'a consentie sans avoir fait tout ce que prescrivaient le devoir et l'honneur.

On avait cru dans la rédaction primitive du code, pouvoir laisser aux juges la faculté d'apprécier les circonstances qui auraient permis de réduire la peine; mais à l'assemblée générale du conseil d'Etat, les principes établis dans le décret de 1812 reçurent une consécration solennelle, à laquelle s'associa ensuite le Corps législatif.

On s'inspira à cet effet de l'opinion exprimée par Napoléon Ier dans un grand et noble langage, que je demande à vous répéter ici, car il s'inspire à la fois du plus pur patriotisme et des considérations les plus élevées de l'ordre moral.

« Le souverain ou la patrie commande aux officiers et aux soldats l'obéissance envers leur supérieur pour tout ce qui est conforme au bien du service. Les armes sont remises aux soldats avec le serment militaire de les défendre jusqu'à la mort. Un général a reçu des ordres et des instructions pour employer ses troupes à la défense de la patrie; comment peut-il avoir l'autorité d'ordonner à ses soldats de livrer leurs armes et de recevoir des chaînes ?

« Les capitulations faites par des corps cernés, soit pendant une bataille, soit pendant une campagne active, sont un contrat dont toutes les clauses avantageuses sont en faveur de ceux qui contractent, et dont les clauses onéreuses sont pour le pays et les autres soldats de l'armée.

« Se soustraire au péril, pour rendre la position de ses camarades plus dangereuse est évidemment une lâcheté.

« Un soldat qui a prêté serment de défendre ses armes jusqu'à la mort et qui dirait à un commandant ennemi : Voilà mon fusil; laissez-moi m'en aller chez moi, serait un déserteur en présence de l'ennemi; les lois le condamnent à mort. Que fait autre le général qui dit : Laissez-moi m'en aller, ou recevez-moi chez vous, je vous rends mes armes ?

« Il n'est qu'une manière honorable d'être fait prisonnier de guerre, c'est d'être pris les armes à la main, et lorsqu'on ne peut plus s'en servir. C'est ainsi que furent pris le roi Jean et François Ier, et tant de braves de toutes les nations. Dans cette manière de rendre les armes, il n'y a pas de conditions : c'est la vie que l'on reçoit, parce qu'on est dans l'impuissance de l'ôter à son ennemi, qui vous la donne, à charge de représailles, parce qu'ainsi le veut le droit des gens.

« Le danger d'autoriser les officiers et les généraux à poser les armes en vertu d'une capitulation particulière, dans une autre position que celle où ils forment la garnison d'une place forte est donc incontestable.

« C'est détruire l'esprit militaire d'une nation, en affaiblir l'honneur, que d'ouvrir cette porte aux lâches, aux hommes timides ou même aux braves égarés. Si les lois militaires prononçaient des peines afflictives et infamantes contre les généraux, officiers et soldats qui posent les armes en vertu d'une capitulation, cet expédient ne se présenterait jamais à l'esprit des militaires pour sortir d'une position fâcheuse; il ne leur resterait de ressource que dans la valeur et l'obstination, et que de choses ne leur a-t-on vu faire!

« Cent faits de notre histoire montreraient quelles ressources savent trouver le courage et le génie de l'homme de guerre lorsque tout semble ainsi perdu et désespéré. Quel général, par exemple, eût été plus excusable de capituler que le maréchal Ney, lorsque, séparé de l'armée sur les bords du Dniéper, conduisant 7000 soldats mourant de froid, de faim et de fatigue, réduits à 4000 en une heure, et cernés par 50 000 Russes, il était invité à remettre son épée!

« Cependant, il ne songea ni à se rendre, ni même à mourir, mais à percer et à se faire jour. Et la fortune seconda son audace : la nuit même, il avait échappé à ces colonnes qui l'enveloppaient, il avait franchi le fleuve et sauvé son honneur et celui de l'armée.

« Que doit faire, ajoutait l'empereur, un général cerné par des forces supérieures?

« Nous ne saurions faire d'autre réponse que celle du vieil Horace :

« Dans une situation extraordinaire, il faut une résolution extraordinaire; plus la résistance sera opiniâtre, plus on aura de chances d'être secouru ou de percer. Que de choses, qui paraissaient impossibles, ont été faites par des hommes résolus, n'ayant d'autres ressources que la mort! Plus vous ferez de résistance, plus vous tuerez de monde à l'ennemi, et moins il en aura le jour ou le lendemain pour se porter contre les autres corps de l'armée. Cette question ne nous paraît pas susceptible d'une autre solution, sans perdre l'esprit militaire d'une nation et s'exposer aux plus grands malheurs. »

L'impression produite par ces pensées si éminemment patriotiques détermina les pouvoirs législatifs à n'admettre aucune circonstance pour excuser et amoindrir le crime de capitulation d'une armée en campagne.

Ce sont ces mêmes raisons élevées, inattaquables, qui condamnent aujourd'hui l'auteur de la capitulation de l'armée sous Metz.

Ainsi, par l'article 210 du Code de justice militaire, le législateur a voulu punir dans tous les cas la capitulation en rase campagne.

Ce n'est pas cependant que tout en se montrant inexorable pour ce crime il ait méconnu que certaines capitulations ne devaient pas subir les rigueurs de la loi.

Dans la discussion qui eut lieu au Corps législatif, un membre, après avoir reconnu qu'un corps d'armée enveloppé par l'ennemi n'avait pas le droit de capituler, ayant exprimé le désir qu'on distinguât pourtant les capitulations honorables, comme celle de Junot en Portugal, de celles qui ne le sont pas, comme celle de Dupont à Baylen, le président de la commission répondit en faisant observer avec raison que satisfaction était donnée à cette juste demande, puisque les articles 99 et 108 du code réservaient au ministre de la guerre l'appréciation des cas où il y aurait lieu de déférer à un conseil de guerre la connaissance du crime de capitulation d'une place ou d'une armée.

Le commentateur du code ajoute que les observations de M. de Chasseloup-Laubat doivent servir à interpréter les articles 209 et 210; car il en résulte que le ministre est le premier juge de la criminalité de la capitulation et de l'opportunité de la poursuite.

Les garanties réservées par la loi ont donc reçu leur application.

Si la capitulation signée devant Metz eût été jugée excusable, le ministre de la guerre n'aurait pas traduit le maréchal Bazaine devant un Conseil de guerre. Nous nous trouvons donc aujourd'hui, par le fait même de l'ordre de mise en jugement, en présence des termes formels de l'art. 210, qui prohibe toute capitulation en rase campagne.

Cet article 210 renferme dans les dispositions de son premier paragraphe, deux circonstances aggravantes bien distinctes du fait principal qui est la capitulation en rase campagne.

La première est celle où la capitulation a eu pour résultat de faire déposer les armes à la troupe.

La seconde est celle où, avant de traiter, le général en chef n'a pas fait tout ce que lui prescrivaient le devoir et l'honneur.

Nous nous bornons à énoncer la première circonstance aggravante, celle résultant de ce que la capitulation a eu pour effet de faire poser les armes à l'armée.

Elle se trouve, en effet, matériellement constatée par le texte même de cette capitulation, et, résultant ainsi d'un acte officiel que vous avez sous les yeux, elle ne peut donner lieu à aucun doute ni à aucune contestation.

Le deuxième chef d'accusation se trouve donc complétement établi. Le maréchal a capitulé en rase campagne, et la capitulation a eu pour résultat de faire poser les armes à sa troupe. L'examen consciencieux des textes, comme l'appréciation de l'esprit de la loi, s'accordent donc pour établir d'une manière irréfragable la culpabilité du maréchal Bazaine sur ce chef d'accusation.

En présence d'une condamnation inévitable, il pourrait paraître superflu d'examiner le troisième chef d'accusation et de démontrer, par l'exposé des faits, que le maréchal Bazaine, avant de capituler, n'a pas fait tout ce que lui prescrivaient le devoir et l'honneur. Mais nous n'avons pas le droit de nous soustraire à une partie de notre tâche, et dans une affaire où se trouvent si gravement engagés l'honneur d'un maréchal de France et les intérêts du pays, il est indispensable de rechercher la vérité tout entière en examinant dans tous les détails la conduite du maréchal depuis le jour où il a été investi du commandement en chef de l'armée du Rhin jusqu'à la capitulation du 27 octobre, fatale conséquence de ses agissements criminels.

Le Conseil sait déjà quelle confusion et quel désordre, fruits d'une funeste imprévoyance, présidèrent aux débuts de la campagne. L'organisation et la concentration des corps d'armée s'accomplirent avec une lenteur qui eût à elle seule empêché de prendre l'offensive, si l'insuffisance de leurs effectifs incomplets et leur éparpillement le long de la frontière ne l'eussent d'ailleurs rendue impossible.

Des renseignements parvenus au quartier impérial, annonçant la réunion de forces considérables, d'une part à Sarrelouis et d'autre part dans la Bavière rhénane, déterminèrent l'Empereur à répartir les troupes de l'armée du Rhin en deux groupes principaux.

En vertu de cette décision, prise à la date du 5 août, les 1er, 5e et 7e corps furent placés sous le commandement du maréchal de Mac-Mahon ; les 2e, 3e et 4e, sous les ordres du maréchal Bazaine. Malheureusement, les bons effets de cette mesure furent annulés par la rapidité des mouvements de l'ennemi, car les armées du prince Frédéric-Charles et du général Steinmetz avaient déjà pris l'offensive avant que nos armées d'Alsace et de Lorraine eussent pu se concentrer.

Dans la journée du 6, le maréchal de Mac-Mahon, que n'avaient pu rejoindre à temps le 5e corps et la majeure partie du 7e, fut écrasé à Reichshoffen, malgré des prodiges de valeur.

Le même jour, l'un des corps d'armée du maréchal Bazaine, celui du général Frossard, attaqué à Forbach par des forces supérieures, dut également succomber sous le nombre, après une résistance opiniâtre.

La nouvelle de ce double échec et la menace de l'arrivée prochaine des Prussiens sous les murs de Metz répandirent la consternation dans l'entourage de l'empereur.

Il fut question d'abord d'un départ immédiat pour Châlons; mais au milieu des incertitudes et des hésitations qui troublaient si profondément le quartier impérial, cette brusque détermination fut abandonnée dès le 8, et remplacée par le projet de concentrer le plus de forces possibles sous Metz et d'y attendre l'ennemi. La retraite sur Châlons ne fut décidée de nouveau que le 12 août, au moment même où le maréchal Bazaine était investi du commandement en chef de l'armée.

Cette nomination, généralement désirée en France, y fut favorablement accueillie. A la suite de nos revers inattendus, l'opinion publique avait perdu toute confiance dans les capacités militaires de l'empereur, et demandait hautement qu'on mît à la tête de l'armée le général alors considéré comme le plus capable de diriger de grandes opérations.

Le maréchal Bazaine était-il resté étranger à la pression exercée dans ce but sur le souverain par l'opinion publique et surtout par l'opposition?

C'est ce dont il est permis de douter lorsqu'on se rappelle la démarche de Mme la maréchale Bazaine auprès de M. de Kératry.

La vivacité du maréchal à contester les motifs de cette démarche, comme l'étrange voyage que fit de Paris à Marseille, Mme la maréchale, pour demander à M. de Kératry la rectification de sa première assertion, sont, du moins pour le ministère public, la preuve de l'intérêt qu'on attache à dissimuler le véritable caractère de cette visite, à laquelle d'ailleurs nous n'entendons pas attacher plus d'importance qu'il ne convient.

Il est une heure vingt-cinq minutes, le général Pourcet dont la voix se fatigue promptement demande une suspension d'audience que le général président accorde immédiatement.

Le général Pourcet reprend la lecture de son réquisitoire.

En présence des complications et des difficultés résultant des premiers événements de la guerre, un ordre général de l'empereur, en date du 12 août, investit le maréchal Bazaine du commandement en chef de l'armée du Rhin.

En acceptant ces hautes fonctions, le maréchal Bazaine était convenu avec l'empereur de repasser immédiatement la Moselle et de se replier sur les plaines de la Champagne. A-t-il fait tout ce qu'il pouvait et tout ce qu'il devait faire pour assurer l'exécution de cette combinaison, ainsi qu'il en avait reçu mission?

Telle est la première question qui s'impose à notre examen.

La retraite une fois décidée, il était nécessaire de se presser. Depuis le 12, en effet, les Prussiens avaient paru à Nancy, et leurs avant-gardes atteignaient la Moselle sur différents points, tandis qu'elles tiraillaient avec nos grand'gardes devant Metz.

Ce même jour, le général Margueritte, par un rapide et brillant coup de main, avait enlevé ou détruit un de leurs partis qui était venu couper le télégraphe et la voie ferrée à Pont-à-Mousson.

D'autre part, le 6e corps, venant de Châlons, était obligé d'escarmoucher pour atteindre Metz, et avant qu'il eût rejoint en entier, les communications avec Frouard étaient définitivement rompues dans la matinée du 13. Dans la soirée du même jour, les renseignements parvenus au commandant en chef lui apprenaient que des forces considérables commençaient à effectuer leur passage. Ce passage, qui continua dès lors sans interruption, s'opéra ainsi, à quelques kilomètres de l'armée, sans que rien ne fût tenté pour s'y opposer.

Une fois décidé à abandonner Metz, l'empereur avait parfaitement compris l'urgence du mouvement de retraite et de la concentration de nos armées; ainsi, il écrivait, le 12, au commandant en chef :

« Plus je pense à la position qu'occupe l'armée, et plus je la trouve critique, car si une partie était forcée et qu'on se retirât en désordre, les forts n'empêcheraient pas la plus épouvantable confusion.

« Voyez ce qu'il y a à faire, et, si nous ne sommes pas attaqués demain, prenez une résolution. »

Et le 13 :

« Les Prussiens sont à Pont-à-Mousson. 300 sont à Corny. D'un autre côté, on dit que le prince Frédéric-Charles fait un mouvement tournant vers Thionville. Il n'y a pas un moment à perdre pour faire le mouvement arrêté. »

Enfin, ce même jour, à onze heures du soir :

« La dépêche que je vous envoie de l'impératrice montre bien l'importance que l'ennemi attache à ce que nous ne passions pas sur la rive gauche. Il faut donc tout faire pour cela; et si vous croyez devoir faire un mouvement offensif, qu'il ne vous entraîne pas de manière à ne pouvoir opérer votre passage. Quant aux distributions, on pourra les faire sur la rive gauche, en restant lié avec le chemin de fer. »

Dans les conditions où l'on se trouvait, hâter, autant que possible, le mouvement de l'armée et, d'autre part, chercher à entraver la marche de l'ennemi, telles étaient les mesures urgentes commandées par l'intérêt de l'armée. Voyons comment elles furent exécutées.

Et d'abord qu'elles furent les précautions prises pour empêcher les Prussiens de venir couper la retraite?

Leurs équipages de pont n'étant pas encore arrivés, ils ne pouvaient disposer, pour franchir la Moselle, que des trois ponts de Pont-à-Mousson, de Novéant et d'Ars. Des chambres de mine étaient pratiquées dans ceux de Pont-à Mousson et d'Ars, ainsi que dans ceux de Marly et de Magny sur la Seille. Quant au pont suspendu de Novéant, il pouvait toujours être rapidement rompu.

Il eût suffi de détruire ces moyens de passage pour retarder de deux ou trois jours le mouvement de l'ennemi.

Cette idée était trop simple pour ne pas s'être présentée à l'esprit du général en chef. D'ailleurs, l'attention du commandement fut attirée sur ce point dans l'après-midi du 13 et la matinée du 14 par les télégrammes qu'adressèrent les habitants de Novéant et d'Ars, soit au commandant de la place, soit à l'empereur, soit au maréchal Bazaine lui-même.

Il paraît difficile d'admettre qu'aucune de ces dépêches, d'un caractère si urgent, ne soit parvenue au commandant en chef, alors surtout que son quartier général, à Borny, était relié télégraphiquement avec Metz.

Quoi qu'il en soit, vous savez, messieurs, comment fut accueilli le patriotique empressement de ces citoyens dévoués, et vous connaissez les réponses dérisoires qui leur furent faites.

L'audience continue.

Deuxième complément de l'audience du 3 décembre

PRÉSIDENCE DE M. LE DUC D'AUMALE

Suite du Réquisitoire

Nous nous sommes arrêtés au moment où M. le général Pourcet parlait de la non-destruction des ponts. Le commissaire du gouvernement continue en ces termes :

.... De son côté, le capitaine du génie Boyenval, étant venu demander au général Coffinières s'il ne fallait pas faire sauter le pont d'Ars, n'en reçut, malgré son insistance, qu'une réponse négative.

En même temps, l'officier envoyé à Novéant avec les matières incendiaires pour détruire le pont ne put obtenir l'ordre nécessaire, et dut rentrer à Metz sans avoir exécuté l'opération.

Le général Coffinières n'a pu fournir aucune explication satisfaisante sur ces étranges refus. Il avait tout disposé, a-t-il assuré, pour faire sauter les ponts. « Si on voulait le faire, a-t-il dit, on n'avait qu'à m'en donner l'ordre. »

Cela n'est pas complétement exact. En effet, le pont-barrage d'Ars avait seul ses fourneaux chargés. Quant au pont du chemin de fer à Ars, à celui de Pont-à-Mousson, aux ponts de Marly et de Magny sur la Seille, leurs fourneaux n'étaient pas chargés, et pour quelques-uns les poudres n'étaient même pas à pied d'œuvre.

Il ne lui appartenait pas, a dit encore le général, de prendre sur lui une mesure de si haute gravité, alors surtout qu'il était question de reprendre l'offensive. Nous en tombons d'accord, mais, depuis le 12, ce projet de retour offensif était complétement abandonné, au moins dans les conseils de l'empereur. Le général ne pouvait l'ignorer, lui qui reçut alors ordre d'avoir à accélérer, autant que possible, la construction des ponts provisoires et auquel parvint, dans la journée du 13, la notification officielle du départ de l'armée pour le lendemain.

Or, il savait les dispositifs préparés et, par ses ordres, des détachements stationnaient auprès des ponts en avant de Metz.

Lors donc que, la retraite décidée, il devint évident que ces ponts ne pourraient désormais servir qu'à l'ennemi, c'était au général Coffinières, s'il ne recevait pas l'ordre de les détruire, à provoquer cet ordre, et ce devoir était d'autant plus strict que, le commandement venant de changer de main, le nouveau général en chef pouvait ignorer les dispositions préparatoires prises en vue de faciliter l'opération.

Doit-on attribuer, dans cette circonstance, la regrettable inertie du gouverneur de la place au désir souvent manifesté par lui de voir l'armée demeurer auprès de Metz?

Fut-il d'accord avec le commandant en chef, ou suivit-il seulement sa propre inspiration? C'est ce que nous ne saurions déterminer, mais quelle que soit l'hypothèse, elle ne justifie en rien, nous devons le dire, la conduite du général Coffinières en cette circonstance.

Aucune précaution ne fut donc prise pour arrêter ou retarder au moins la marche de l'ennemi, et les ponts de la Seille, comme ceux de la Moselle, furent laissés intacts à sa disposition.

Il est à peine besoin de s'arrêter aux excuses données par le maréchal pour justifier l'absence inexplicable de tous ordres à ce sujet.

Est-il admissible, en effet, qu'il ait pu croire ces ordres donnés avant sa nomination de commandant en chef?

Il ne pouvait oublier que, jusqu'à ce moment, on comptait, au quartier impérial, attendre l'ennemi sur la rive droite de la Moselle, ainsi que lui-même en avait émis l'avis.

Comment, dans cet ordre d'idées, eût-on songé à détruire les ponts, indispensables pour les mouvements éventuels de l'armée?

Cette destruction ne devint opportune que lorsqu'on se fut décidé à battre en retraite, c'est-à-dire à l'instant où le maréchal fut investi du commandement; c'est au moment où il donnait, le 13, les ordres pour le mouvement général de l'armée que devait être donné en même temps l'ordre de faire sauter les ponts.

La raison invoquée par lui n'a donc aucune valeur.

Examinons maintenant les dispositions qui furent prescrites pour la mise en mouvement de l'armée.

Malgré l'urgence, la soirée du 12, la matinée du 13 se passent sans qu'aucun ordre soit donné à l'état-major général, à qui il appartenait pourtant de préparer l'ordre de marche et de tracer les itinéraires d'après les indications du commandement.

Le général Jarras n'est pas même encore informé que l'armée doive battre en retraite.

L'intendance, qui doit faire charger les convois et assurer les vivres, est laissée dans la même ignorance.

Le chef d'état-major général avait écrit le 12 au maréchal Bazaine pour lui demander ses instructions. Il s'exprimait ainsi :

« En prenant vos ordres, monsieur le maréchal, je vous prie de vouloir bien me faire connaître où vous avez l'intention d'établir votre quartier général, et, à ce sujet, je me permets de vous faire observer que, pour recevoir et donner des ordres dans le plus bref délai possible à votre armée, vous serez peut-être mieux à Metz que sur tout autre point. C'est d'ailleurs à Metz que se trouvent tous les chefs de service avec lesquels les rapports sont de tous les instants. »

Pour toute réponse le général Jarras reçut l'invitation de demeurer à Metz, tandis que le commandant en chef restait à Borny.

Ainsi, au moment où il assume une si lourde tâche, le maréchal Bazaine ne juge pas nécessaire d'appeler auprès de lui son principal chef de service, celui qui avait pour mission spéciale de lui fournir, sur tous les points, les renseignements nécessaires. Alors que les circonstances sont si pressantes, il demeure dans un isolement volontaire, et laisse écouler dix-huit heures sans faire acte de commandement.

En présence de cette étrange conduite, nous ne croyons pas devoir nous arrêter aux plaintes du maréchal, lorsqu'il assure n'avoir pas été mis au courant de la situation.

Il semble établi, il est vrai, qu'au moment de la remise du commandement, il y ait eu quelque négligence soit de la part des chefs de l'état-major général, soit de la part du commandant en chef du génie.

Mais, si on a pu reprocher, non sans raison, à ces chefs de service de n'avoir pas, d'eux-mêmes, donné tous les avis ou pris toutes les mesures que comportaient leurs fonctions, comment un blâme bien autrement sévère n'incomberait-il pas au général en chef, de qui devait émaner toute initiative, et qui, cependant, ne demande rien, ne prescrit rien, et attend jusqu'à l'après-midi du 13 avant de donner aucun ordre pour le mouvement de retraite de l'armée?

Nous ne saurions, quant à nous, pour l'honneur du commandement, admettre le rôle passif auquel le maréchal voudrait ici descendre! Il lui appartenait, en effet, d'exiger ce qui lui était dû. S'il n'obtenait des renseignements, il devait les réclamer! S'il ne commandait pas, peut-il se plaindre de n'avoir pas été obéi?

Et, d'ailleurs, quelle négligence pourrait-elle être comparée à cette absence inexplicable d'ordres, qui entraîna une perte de temps de vingt-quatre heures?

Nous n'attacherons pas non plus à la confusion qui exista dans le commandement durant les journées du 12 et du 13 août, l'importance que le maréchal voudrait lui attribuer.

On doit reconnaître que, jusqu'au 13 au matin, des ordres ont été donnés par le major général, mais ces ordres n'étaient que la conséquence des dispositions générales adoptées antérieurement, et d'ailleurs il était immédiatement rendu compte au commandant en chef.

D'autre part, tout en constatant cette confusion, il convient pourtant de faire remarquer qu'elle ne fut pas ce qu'on pourrait supposer. On a dit que, du 12 au 13, il y eut jusqu'à trois états-majors généraux distincts. Cela n'est pas rigoureusement exact. En effet, l'état-major impérial ne fonctionna jamais distinctement de l'état-major du maréchal Bazaine, attendu que, se composant l'un et l'autre des mêmes officiers, travaillant dans les mêmes locaux, sous une même direction, celle du général Jarras, ils n'en formaient en réalité qu'un seul qui ne fit que changer de nom lors du transfert du commandement.

Quant au troisième état-major général, c'était celui de l'armée de Lorraine, constitué depuis le 9 août sous les ordres du digne et regretté général Manèque. Après la nomination du maréchal Bazaine comme général en chef, cet état-major n'avait plus de raison d'être. Si donc le maréchal a continué à l'employer, il ne peut s'en prendre qu'à lui-même des inconvénients qui en résultèrent, notamment en ce qui concerne la non-communication des mesures relatives aux vivres et aux convois.

Ce fut dans l'après-midi du 13 seulement que fut adressé du cabinet du maréchal, à l'état-major général, l'ordre tout préparé pour le mouvement du 14. Les 2e, 3e, 4e corps et la garde avaient déjà reçu cet ordre directement. L'état-major général fut chargé seulement de le transmettre au 6e corps, à l'artillerie, au génie et aux divers services qui se trouvaient avec lui à Metz. Là, dut se borner son action.

Si le maréchal n'avait pas donné d'ordres plus tôt, c'est, à ce qu'il déclare, parce qu'il avait passé toute la journée à cheval pour rectifier les positions. Mais il avait déjà procédé le 12 à cette opération, et il semble d'ailleurs que, puisqu'on devait battre en retraite, il s'agissait non de rectifier les positions, mais de les évacuer.

Le mouvement sur Verdun et Châlons une fois résolu, il importait en effet d'éviter avec soin toute cause de retard. L'une de ces causes à prévoir était l'attaque de l'ennemi, attaque que, depuis la veille, les renseignements recueillis par l'état-major général, comme le rapport du général de Ladmirault, faisaient prévoir comme imminente, attaque enfin que le maréchal Bazaine avait fait pressentir, lui-même, dès le 12, au général Duplessis.

Il était donc indispensable de s'y dérober, sans perdre une minute, en faisant filer promptement les troupes de la rive droite sur la rive gauche, et en les ramenant immédiatement sous la protection du canon de la place et des forts.

Cependant, comme nous venons de le dire, l'armée fut maintenue jusqu'au moment de passer la Moselle dans les positions qu'elle occupaît depuis le 11, bien en avant des forts de Saint-Julien et de Quoulleu, et ne s'ébranla que le 14 au matin.

En présence de la nécessité impérieuse de se hâter, on se demande pourquoi le mouvement ne fut pas commencé dès le 13. Ce fut, a dit le maréchal, parce qu'une inondation avait recouvert d'un banc d'eau le tablier des ponts provisoires établis en amont et en aval de Metz.

Or, on sait par la déposition de l'un des officiers chargés de leur réparation, M. de Villenoisy, que les ponts étaient en partie rétablis et le passage praticable sur certains d'entre eux dès la journée du 13. Mais quand même il n'en eût pas été ainsi, était-ce donc une raison, le 13, pour ne pas masser les troupes à l'abri des forts?

Était-ce une raison pour ne pas utiliser les deux ponts de la ville et celui du chemin de fer, et était-il judicieux de retarder d'un jour la marche de l'armée, dans le seul but de pouvoir passer la Moselle sur un plus grand nombre de ponts à la fois? Ce grand nombre était d'ailleurs inutile, il faut le remarquer, puisque tous débouchaient sur une seule et même route. C'est sur cette voie unique de Metz à Gravelotte que, d'après les ordres du maréchal, devait s'engager l'armée entière avec ses immenses convois.

L'ordre de mouvement expédié le 13 par le commandant en chef, précisant les détails d'exécution, assignait en effet la route à suivre par les différents corps d'armée. Les 2e et 6e corps, ainsi que la garde, devaient prendre la route de Verdun, par le Sud, passant par Résonville et Mars-la-Tour. Les 3e et 4e corps prendraient la route de Verdun par Doncourt et Étain. Une division de cavalerie devait éclairer le pays en avant de chacune de ces deux colonnes, les convois marchant à la suite de l'armée.

Il y avait bien ainsi deux routes indiquées; mais, en fait, elles n'en formaient qu'une en partant de Metz et pendant plusieurs heures, attendu que la bifurcation ne se trouve qu'à trois lieues de la place, au village de Gravelotte.

Et cependant, outre cette route de Gravelotte, il en existait trois autres distinctes, dont on pouvait disposer pour s'élever sur les plateaux. C'étaient, en allant du Nord au Sud, les routes de Briey par Woippy, celle de Plappeville et Amanvillers, et enfin le chemin de Lory à Amanvillers.

Si ces deux dernières se réunissaient, ce n'était qu'au sortir des défilés, lorsqu'une fois sur les plateaux il devenait possible d'utiliser les nombreux chemins vicinaux de village à village.

Le maréchal Bazaine qui, peu d'années auparavant, avait commandé à Metz, devait, moins que tout autre, ignorer l'existence de ces voies de communication.

Il a cherché pour se justifier à rejeter la faute sur l'état-major général.

« Je me suis borné, a-t-il dit, à indiquer les directions générales. C'était à l'état-major à faire les reconnaissances et à désigner aux différents corps les routes qu'ils auraient à suivre. »

Tel était, en effet, le véritable rôle de l'état-major général.

Mais comment l'excuse invoquée par le maréchal serait-elle valable, lorsque, pour toutes les mesures relatives au mouvement de retraite, nous le voyons ne pas vouloir se servir de cet état-major général, et, passant en quelque sorte par-dessus sa tête, rédiger et expédier directement les ordres, non pas sous forme d'indications générales, mais comme prescriptions détaillées et complètes.

Les débats n'ont pas établi qu'à la réception de ces ordres le génèrla Jarras ait soumis des observations au maréchal sur les nombreux et graves inconvénients que comportait leur exécution.

Ces inconvénients étaient pourtant si évidents pour tous, qu'un officier supérieur du génie s'était cru obligé de venir exposer au maréchal les dangers des dispositions prescrites. N'ayant pu parvenir jusqu'à lui, il s'était adressé au général Jarras, qui s'était borné à lui répondre : « Croyez bien que ce sont ceux qui voient les choses de plus près qui en souffrent davantage. »

Pourquoi, au lieu de gémir sur ce qu'il voyait, le chef d'état-major général n'avait-il pas pris l'initiative de cette démarche auprès du général en chef? Il ne pouvait pourtant ignorer que ses fonctions, en l'obligeant à assurer l'exécution des ordres donnés, lui commandaient aussi de présenter, au sujet de ces ordres, toutes les observations que pouvait lui suggérer l'intérêt de l'armée.

Nous devons déplorer l'attitude effacée et passive qu'il accepta ainsi, dès le début. Il ne pouvait, selon nous, se laisser annihiler, car il avait à remplir des obligations qui engageaient dans une certaine mesure sa responsabilité, et dont il ne dépendait pas du commandant en chef de le dispenser.

Personne, mieux que vous, messieurs, ne connaît les devoirs multiples d'un chef d'état-major. Pour que ces devoirs puissent être remplis efficacement, il est d'une nécessité absolue qu'une confiance complète règne entre le commandant en chef et son chef d'état-major. Il faut que celui-ci connaisse, non-seulement les projets arrêtés, mais encore la pensée intime de son général, car c'est ainsi seulement qu'il pourra le suppléer au besoin.

Telle n'était pas malheureusement la situation du chef d'état-major général de l'armée du Rhin, vis-à-vis du commandant en chef, et le défaut de confiance qui se manifesta, dès le principe, entre le maréchal Bazaine et le général Jarras, ne fut peut-être pas sans influence sur les tristes résultats que nous aurons à constater.

Si ce fut un tort de nommer à ces fonctions l'ancien aide-major général de l'empereur, sans l'agrément du général en chef, assez disposé à écarter de lui l'entourage impérial, pourquoi le maréchal ne formula-t-il pas immédiatement ses réclamations à ce sujet, comme il en avait le droit?

Certes, on ne peut que regretter que ni l'un ni l'autre n'ait compris qu'il ne devait pas accepter une semblable position. Mais toute fâcheuse qu'elle fût, cette situation ne saurait justifier ici le maréchal, et sur lui seul doit tomber uniquement et entièrement la responsabilité des dispositions prises par lui seul.

Vous savez, messieurs, quelles circonstances amenèrent la bataille de Borny.

La première armée allemande, après une concentration rapide, attaqua le 14, à quatre heures de l'après-midi, les dernières divisions du 3e et du 4e corps, qui n'avaient pas encore entamé leur mouvement. Les autres divisions de ces corps revinrent alors sur leurs pas, et l'action devint bientôt générale. Les troupes montrèrent un entrain remarquable, les Allemands furent partout repoussés, mais ils avaient atteint leur but, qui était de retarder la retraite de l'armée française.

Le maréchal, reconnaissant que livrer cette bataille était aller directement à l'encontre du résultat qu'il devait poursuivre, a prétendu que le général Ladmirault n'aurait pas dû revenir en arrière, au secours de sa division engagée. Mais le commandant en chef, présent sur le lieu de l'action, où il fit preuve d'ailleurs de la plus grande vigueur, ne donna aucun ordre au commandant du 4e corps et ne chercha pas à arrêter l'élan des troupes. Nous l'avions d'ailleurs déjà remarqué; le meilleur moyen d'arrêter le combat, de le rendre même impossible, c'était de se replier sous Metz dès la veille. Le maréchal ne peut donc attribuer qu'à lui-même cette cause nouvelle de retard.

Les conséquences du combat furent, il est vrai, aggravées encore par la fâcheuse condescendance du gouverneur de Metz, qui accorda, à l'insu du général en chef, un armistice pour la rive droite de la Moselle et de la Seille, lequel fut prolongé pendant vingt-quatre heures. Cet armistice, demandé par les Prussiens sous prétexte d'enterrer leurs morts, leur permit de passer en toute sécurité à proximité de la place et de gagner les ponts de la haute Moselle sans être inquiétés.

Lorsqu'enfin, le 15 au matin, toute l'armée reprit sa marche, on s'aperçut de l'immense confusion produite par l'entassement de tous les corps sur une seule route. Il suffit, pour se rendre compte de la lenteur du mouvement, de rappeler que l'armée avec ses convois, marchant en colonne sur une seule route, les troupes d'infanterie par demi-section, et les voitures par deux, n'eût pas occupé un développement moindre de cinquante lieues.

L'encombrement était donc facile à prévoir en temps utile. Il en était déjà résulté une perte de temps considérable, quand le maréchal ordonna le licenciement immédiat et sur place du convoi auxiliaire. Était-ce là le vrai moyen de remédier aux inconvénients signalés?

Prise avant le départ, cette mesure eût été excellente. Pas n'était besoin, en effet, d'emporter dix à douze jours de vivres, puisque l'armée allait trouver à Verdun les ressources qu'y avait fait préparer l'intendant en chef. Avec quatre jours de vivres dans le sac et quatre jours sur les voitures du train régulier, il y avait largement de quoi parer à toutes les éventualités.

Mais l'ordre donné aux troupes le 13 était, il ne faut pas l'oublier, de prendre, non quatre jours, mais trois jours de vivres, c'est-à-dire les rations du 14, du 15 et du 16. Le 15, il ne devait donc rester aux troupes qu'un jour de vivres dans le sac. Quant à l'ordre d'en placer pour quatre jours sur les voitures militaires, il n'avait été notifié, on le sait, ni à l'état-major général, ni à l'intendant en chef. De plus, cet ordre, donné au moment du départ de l'armée, était alors inexécutable car il eût nécessité un remaniement complet dans le chargement du convoi. Enfin, vu le nombre limité de ses moyens de transport, et en raison des nombreux services auxquels il avait à pourvoir, le train des équipages ne pouvait guère prendre que deux jours à peine de vivres.

Licencier le convoi auxiliaire dans les conditions où l'on se trouvait, c'était s'exposer à manquer de vivres pour continuer la route, pour peu qu'on fût arrêté en chemin.

Il était, en effet, de toute impossibilité de faire faire les distributions sur place, comme l'ordre de licenciement le prescrivait, les troupes ayant dépassé les convois. Quant à ceux-ci, engagés déjà en partie dans le défilé qui va de Moulins à Gravelotte, les faire retourner en arrière c'était augmenter encore le désordre. Aussi, l'intendant en chef intérimaire, M. de Préval, crut-il devoir adresser des représentations au maréchal et demanda-t-il, pour obéir, qu'il lui fût délivré un ordre écrit.

Ces représentations restèrent sans effet, et il reçut l'ordre demandé. Les dangers que présentait cette mesure furent d'ailleurs heureusement conjurés, grâce à l'impossibilité de faire rétrograder la partie des convois déjà entrés dans le défilé.

Le 16 au matin, les convois du 2e corps et du grand quartier général étaient ainsi parvenus sur le plateau. Le commandant en chef ne l'ignora pas, car il renouvela dans la matinée de ce jour son ordre de licenciement des voitures auxiliaires, d'une exécution alors plus facile.

Suivant les prescriptions de la veille, l'armée devait se mettre en marche le 16 de grand matin. Pressé d'arriver à Châlons, l'empereur prit les devants, et fit appeler avant de partir le maréchal Bazaine, pour lui renouveler ses recommandations d'accélérer son mouvement. Néanmoins, aussitôt après le départ de l'empereur, revenant sur les ordres donnés, le commandant en chef modifiait les dispositions prescrites la veille et ajournait le départ.

« Nous partirons, écrit-il aux corps, probablement dans l'après-midi, dès que je saurai que les 3e et 4e corps seront arrivés à notre hauteur en totalité. Les ordres, du reste, seront donnés ultérieurement. »

D'où provenait cet ajournement? Le maréchal en donne pour motif les considérations qu'avait fait valoir le maréchal Le Bœuf. Celui-ci, qui avait pris le commandement du 3e corps après la blessure reçue à la bataille de Borny par le brave et énergique général Decaen, avait informé en effet, la veille, à onze heures du soir, le commandant en chef, que deux divisions seulement de son corps d'armée l'avaient rejoint, et que le 4e corps n'avait pas encore paru.

« Si l'on doit combattre, écrivait le maréchal Le Bœuf, il serait vivement à désirer que mon corps d'armée fût réuni avant de s'ébranler....

« Dans ces conditions de dispersion, Votre Excellence appréciera s'il ne serait pas plus utile d'attendre l'ennemi que d'aller à lui jusqu'au moment où le 3e corps sera réuni. »

Les observations de M. le maréchal Le Bœuf étaient uniquement fondées, on le voit, sur l'hypothèse que l'on allait marcher à l'ennemi.

Il pouvait croire, en effet, qu'après tant de temps perdu les Prussiens seraient parvenus à s'établir entre Verdun et l'armée française, et qu'il faudrait leur passer sur le corps pour continuer la retraite. Mais il n'en était rien encore.

Le commandant en chef se charge de le rassurer.

Dans la lettre où il lui annonça que, d'après ses observations, il suspendit la marche de l'armée, le maréchal Bazaine s'exprimait ainsi :

« M. l'intendant général Wolf, qui revient de la ligne du Nord, affirme qu'il n'y a pas un seul ennemi sur notre droite; il n'y aurait qu'un parti de deux cents uhlans devant vous sur la route d'Étain. Le général du Barail les a pourchassés.... Le danger pour nous est du côté de Gorze, sur la gauche du 6e et du 2e corps. Faites reconnaître tous les chemins que vous auriez à suivre pour venir vous mettre en seconde ligne derrière les 6e et 2e corps dans le cas d'un combat aujourd'hui. »

Dans une autre lettre du 15 au soir, le maréchal Bazaine avait déjà fait connaître que les forces qui menaçaient la gauche des 2e et 6e corps étaient évaluées à 30 000 hommes.

Ainsi donc, l'avant-garde ennemie seule arrivait à hauteur de notre gauche. C'est de ce côté seulement qu'une attaque était à craindre; la route de Verdun était encore libre. Était-ce le moment de s'arrêter pour laisser à l'armée prussienne le temps de venir barrer le passage?

N'était-il pas, au contraire, évident qu'il fallait se hâter de lever le camp, faisant filer par la route d'Étain ce qu'on emmenait de convois, et se bornant à contenir l'ennemi avec une forte arrière-garde? Toutes les troupes de la colonne de gauche étaient réunies et pouvaient faire cet office. Quand à la colonne de droite, elle n'avait aucune agression à redouter. D'ailleurs, le défilé des troupes et des voitures ne donnait-il pas aux divisions en arrière le temps de rejoindre la colonne sans interruption?

En un mot, ce dont il s'agissait le 16, à cinq heures du matin, ce n'était pas de combattre, mais de marcher le plus vite possible. L'approche de l'ennemi ne faisait que rendre cette nécessité plus impérieuse, tout temps d'arrêt ne pouvant qu'augmenter les difficultés de la retraite.

Les observations du maréchal Le Bœuf, basées sur une éventuaité qui n'existait pas, n'avaient donc pas à être prises en considération par le commandant en chef, parfaitement instruit de la situation.

Vous venez d'entendre, messieurs, l'exposé succinct des actes du maréchal Bazaine, depuis le moment de sa prise de possession du commandement en chef jusqu'à celui où va s'engager la sanglante bataille de Résonville.

Après avoir manifesté ses préférences pour le maintien de l'armée sous Metz, il accepte cependant, sans observation, la mission de la ramener dans les plaines de la Champagne.

Mais, cette mission acceptée, il s'isole volontairement du quartier impérial et de tous les chefs de service et, pendant près d'une journée, alors que les instants sont si précieux, on ne découvre trace d'aucun ordre donné par lui, d'aucune mesure prise en vue de la retraite.

Ainsi, il ne prend aucune disposition pour arrêter le mouvement de l'ennemi, néglige, s'il ne refuse, de faire sauter les ponts de la Moselle en amont de Metz et perd inutilement vingt-quatre heures sur la rive droite. Il livre sans nécessité la bataille de Borny qui ne fait que le retarder, entasse, de propos délibéré, toute son armée sur une seule route, quand il pouvait disposer de quatre, augmentant ainsi, dans une proportion colossale, la confusion et la lenteur.

Pendant la marche, il licencie son convoi, sans demander à l'intendance s'il y a des vivres pour continuer la marche. Enfin, aussitôt l'empereur parti, il suspend, sans motif valable, le mouvement de son armée.

En résumé, la conséquence directe de sa conduite et de toutes ses mesures pendant quatre jours est de permettre à l'ennemi de le devancer sur les plateaux.

De l'ensemble de ces faits se dégage donc inévitablement cette conclusion : c'est que le maréchal n'a jamais voulu mettre à exécution le plan qu'il s'était chargé de mener à bonne fin, et que, contrairement à son intention énoncée, il a toujours voulu demeurer sous Metz. Mais, n'osant pas assumer la responsabilité de cette détermination, il a laissé aux événements le soin de faire échouer le projet de retraite, se contentant de les préparer dans ce but!

M. le commissaire du gouvernement continue la lecture de son réquisitoire

Troisième complément de l'audience du 3 décembre

PRÉSIDENCE DE M. LE DUC D'AUMALE

Suite du réquisitoire

M. le commissaire du gouvernement continue son réquisitoire.

Le maréchal avait, comme vous le savez, messieurs, manifesté, dès l'origine, ses préférences pour le maintien de l'armée auprès de Metz. Si, plus tard, devant l'avis exprimé par l'empereur, il parut renoncer à son dessein et ordonna la marche sur Châlons, il n'avait pas abandonné néanmoins sa première idée. C'est ainsi que le 15, causant avec l'aide de camp du général Soleille, il lui exprimait son regret d'avoir emmené l'équipage des ponts, attendu qu'il n'aurait pas été d'avis de traverser la Meuse, ajoutant d'ailleurs qu'il était lié par ses instructions.

Le maréchal Bazaine, interrogé à ce propos, a déclaré qu'il ne s'agissait pas, pour lui, de traverser la Meuse, mais seulement d'aller prendre position à l'Est de Verdun, en s'appuyant sur cette place, de manière à manœuvrer dans l'espace compris entre Meuse et Moselle.

Il affirme que c'était là ce dont il était convenu avec l'empereur. S'il en fut ainsi, on doit reconnaître que le secret de ce plan d'opérations fut bien gardé, attendu qu'il n'en avait jamais été question jusqu'au moment des débats et qu'il n'en existe trace nulle part.

Le maréchal avait paru convenir jusque-là qu'il fallait, le 12, comme quelques jours plus tôt, ramener l'armée dans les plaines de la Champagne, et c'est là le projet qui se trouve énoncé dans l'ouvrage *l'Armée du Rhin*.

La nouvelle version indiquée, peu en harmonie avec la déposition du commandant Sers, s'accorde difficilement avec les termes de la dépêche expédiée le 19 août à l'empereur :

« Je compte toujours prendre la direction du Nord et me rabattre ensuite par Montmédy sur la route de Sainte-Menehould à Châlons, si elle n'est point fortement occupée, etc. »

D'ailleurs, les mesures prises par l'empereur à son passage à Verdun pour faire préparer les ponts nécessaires à l'armée, l'assurance qu'il donna au maire de cette ville au sujet des approvisionnements qui devaient, dit-il, être emmenés par le maréchal Bazaine, tout concourt à démontrer que l'armée ne devait nullement arrêter sur la Meuse son mouvement de retraite.

Ajoutons qu'en raison de l'avance prise par l'armée du prince royal, une semblable combinaison ne pouvait venir à l'esprit de personne. En effet, Verdun n'étant pas, comme Metz, pourvu d'un camp retranché, ne pouvait servir de refuge à l'armée française qui, exposée à être cernée sur les deux rives de la Meuse par toutes les forces allemandes, se fût trouvée dans une situation plus dangereuse encore que celle de l'armée de Châlons à Sedan.

Sans nous arrêter davantage à cette assertion, nous sommes en droit de conclure des paroles du général en chef qu'il n'était guère soucieux d'accomplir jusqu'au bout le projet de retraite convenu.

C'était sans doute sous la même impression que, le 16 au matin, l'intendant en chef étant venu le trouver, le maréchal, au lieu de lui annoncer l'arrivée de l'armée à Verdun pour le lendemain, comme cela était entendu, se borna à lui dire qu'il serait sous cette place dans quelques jours, et lui parla de tenter peut-être, le jour même, un coup de main sur Pont-à-Mousson.

Du reste, nous le verrons plus tard être bien autrement explicite au sujet de ses intentions effectives.

Ce serait sortir du cadre de ce réquisitoire que d'étudier, au point de vue tactique, la bataille de Rézonville.

Glorieuse pour nos armes, elle n'amena pas cependant de résultat décisif. Les troupes couchèrent sur les positions conquises, mais l'ennemi avait pu se maintenir en face de l'armée française, qui ne recouvra pas le libre usage de la route de Verdun par le Sud.

Mais le ministère public a le droit de rechercher le mobile qui semble avoir inspiré le maréchal pendant cette journée.

A neuf heures et demie du matin, la surprise de la division de Forton marque l'apparition de l'ennemi qui attaque immédiatement. Les 2e et 6e corps sont seuls engagés d'abord. Tandis qu'ils soutiennent une lutte opiniâtre sous les yeux du commandant en chef, qui déploie la plus brillante bravoure, les 3e et 4e corps arrivent sur le terrain, à l'exception d'une division de chacun d'eux qui n'avait pas rejoint encore. Débordant la ligne de bataille, ces deux corps s'établissent face à la route de Gravelotte à Mars-la-Tour, en avant de la droite du 6e corps, et leur attaque vigoureuse fait reculer l'ennemi.

Encore un effort et celui-ci allait être refoulé dans les défilés de Gorze et d'Ars-sur-Moselle, mais le maréchal, sans plus songer à s'ouvrir un passage sur Verdun, a pour unique souci de conserver ses communications avec Metz Il appelle de ce côté ses réserves et deux divisions du 3e corps, dégarnissant sa droite, qui avait le rôle important, au profit de sa gauche, qui n'avait qu'à couvrir la retraite. Son convoi et son parc, qu'il pouvait faire filer en toute sécurité par la route d'Étain, demeurent immobiles en arrière de Gravelotte. Pas plus que sa conduite précédente, la préoccupation constante du commandant en chef pendant la bataille, ne dénote donc qu'il ait eu la ferme volonté de marcher sur Verdun.

Comprenant que ses dispositions trahissaient trop clairement une intention tout opposée, il a allégué, il est vrai, dans son mémoire au conseil d'enquête, qu'il avait prescrit aux 3e et 4e corps de faire « un mouvement de conversion, l'aile droite en avant afin de refouler, dit-il, les Allemands dans les défilés de Gorze et de Chambley, et enfin dans la vallée de la Moselle, si c'était possible. » Mais vous savez, messieurs, qu'en fait, il n'a donné aucune instruction au général Ladmirault, et qu'il n'a laissé à M. le maréchal Le Bœuf qu'une division d'infanterie dont, à un moment il voulut même distraire l'une des brigades. Comment, dans ces conditions, le mouvement de Gorze à Chambley aurait-il pu s'effectuer? D'après les ordres donnés par le maréchal pendant la nuit, l'armée, au lieu de continuer sa retraite sur Verdun, dut se reporter en arrière sur le plateau de Plappeville. Voyons quels furent les motifs invoqués pour justifier cette grave détermination.

Le 16 août, au soir, le colonel Vasse Saint-Ouen fut chargé par le général Soleille d'aller informer le maréchal que la consommation des munitions avait été considérable, qu'on pouvait l'apprécier au tiers ou à la moitié de l'approvisionnement de l'armée, et qu'il serait utile d'envoyer à Metz, dans la nuit même, chercher de nouveaux caissons de munitions.

La précipitation du général Soleille à fournir au commandant en chef des renseignements alarmants, qui se trouvèrent être complétement erronés, fut certainement regrettable.

Il est non moins fâcheux qu'en présence d'une consommation qui lui paraissait si considérable, le général Soleille n'ait pas envoyé, pendant la journée même, chercher, ou tout au moins faire préparer des caissons à l'arsenal de Metz, au lieu d'attendre la nuit, car, s'il eût agi ainsi, les munitions seraient arrivées et les distributions eussent pu se faire dans la matinée du lendemain.

Quoi qu'il en soit, le maréchal Bazaine reçoit cette communication sans paraître s'en émouvoir. Cependant, puisqu'il croit devoir se baser sur cette situation des munitions pour suspendre sa marche et même pour revenir sur ses pas, il semble que l'avis apporté par le colonel Vasse Saint-Ouen doive singulièrement l'affecter. En effet, ce n'est à ses yeux rien moins que l'ajournement, peut-être le renversement du plan d'opérations adopté, c'est-à-dire du projet de retraite sur Verdun.

Le temps matériel a manqué au général Soleille pour recueillir des renseignements positifs. Cela est bien évident. C'est donc une appréciation toute personnelle qu'il livre au maréchal. Celui-ci sait que le commandant en chef de l'artillerie est couché, et qu'il souffre d'une contusion reçue pendant la bataille; il ne peut ignorer que la santé du général, gravement atteinte depuis quelque temps, a ébranlé son moral, et que lui, si vigoureux, si énergique autrefois, est maintenant trop porté à voir toutes choses sous le jour le plus sombre et à s'exagérer les difficultés de la situation, ainsi que ces débats l'ont fait ressortir pour plus d'une circonstance.

Ce serait bien le cas d'interroger l'officier que, de son lit, le général a envoyé lui porter cette désolante nouvelle, de le presser afin de savoir quel degré de confiance il doit y ajouter, sur quelles données elle se fonde, combien enfin il peut rester approximativement de coups de canon et de coups de fusil à l'armée.

D'ailleurs, en admettant que le tiers, que la moitié même de l'approvisionnement eût été épuisé à la suite des deux batailles du 14 et du 16, il en restait largement de quoi continuer la lutte tout au moins pendant une ou deux journées.

Rien ne pressait donc de battre en retraite, rien n'empêchait surtout d'attendre au lendemain matin pour prendre un parti définitif et de se borner jusque-là à prescrire aux corps d'armée de se tenir prêts à marcher.

S'il eût ainsi procédé, si, comme sa haute expérience, comme son sang-froid éprouvé devaient le lui conseiller, s'il eût enfin fait la part de l'exagération du premier moment, il aurait pu être promptement rassuré, car il aurait appris bien vite que les appréciations du général Soleille étaient très-erronées.

Le 17 au matin, il restait en effet 80 000 obus et 16 millions de cartouches sur 106 000 obus et 17 millions de cartouches que possédait l'armée à son départ de Metz. On avait donc consommé tout au plus le quart de l'approvisionnement en munitions d'artillerie et le seizième en munitions d'infanterie.

En accueillant l'appréciation du général Soleille, sans observations, en se déterminant immédiatement, d'après elle, à reporter la ligne en arrière, le maréchal Bazaine, loin de témoigner d'une intention formelle de continuer son mouvement sur Verdun, a laissé voir au contraire son désir de profiter du premier prétexte pour abandonner l'opération entreprise.

Le deuxième motif allégué pour expliquer sa détermination de se rapprocher de Metz, fut la pénurie des vivres. Il était encore moins valable que le premier.

Les vivres eussent pu manquer en effet si l'ordre de licenciement, donné le 15, avait été suivi d'effet; mais, comme nous l'avons précédemment constaté, il n'en était rien : quelques-uns des convois étaient parvenus sur le plateau, dès le 16 au matin.

Le convoi du grand quartier général, à lui seul, contenait plus d'un jour et demi de vivres pour toute l'armée. La plus grande partie des troupes avait encore un jour de vivres dans le sac; certains corps d'armée en avaient deux.

L'intendant général Wolff était venu annoncer le matin même au maréchal que des approvisionnements considérables avaient été préparés à Verdun. Dans la soirée, l'intendant en chef intérimaire ne sut pas, il est vrai, et ce fut un tort, renseigner le maréchal sur l'existant à Gravelotte.

Mais pourquoi celui-ci, eu égard à la situation de M. de Préval, nommé depuis trois jours seulement, ne s'adressa-t-il pas au fonctionnaire chargé spécialement du service et qu'il avait également sous la main à son quartier général; M. Mony lui eût, vous le savez, fourni des indications très-rassurantes.

L'ignorance dans laquelle resta le commandant en chef n'eut d'ailleurs qu'un résultat favorable; car, pour plus de sûreté, il envoya immédiatement chercher à Metz une partie des convois qui y étaient restés. Un convoi de 450 voitures allait rejoindre, le 17 au matin, lorsqu'il fut arrêté par l'avis que l'armée rebroussait chemin.

Le maréchal a déclaré que ses appréhensions au sujet des munitions et des vivres, tout en pesant sur ses décisions, ne furent cependant pas les motifs déterminants de sa conduite. Il y aurait eu, selon lui, un défaut de rédaction dans ses dépêches :

« Dans ma pensée, a-t-il dit, ce n'étaient pas les vivres qui manquaient, mais il fallait les distribuer de façon que les hommes en aient pour deux ou trois jours dans le sac, de manière à nous débarrasser de notre immense convoi. ».

La nécessité de ravitailler les troupes, tant en vivres qu'en munitions, soit avec les ressources sur le plateau, soit au moyen des convois qui allaient arriver, pouvait-elle déterminer le commandant en chef, non à attendre sur place, mais à se reporter en arrière? Il suffit de poser cette question pour la résoudre.

Cependant la pénurie des munitions et celle des vivres furent les seules causes indiquées par le maréchal dans ses dépêches à l'empereur comme dans ses ordres aux commandants de corps, pour expliquer son mouvement rétrograde. Il écrit, en effet, au souverain, le 16, à 11 heures du soir :

« La difficulté aujourd'hui gît principalement dans la diminution de nos parcs de réserve, et nous aurions de la peine à supporter une journée comme celle d'aujourd'hui. avec ce qui nous reste dans nos caissons; d'un autre côté, les vivres sont aussi rares que les munitions, et je suis obligé de me reporter sur la ligne de Vigneulles-Lessy, pour me ravitailler. »

Et à minuit, précisant encore mieux sa pensée, le maréchal écrivait aux commandants de corps :

« La grande consommation qui a été faite dans la journée, ainsi que le manque de vivres pour plusieurs jours, ne nous permettant pas de continuer la marche qui avait été tracée, nous allons nous reporter sur le plateau de Plappeville. »

Pressé de fournir des explications catégoriques sur une détermination si peu en harmonie avec la situation, le maréchal s'est borné à déclarer que les dépêches écrites par lui les 16 et 17 août, l'ont été sous l'impression du moment et des renseignements qui lui étaient fournis. Il a employé dans sa dépêche à l'empereur le mot « principalement » pour indiquer qu'il y avait d'autres causes *qu'il ne croyait pas devoir rendre publiques.*

Mais en vérité la pénurie de munitions et de vivres, où se serait alors trouvée l'armée, était bien autrement grave que les conditions d'ordre tactique que pouvait sous-entendre le maréchal. S'il devait craindre de rendre publique l'une quelconque des difficultés qui l'arrêtaient, c'était précisément celle-là qu'il aurait dû s'efforcer de dissimuler avec le plus grand soin, car elle était de nature à indigner et à consterner le pays, en lui apprenant que deux jours après sa mise en mouvement, l'armée française était obligée de suspendre sa marche, faute d'avoir été pourvue au départ de ce qui lui était indispensable.

Le maréchal a reconnu que ni les munitions ni les vivres ne lui faisaient défaut pour continuer sa marche.

Mais alors pourquoi ces fausses indications dans les dépêches du 16 à l'empereur et au maréchal de Mac-Mahon, indications que nous verrons cependant se reproduire les jours suivants, alors même qu'il ne pourra plus avoir aucun doute sur leur inexactitude?

Pourra-t-on prétendre qu'il y ait quelque chose d'incertain dans des affirmations formulées en termes si clairs et si précis?

Le commandant en chef de l'armée du Rhin a-t-il songé à l'effet qu'allaient produire ses télégrammes et au péril des résolutions qu'ils pouvaient provoquer?

Si le maréchal a pu se tromper pendant quelques heures sur la véritable situation, pourquoi ne pas rétablir la vérité, dès qu'elle lui fut connue, au lieu de persévérer pendant plusieurs jours dans l'annonce des mêmes besoins, et, par conséquent, des mêmes dangers pour son armée?

Tout en expliquant sa détermination à l'empereur, et en la fondant sur la nécessité d'un ravitaillement, le commandant en chef avait soin d'ailleurs de l'avertir que cet arrêt dans la marche de l'armée n'était que momentané.

Dans sa dépêche du 17, il lui écrivait :

« L'ennemi a été repoussé et nous avons passé la nuit sur les positions conquises... Je pense pouvoir me remettre en marche après-demain, en prenant la direction plus au Nord, etc. »

Il se montre plus affirmatif encore dans le télégramme ci-après du même jour expédié au ministre de la guerre, M. le général de Palikao, dans lequel nous lisons ces mots :

« J'arrête quelques heures mon mouvement pour mettre mes munitions au grand complet. »

Or, nous allons voir les sentiments qu'il manifestait tandis qu'il envoyait ces nouvelles à l'empereur et au ministre :

Le 16 au soir, au moment où il venait d'expédier ses ordres, s'adressant aux officiers qui l'entouraient, il leur disait : « Il faut sauver l'armée française, et pour cela revenir sous Metz. On conçoit l'étonnement qu'un pareil langage dut faire naître parmi ces officiers, car il pouvait à bon droit sembler inexplicable dans la bouche du chef d'une armée qui, suivant ses propres expressions, venait de repousser l'ennemi et qui couchait sur les positions conquises.

Le lendemain, 17, il annonçait son intention de faire descendre les troupes des positions qu'il venait de leur faire prendre, pour les ramener vers la place, et il témoignait le désir de faire exécuter ce mouvement, soit le même jour, soit le lendemain matin.

Ce simple rapprochement entre les avis qu'il envoyait à l'extérieur, et l'opinion qu'il exprimait à ceux qui l'approchaient, fait suffisamment ressortir la manière dont le maréchal Bazaine s'acquittait de son devoir, qui était de dire au souverain et au ministre la vérité sur sa situation.

Plus tard, nous retrouverons encore cette constante préoccupation de cacher la vérité au gouvernement, afin de mieux dissimuler les véritables motifs de son immobilité.

Pour justifier son mouvement rétrograde du 17, le maréchal a déclaré qu'en raison de la nécessité impérieuse de rétablir l'ordre tactique, il n'avait cru possible, ni de conquérir définitivement par un nouveau combat la route de Conflans, ni de s'élever vers le Nord par la route de Briey, encore entièrement libre dans cette journée.

D'ailleurs, à ce qu'il assure, l'empereur, en le quittant, ne lui avait nullement donné l'ordre formel de poursuivre la retraite : ce mouvement était subordonné au circonstances et ne devait s'accomplir que dans de bonnes conditions tactiques, afin de ne pas compromettre l'armée.

Nous ne nous refusons nullement, quant à nous, à croire que le maréchal n'ait pas reçu d'ordres formels de la part du souverain : un général en chef n'a pas à en recevoir de cette nature, et il est bien évident qu'il est toujours maître d'apporter à ses instructions primitives les modifications nécessitées par les événements imprévus si fréquents dans la conduite des opérations militaires en face de l'ennemi.

Mais il n'en est pas moins incontestable qu'il avait un plan d'opérations à accomplir, et qu'il ne devait y renoncer que si ce plan devenait impraticable ou trop dangereux. Or, la retraite était encore très-exécutable le 17, et le maréchal n'a rien tenté pour l'effectuer. Il a donc trompé ainsi la confiance que l'empereur avait mise en lui.

C'est ce qu'il n'est que trop facile d'établir.

Constatons d'abord qu'en reprenant sa marche sur Verdun, par les routes d'Étain et de Briey, le 17, une fois les distributions faites, ravitaillé ainsi de deux à trois jours de vivres dans le sac du soldat, et suffisamment réapprovisionné en munitions d'artillerie et d'infanterie, le maréchal avait encore une avance de 24 heures sur l'ennemi.

En effet, les corps allemands qui avaient combattu le 16 ne bougèrent pas pendant toute la journée du 17, obligés qu'ils étaient de se réorganiser et de se concentrer, et c'est seulement grâce à des marches forcées que les autres corps purent venir prendre part à la bataille du lendemain.

Pour se dérober par une marche vers le Nord, il lui aurait fallu, a dit le maréchal, faire exécuter un changement de front, l'aile gauche en avant, par des chemins de traverse, ce qui aurait donné à l'ennemi le temps de la rejoindre.

Une telle explication est-elle sérieuse? Que veut dire, à propos du mouvement à exécuter, cette expression de changement de front, l'aile gauche en avant?

Pour se porter des positions occupées le 16 dans la direction de Briey, il fallait au contraire reculer en dérobant sa gauche, et ce mouvement devait avoir pour résultat de s'éloigner de l'ennemi. Or, comme il ne put parvenir à la route de Briey que le 18 après midi, on pouvait par là l'éviter, au moins pendant quelques jours, et très-probablement se dérober tout à fait, si l'on prenait la direction des places du Nord.

Nous reconnaissons toutefois qu'une marche en retraite dans ces conditions n'eût pas été exempte de dangers, et nous croyons, comme la plupart des généraux entendus dans le cours des débats, qu'il eût peut-être mieux valu compléter préalablement le succès du 16 en attaquant l'ennemi le 17, pour le refouler dans les ravins de Gorze, et de là sur la Moselle.

Vous avez entendu les dépositions de MM. les commandants de corps, relativement à la possibilité de recommencer la lutte le 17, et malgré leur extrême réserve, dictée d'ailleurs par les plus honorables scrupules, vous avez compris, messieurs, que leur avis presque unanime était qu'il fallait continuer la lutte le lendemain, et que les chances leur paraissaient favorables.

En cas d'un insuccès, on était toujours à même de se retirer sous Metz, tandis que les résultats d'une victoire eussent été incalculables.

L'armée du prince Frédéric-Charles, adossée à la Moselle, courait risque d'être détruite, et elle eût été du moins contrainte à reculer en toute hâte, tandis que l'armée du prince royal, isolée au cœur de la France, avec ses communications coupées, se fût trouvée dans la position la plus critique.

Mais, sans vouloir insister à ce sujet et sans entrer dans le domaine de l'hypothèse, nous nous contenterons de faire remarquer que. puisque le commandant en chef ne jugeait pas devoir continuer immédiatement sa marche vers la Meuse, il lui fallait nécessairement livrer le 17 une seconde bataille. En effet, plus il attendait, et plus il laissait s'accentuer le mouvement tournant de l'ennemi et s'accroître le nombre des troupes à combattre. Plus il attendait, et moins le projet de retraite concerté avec l'empereur devenait exécutable!

Ces considérations élémentaires ne pouvaient échapper à la haute expérience du maréchal. Mais déjà, comme nous venons de le voir, il ne songeait plus guère à l'exécution de ce projet.

Aux premières nouvelles de la bataille, l'empereur crut à une victoire, et il se hâta d'adresser au commandant en chef la dépêche suivante (17 août, 9 heures du soir) :

« Je vous félicite de votre succès; je regrette de n'y avoir pas assisté. Remerciez en mon nom officiers, sous-officiers et soldats. La patrie applaudit à leurs travaux. »

Nous regrettons d'avoir à constater que le maréchal attendit jusqu'au 22 pour communiquer aux troupes les éloges du souverain, et pour les remercier de leur brillante valeur, qui, dans trois batailles successives, avait excité l'admiration de l'ennemi.

Ainsi que nous venons de le dire, le maréchal, sans souci de la mission qui lui était confiée, avait résolu de reporter son armée en arrière.

L'ennemi ne pouvait prévoir un tel mouvement. Non-seulement il ne fit rien pour l'inquiéter, mais, tandis que nos troupes allaient prendre, le 17, les positions indiquées, le prince Frédéric-Charles, inquiet et craignant que l'armée française ne se fût dérobée, poussait au loin les reconnaissances dans la direction de Verdun pour avoir de ses nouvelles.

Le maréchal a déclaré qu'il n'avait suspendu sa marche qu'afin de se ravitailler et de se réorganiser. Or, presque toute la journée du 17 fut nécessairement occupée à s'établir sur la nouvelle ligne de bataille, où les corps d'armée ne purent être installés que dans l'après-midi. Le 6e corps, destiné à former l'aile droite, ne parvint même à Saint-Privat qu'après la nuit tombée. Ainsi à peu près remplie par la marche et la nouvelle installation des troupes, cette journée ne servit guère plus aux ravitaillements que si elle eût été employée à gagner Etain ou Briey.

Le maréchal a fait connaître également que, s'il avait fait choix de la ligne Rozérieulles-Amanvillers, c'était « afin de recevoir l'ennemi dans de bonnes conditions défensives, et pour rester maîtres des débouchés sur les plateaux. Nos troupes avaient besoin, dit-il, après le combat, de reprendre du calme et de retremper leur moral dans des combats défensifs, qui devaient être à leur avantage par la supériorité de leur armement. »

Cette appréciation nous paraît, nous l'avouons, fort contestable. Toutes nos traditions militaires démontrent, en effet, que le combat défensif n'est pas approprié au tempérament national et qu'il convient beaucoup moins que l'offensive à l'ardeur proverbiale du soldat français.

Quoi qu'il en soit, le maréchal ne s'était pas arrêté tout d'abord à la position qui s'étend de Rozérieulles à Amanvillers. Sa première pensée avait été d'assigner à l'armée une position bien plus en arrière encore et placée immédiatement sous les forts.

Le 16, à onze heures du soir, en envoyant à l'empereur la nouvelle de la bataille, il lui écrivait : « Je suis obligé de me porter sur la ligne de Vigneulles à Lessy, pour me ravitailler. » Or, la ligne Vigneulles-Lessy, c'est le pied des remparts des forts de Saint-Quentin et de Plappeville. Mais, comprenant presque aussitôt que ce mouvement rétrograde ne pourrait se comprendre après le résultat de la journée qu'il a dépeint comme favorable, il s'arrête à faire choix d'une position intermédiaire. Le 17, expédiant, par le commandant Magnan, copie de sa lettre précitée, il annonce à l'empereur que c'est par une erreur de rédaction qu'il avait indiqué la ligne Vigneulles-Lessy, au lieu de la ligne Rozérieulles-Amanvillers.

Le prétexte des erreurs de rédaction revient souvent chez le maréchal. Nous l'avons rencontré déjà ; nous le retrouverons encore plus d'une fois.

Mais, ici, il n'y avait pas eu erreur, le maréchal l'a reconnu aux débats. Comme nous l'avons déjà constaté, il avait bien l'intention de se retirer sous Metz.

Le réquisitoire continue.

Quatrième complément de l'audience du 3 décembre

Présidence de M. le duc d'Aumale

Suite du Réquisitoire

M. le général Pourcet continue en ces termes :

Dès le 17, le colonel Lewal avait reçu l'ordre d'étudier une position plus en arrière, où les troupes devaient se trouver en partie sous l'appui des forts et des ouvrages de la place. Le 18 au matin, avant que la bataille ne s'engageât, le colonel Lewal avait réuni en conséquence les sous-chefs d'états-majors généraux sur le terrain, et ils y avaient pris connaissance des points que leurs corps d'armée auraient à occuper.

Cette série de circonstances, en nous dévoilant la pensée du commandant en chef, nous laisse voir combien le projet de continuer la retraite était en réalité loin de son esprit.

Les incidents qui vont se produire dans cette funeste journée du 18 nous fixeront davantage encore sur ses véritables intentions.

Le maréchal avait justement prévu que son armée allait être attaquée dans ses nouvelles positions, et il avait prescrit de s'y établir solidement et de s'y couvrir par des tranchées.

Dès le matin, il fut avisé de l'approche des colonnes ennemies. Les renseignements successivement envoyés par les commandants des 3e et 6e corps, depuis six heures du matin, ne pouvaient lui laisser aucun doute sur l'imminence d'une attaque sérieuse, ni même sur le point principalement menacé.

L'ennemi, en effet, défilait en masses profondes en avant des positions de l'armée, en se portant de la gauche à la droite. C'était la droite française que, par une manœuvre facile à prévoir, il prenait pour objectif, afin de couper au maréchal la route de Briey, seule communication qu'il conservât encore avec l'Est.

Restant en dehors des considérations tactiques qui sont du domaine exclusif de l'historien militaire, nous devons nous borner à rechercher dans la conduite du maréchal Bazaine, pendant cette bataille, les actes propres à établir qu'il a négligé ou méconnu les obligations rigoureuses imposées au commandant en chef d'une armée.

A l'approche d'une lutte formidable, quand l'ennemi considérablement renforcé, va tenter un dernier effort pour achever l'œuvre commencée par les batailles du 14 et du 16 août, le maréchal ne juge pas à propos de visiter le terrain, ni de parcourir les positions sur lesquelles il a établi son armée pour y recevoir le combat.

Il a déclaré, il est vrai, qu'il connaissait le terrain et qu'il avait passé une partie de la matinée du 18 sur une hauteur, entre les fermes de Moscou et de Leipsick, à observer les mouvements de l'ennemi.

Le maréchal paraît ici confondre la matinée du 18 et celle du 17 où, en se portant de Gravelotte à Plappeville, il s'arrêta en effet quelques instants auprès de ces fermes, à voir défiler ses troupes.

Vous remarquerez d'ailleurs, messieurs, qu'en raison de l'étendue de la ligne comme de la configuration du terrain mamelonné et coupé de bois qu'occupaient ses troupes, le commandant en chef, placé entre les fermes de Moscou et de Leipsick, ne pouvait découvrir que les emplacements des 2e et 3e corps et ne voyait nullement sa droite, clef de la position par où il annonçait à l'empereur devoir déboucher le lendemain.

Puisqu'il prévoyait une bataille défensive, pourquoi ne pas parcourir, en l'examinant dans ses détails topographiques, le théâtre où elle devait s'engager, afin de reconnaître les points faibles et de prendre ses dispositions pour en augmenter les défenses naturelles?

S'il eût agi ainsi, son coup d'œil militaire et son expérience auraient reconnu de suite que la position de l'armée, très solide à la gauche, suffisamment forte au centre, n'offrait plus à la droite d'autre avantage que celui de dominer sensiblement le terrain en avant, sans présenter ni sur le front ni sur le flanc du 6e corps d'obstacle de nature à arrêter les mouvements de l'ennemi.

C'est vers sa droite, point à la fois le plus faible et le plus important de sa ligne de bataille, que se seraient alors tournées ses principales préoccupations, c'est dans cette direction qu'il eût pu masser ses réserves d'artillerie, d'infanterie, de cavalerie, au lieu de les laisser inutiles derière sa gauche. Et s'il eût agi ainsi, n'avons-nous pas le droit de supposer que cet emploi judicieux de ses forces, dans cette journée, aurait exercé sans doute une influence décisive sur l'issue de la bataille?

Pendant cette matinée, le général en chef demeure tranquillement à son quartier général sans voir aucun des commandants de corps d'armée, sans donner aucune instruction en vue des redoutables éventualités qui se préparent et dont il est prévenu. Nous nous trompons, le maréchal Bazaine avait donné plusieurs ordres.

D'abord, comme nous venons de le dire, il avait prescrit que, le 18 au matin, les sous-chefs d'état-major des corps d'armée se rendraient auprès du colonel Lewal, pour aller reconnaître avec lui, en arrière et plus près de Metz, de nouvelles positions à occuper ultérieurement.

Interrogé sur les raisons qui lui avaient fait donner cet ordre, le maréchal a répondu qu'il s'était conformé à cet égard aux prescriptions du service en campagne, d'après lesquelles le général en chef doit prendre ses dispositions à l'avance en vue de toutes les éventualités à prévoir. Certes, il eût été vivement à désirer que le maréchal se fût toujours montré aussi scrupuleux observateur du règlement, mais ce luxe de précautions en cette circonstance vous semblera bientôt dénoter la nature de ses préoccupations secrètes qui le poussaient à tourner ses regards vers Metz, au lieu de les porter dans la direction de Briey.

Le second ordre du maréchal Bazaine concernait la garde impériale et fut porté par M. le capitaine de Mornay-Soult, son officier d'ordonnance. Cet officier vint annoncer au général Bourbaki, vers neuf ou dix heures du matin, que le maréchal le laissait libre de ses mouvements, l'autorisant à se mettre en marche quand il le jugerait convenable.

C'était, il faut l'avouer, singulièrement comprendre les devoirs du commandement en chef que de se borner à expédier au commandant du corps de réserve, pour toute instruction, lorsque la bataille allait s'engager, l'avis qu'il était autorisé à se mettre en mouvement quand il le jugerait convenable, sans lui assigner ni objectif, ni direction!

C'est là aussi, qu'il nous soit permis de le remarquer, une étrange manière d'interpréter le règlement que d'invoquer, comme le fait le maréchal, pour expliquer de telles instructions, la disposition qui recommande de laisser une certaine latitude au commandant de la réserve.

Enfin, un troisième ordre fut adressé à M. le maréchal Canrobert. En lui écrivant, à dix heures du matin, pour lui annoncer l'éventualité d'une attaque sur Saint-Privat, le commandant en chef lui disait :

« Si, par cas, l'ennemi se prolongeant sur notre front semblait vouloir attaquer sérieusement Saint-Privat-la-Montagne, prenez toutes les dispositions de défense nécessaires pour y tenir et permettre à l'aile droite de faire un changement de front, afin d'occuper les positions en arrière, si c'était nécessaire, positions qu'on est en train de reconnaître. Je ne voudrais pas y être forcé par l'ennemi, et si ce mouvement s'exécute, ce ne sera que pour rendre les ravitaillements plus faciles et donner une plus grande quantité d'eau aux animaux et permettre aux hommes de se laver. »

C'est bien là le style ambigu que semblait affectionner le commandant en chef, et dont nous rencontrerons de nombreux exemples.

Que signifient ces mots : « Prenez vos dispositions pour tenir à Saint-Privat et permettre à l'aile droite de faire un changement de front en arrière, » quand c'est justement Saint-Privat qui forme le point d'appui de la droite de l'armée, et qu'il se trouvera abandonné par le changement de front préparé qui devait reporter la ligne à plus d'une lieue en arrière ?

Et ceux-ci : « Je ne voudrais pas y être forcé par l'ennemi, et si ce mouvement s'exécute, ce ne sera que pour rendre les ravitaillements plus faciles et donner une plus grande quantité d'eau aux animaux et permettre aux hommes de se laver? »

Quelles sont ces considérations au moins singulières au moment où une grande bataille va se livrer?

Tout cela ne voulait-il pas clairement dire qu'on ne tenait guère à cette occupation?

Cependant Saint-Privat était la clef de la position, c'était le débouché par où l'armée devait le lendemain reprendre sa marche, ainsi que le maréchal l'avait annoncé au souverain. Malgré ces graves considérations, nous voyons le commandant en chef prévenir qu'en cas d'attaque sérieuse, l'aile droite, abandonnant les plateaux, devra venir occuper des positions en arrière.

Ici encore apparaît avec évidence l'intention bien arrêtée de ne pas s'éloigner de Metz.

Mais, hâtons-nous de le dire, M. le maréchal Canrobert comprit toute l'importance de la position qui lui était confiée.

Bien que le 6e corps n'ait jamais eu à Metz que les trois quarts de son infanterie, qu'il ne disposât que d'une artillerie très-insuffisante, qu'il eût été le plus éprouvé à Rézonville, que ses munitions fussent incomplètes, son digne chef, sans entrer dans les finesses de l'ordre qu'il recevait, défendit Saint-Privat avec une ténacité héroïque qui aurait, sans aucun doute, lassé les assauts multipliés d'un ennemi trois ou quatre fois supérieur en nombre, si le 6e corps avait été soutenu.

Cependant, la bataille est engagée; que va faire le commandant en chef, retiré dans sa maison de Plappeville?

On s'émut à l'état-major général quand on apprit que l'armée ennemie avait attaqué nos lignes sans qu'on eût reçu aucun ordre pour se porter sur le théâtre de l'action.

Le général Jarras prescrivit que les chevaux de l'état-major fussent sellés et bridés, et fit en même temps demander au maréchal Bazaine quand il monterait à cheval.

Mais le commandant en chef ne semblait pas pressé de se porter au milieu de ses troupes. Quoiqu'il fût informé du mouvement offensif de l'ennemi, d'abord à sept heures, puis à neuf heures du matin par M. le maréchal Le Bœuf; que la bataille eût commencé vers la gauche depuis onze heures; qu'enfin le colonel Lewal eût fait prévenir le général en chef, entre midi et une heure, que l'action s'étendait sur toute la ligne, celui-ci ne se décida à monter à cheval qu'à trois heures et demie.

A ce moment, il avait déjà reçu de l'extrême droite de l'armée plusieurs avis dont le caractère inquiétant devait cependant lui montrer la gravité de la lutte entamée. Nous devons rappeler ici leur rapide succession.

A dix heures un quart, le maréchal Canrobert signale au maréchal Bazaine la présence de l'ennemi au village de Valleroy.

A midi et demi, il l'informe, dans un billet porté par M. de Bellegarde, officier de son escorte, qu'un combat sérieux s'engage, que la rareté des munitions l'oblige à ralentir le feu de son artillerie, et qu'il en demande avec instance, ainsi que des renforts.

Après avoir pris connaissance de la lettre, le commandant en chef répond à M. de Bellegarde :

« Vous direz au maréchal Canrobert que je donne l'ordre au général Bourbaki de lui envoyer une division de la garde pour le cas où l'attaque dont il est l'objet deviendrait plus sérieuse : que je donne l'ordre en outre au général Soleille de lui envoyer une batterie de 12. Vous direz au maréchal d'envoyer remplir ses caissons au parc de réserve qui est ici. »

Vers une heure, le maréchal Canrobert charge l'officier de l'état-major général qui lui a apporté la lettre de dix heures du matin, de rappeler au général en chef que les munitions s'épuisent.

Entre deux et trois heures, les pièces ne pouvant plus tirer qu'un coup toutes les deux minutes pour répondre au feu formidable dirigé contre elles, le commandant du 6e corps expédie au quartier général le capitaine de Chalus pour presser l'envoi des renforts d'artillerie et la division d'infanterie annoncée.

Après trois quarts d'heure ou une heure de marche, M. de Chalus arrive à Plappeville ; il trouve le maréchal Bazaine dans son salon et lui explique sur la carte comment s'était produite l'attaque du 6e corps; il ajoute que, lorsqu'il avait quitté Saint-Privat, la situation commençait à donner de graves inquiétudes.

Le maréchal paraît se décider alors à envoyer la division promise déjà depuis deux heures ; mais à ce moment arrive un billet qui, d'après les paroles du maréchal, lui annonce que tout va bien au 6 corps. Aussitôt le général en chef renonce à l'idée d'envoyer la division de grenadiers, et M. de Chalus est autorisé seulement à aller prendre quatre caissons au fort de Plappeville.

Vous savez, messieurs, que le général Bourbaki, auquel le maréchal attribuait ce billet, a déclaré n'avoir jamais envoyé un semblable avis, et sa déclaration à ce sujet n'était pas nécessaire.

Comment, en effet, eût-il annoncé au commandant en chef ce qui se passait sur un champ de bataille où il ne se trouvait pas, et qu'il ne pouvait même apercevoir ?

Quel pouvait être ce général qui donnait au commandant en chef des avis si rassurants au sujet de la droite ?

Mais, sans chercher à éclaircir ce mystère, nous ne pouvons nous expliquer la conduite du général en chef dans cette circonstance !

Lorsque M. le maréchal Canrobert lui fait réclamer, pour la seconde fois, les renforts en artillerie et en infanterie vainement attendus jusque-là, comment le maréchal Bazaine peut-il croire que tout se passe bien au 6e corps?

Au lieu de s'en rapporter au vaillant commandant de ce corps d'armée, comment peut-il, sur la foi d'un renseignement venu on ne sait d'où, lui refuser le secours depuis longtemps promis et réclamé avec instance?

Entre les deux renseignements contradictoires qu'il recevait, le maréchal ne pouvait hésiter! Dans tous les cas, si le doute eût été possible, la vérité était de trop d'importance pour ne pas l'éclaircir sans délai en envoyant immédiatement un officier auprès du maréchal Canrobert! S'il ne le fit pas, s'il avait tant tardé à envoyer la division annoncée, s'il revenait si facilement sur sa promesse, c'est qu'assurément il ne tenait guère à soutenir le 6e corps!

La lettre qu'il écrivait à dix heures du matin le faisait d'ailleurs suffisamment pressentir.

Jusqu'au départ du capitaine de Chalus, le maréchal était resté à son quartier général sans expédier un ordre à ses commandants de corps, sans envoyer de nouvelles, demeurant comme indifférent aux événements extérieurs.

Enfin, vers trois heures et demie, il monte à cheval et se rend sur le plateau du Saint-Quentin.

La lutte continue avec une intensité croissante. Le maréchal sait sa droite fortement engagée; néanmoins, toute son attention paraît se concentrer sur sa gauche, presque inexpugnable dans ses positions.

Il craignait, a-t-il déclaré, un mouvement tournant de l'ennemi par la vallée de la Moselle.

Ici reparaît cette crainte d'être séparé de Metz, que nous avons déjà rencontrée chez lui le 16. Cette préoccupation exclusive, mais nullement justifiée, semble avoir influé d'une manière fâcheuse sur ses appréciations. En effet, l'ennemi ne pouvait tourner la gauche de l'armée qu'en s'avançant sous les feux du 2e corps, dans la plaine battue dans tous les sens par les canons du fort Saint-Quentin et de la place.

Une semblable tentative eût bien pu effrayer les convoyeurs campés vers Longeville, ou jeter le désordre dans la masse de cavalerie entassée par ordre du général en chef dans l'étroit vallon de Châtel-Saint-Germain, mais elle ne pouvait faire courir à l'armée aucun danger sérieux.

Après avoir pris des dispositions pour parer à cette attaque, le maréchal Bazaine se porte sur le plateau de Plappeville. C'est vers ce moment que le maréchal Canrobert lui adresse un billet au crayon, portant que les attaques contre la droite redoublaient, que l'artillerie prussienne avait presque éteint la sienne, et que bientôt il ne pourrait plus tenir. Ce billet resta sans réponse.

Le général en chef était arrivé sur le plateau de Plappeville quand M. de Beaumont, officier d'ordonnance du général Bourbaki, passa auprès de lui. Le maréchal l'arrêta et le chargea de porter un ordre à son général.

D'après la déposition de M. de Beaumont, cet ordre consistait à annoncer au général Bourbaki qu'il devait rentrer avec la garde en prévenant le maréchal Canrobert de ce mouvement.

A ce qu'affirme, au contraire, le maréchal Bazaine, M. de Beaumont avait à dire au général qu'il devait demeurer là où il se trouvait, c'est-à-dire sur le plateau du Gros-Chêne, et en prévenir le maréchal Canrobert.

Il y a entre ces deux versions une contradiction complète au sujet de laquelle vous avez entendu, messieurs, le maréchal donner au conseil une explication qu il n'avait pas présentée à l'instruction.

Aux débats, le souvenir lui est revenu. En causant avec M. de Beaumont, il avait employé le mot *rester*, et c'est ce mot qui aurait été pris pour celui de *rentrer*.

Nous voudrions pouvoir croire à cette rectification, mais nous ne saurions trouver d'explication suffisante, en présence des détails précis et circonstanciés donnés par M. de Beaumont, qui ne se contenta pas des premières paroles du général en chef, mais crut devoir les répéter lui-même et les entendit confirmer par le maréchal, et après celui-ci par un officier supérieur de l'état major général.

Le capitaine de Mornay-Soult, ayant le même retour de mémoire que le maréchal, a déclaré aux débats que le commandant en chef s'était servi, en parlant à M. de Beaumont, du mot *rester* et non du mot *rentrer*.

Nous ne discuterons pas en ce moment le témoignage de cet officier d'ordonnance, nous réservant d'indiquer, dans une circonstance ultérieure, les motifs qui nous empêchent d'y ajouter entière confiance.

Au surplus, l'incident de M. de Beaumont n'est pas le seul qui dénote les intentions du commandant en chef.

Vers le même moment, le maréchal voyant passer deux autres officiers d'ordonnance du général Bourbaki qui allaient rejoindre leur chef, les interpella, et leur annonçant que la journée pouvait être considérée comme terminée, il ajouta : « C'est inutile de continuer, la garde va *rentrer* dans ses campements. »

Il n'était pas possible de confondre ici *rentrer* avec *rester*.

Les paroles du maréchal à MM. de Lacale et de Sancy démontrent donc péremptoirement qu'il ne voulait pas envoyer la garde au secours du 6e corps, et, de plus, qu'il avait envoyé l'ordre au général Bourbaki de rentrer.

Le fait que, quelques instants après, le commandant en chef, rencontrant le colonel Clappier, l'aurait laissé continuer sa route, ne vient nullement à l'encontre de cette conclusion, car cet officier supérieur, appelé alors par le général Bourbaki, ne reçut que plus tard l'ordre de protéger la retraite du 6e corps, avec les quatre batteries de la réserve de la garde, et cet ordre émanait de la seule initiative du général.

Ce fut également le commandant de la garde qui, de lui-même, dirigea vers le champ de bataille, sur l'appel pressant du général de Ladmirault, la division de grenadiers.

Cette division n'atteignit malheureusement pas le théâtre de l'action où elle eût, en tout cas, appuyé le 4e corps et non le [illegible]^{e}, auquel seul cependant elle avait été promise par le maréchal Bazaine.

Ainsi, malgré ses demandes instantes et réitérées, malgré la promesse qu'il avait reçue de la part du général en chef, le maréchal Canrobert n'obtint aucun renfort d'infanterie.

Il ne lui fut pas envoyé autre chose que les quatre caissons ramenés par le capitaine de Chalus, plus deux batteries de la réserve générale expédiées en même temps que vingt caissons, vers trois ou quatre heures de l'après-midi, par le général Soleille sur l'ordre du maréchal.

Pour comble de malheur, ces batteries, qu'il a fallu aller chercher à leur camp et faire atteler, ne purent arriver avant la retraite de l'aile droite et ne servirent qu'à protéger ce mouvement de concert avec quelques batteries de ce corps, d'autres du 4e et les quatre batteries de la réserve de la garde envoyées par le général Bourbaki.

La concentration formidable de leurs feux arrêta court la poursuite de l'ennemi, et l'effet produit par cette grande batterie permet d'apprécier le résultat qu'aurait obtenu sa puissante intervention, si elle se fût produite en temps opportun.

En résumé, le 6e corps resta pendant toute la journée du 18 août abandonné à lui-même, obligé de supporter successivement le choc de la garde royale d'abord, puis du 10e corps, et enfin du corps saxon.

L'artillerie de ces différents corps allemands comprenait 260 bouches à feu, auxquelles le maréchal Canrobert n'avait pu opposer que 66 pièces très-incomplétement approvisionnées.

Ces chiffres ont une éloquence suffisante pour dispenser de tout commentaire.

Pendant que cette lutte inégale était engagée, la réserve générale d'artillerie, à l'exception des deux batteries envoyées par le général Soleille et de celles qui surveillaient d'une part la vallée supérieure de la Moselle, et de l'autre le débouché de Saulny, restait sans emploi au bivouac.

Cette artillerie, jointe aux quatre batteries de la réserve de la garde, aux trois batteries de la division de grenadiers, formait une masse de 90 bouches à feu dont l'action au moment convenable eût pu modifier singulièrement les résultats de la journée.

Le maréchal ne songea pas davantage à tirer parti des dix régiments de la cavalerie de réserve.

Tandis que les blessés tombaient par milliers, l'intendant en chef n'était pas informé qu'une bataille se livrait sur les plateaux et les ambulances du quartier général demeuraient à Plappeville.

Du point où il s'était placé, le maréchal aperçut, du côté de la droite, les premiers symptômes d'une défaite. Sur la route de Saulny, il vit, vers cinq heures et demie, des voitures en désordre, des blessés pris de panique redescendre précipitamment vers la vallée.

« Que faire avec de pareilles troupes ! » s'écria-t-il alors, confondant des convoyeurs et des traînards avec son armée.

S'il se fût trouvé sur le champ de bataille, il eût promptement reconnu son erreur; il eût pu constater que le 6e corps tenait toujours, et que ses soldats, abandonnés par lui sans secours dans la lutte désespérée qu'ils soutenaient contre un ennemi trois ou quatre fois supérieur en nombre et appuyé par près de 300 pièces de canon, méritaient d'autres remercîments que ces paroles injustes et cruelles.

Pendant que, du plateau de Plappeville, le maréchal portait sur ses troupes un jugement si sévère, le souverain ennemi, présent, lui, sur le terrain du combat, exprimait hautement son admiration pour leur héroïque ténacité !

Vers sept heures, le maréchal rentra à son quartier général.

Ainsi, une promenade stérile sur le plateau de Plappeville et l'envoi de deux ou trois dépêches à l'empereur, voilà à quoi se borna l'action du commandant en chef pendant cette journée où se décidaient le sort de son armée et probablement l'issue de la campagne et les destinées du pays!

Lorsque ses troupes sont attaquées par 240 000 hommes dirigées par le roi de Prusse en personne, pendant cette formidable canonnade qui dure depuis onze heures jusqu'à huit heures du soir, le maréchal Bazaine se tient obstinément éloigné du champ de bataille, sans que les avis pressants et répétés qui lui arrivent de la droite parviennent à le tirer de sa quiétude.

« J'ai cru, a-t-il dit, devoir rester sur les plateaux pour être plus à même d'expédier des ordres, »

Or, non-seulement il n'a donné aucun ordre important, mais comme si ce qui se passait sur les plateaux était sans intérêt pour lui, il n'a même pas eu la pensée d'envoyer aux nouvelles.

Si un des officiers de l'état-major général va en chercher, c'est de son propre mouvement et par une louable initiative.

En vain le maréchal a-t-il prétendu qu'il n'avait autour de lui personne qui pût aller aux renseignements. A quoi donc lui servaient les cinq officiers de l'état-major général, son aide de camp, ses nombreux officiers d'ordonnance, tous groupés autour de lui?

En vain a-t-il allégué aussi qu'il ne savait pas pour quel motif le général Jarras ne l'avait pas rejoint sur les plateaux. Le général a déclaré que c'était sur l'indication du maréchal qu'il était resté dans les bureaux avec tout son personnel. Quoi qu'il en soit, n'est il pas pénible d'entendre invoquer de pareilles raisons par un général en chef?

Certes, nous ne pensons pas que le chef d'état-major eût besoin d'une permission pour se rendre à son poste, qui pendant le combat était à côté du maréchal, ni pour envoyer ses officiers aux nouvelles; mais n'était-ce pas, en tous cas, au général en chef à commander et à exiger que ses subordonnés fissent leur devoir?

Comme nous l'avons indiqué, le maréchal, pendant cette journée, avait expédié plusieurs dépêches télégraphiques; la première, adressée vers deux heures au maréchal de Mac-Mahon, contenait cette phrase : « Le corps Canrobert pourrait bien être attaqué à Saint-Privat-la-Montagne; » la deuxième dépêche, adressée à l'empereur à quatre heures, disait : « Attaque générale sur toute la ligne, dirigée par le roi de Prusse en personne. Les troupes tiennent bon, mais des batteries ont été obligées de cesser le feu. »

On voit par ces dépêches que le commandant en chef ne saurait se retrancher derrière l'ignorance où il se serait trouvé des péripéties de la lutte, car elles le montrent parfaitement au courant de la direction et de l'importance de l'attaque comme de la gravité du danger.

Enfin, après être rentré chez lui, le maréchal télégraphiait à l'empereur la dépêche suivante : « Plappeville, 7 heures 50. J'arrive du plateau; l'attaque a été très-vive. En ce moment, sept heures, le feu cesse; nos troupes sont constamment restées sur leurs positions. »

Or, le plateau d'où arrivait le maréchal n'était pas celui où se livrait la bataille, et, à l'heure où, selon lui, le feu avait cessé, les troupes restant dans leurs positions, l'aile droite de l'armée, formée du 6e corps était débordée, tournée et rejetée en désordre vers Metz, tandis que le 4e corps se voyait contraint de suivre ce mouvement!

Le réquisitoire continue.

Cinquième complément de l'audience du 3 décembre

PRÉSIDENCE DE M. LE DUC D'AUMALE

Suite du Réquisitoire

Monsieur le commissaire du gouvernement continue son réquisitoire en ces termes :

C'est également en rentrant à son quartier général que le commandant en chef faisait rédiger les ordres prescrivant à tous les corps d'armée de se replier pour venir s'établir sous le canon des forts. Ce n'était pas l'échec éprouvé par la droite qui lui faisait prendre ce parti, puisqu'il n'en avait pas reçu encore la triste nouvelle !

Ainsi cette détermination de se retirer sous Metz était indépendante de l'issue de la bataille. Ce n'était que la mise à exécution du projet annoncé la veille.

Cette constatation nous donne la clé de l'étrange conduite du maréchal pendant la journée. Elle nous le montre, le 18, comme il l'avait été le 17, et même, dès le 16 au soir, uniquement préoccupé de ramener l'armée dans le camp retranché.

Elle nous explique et son inaction obstinée et son éloignement du champ de bataille.

S'il ne fait pas soutenir le 6e corps, ce n'est pas qu'il ignore sa situation critique, le contraire est surabondamment établi, mais c'est qu'il ne tient pas à conserver la position de Saint-Privat, débouché de l'armée sur les plateaux. Il espère aussi, apparemment, que M. le maréchal Canrobert, s'autorisant du texte de la lettre de dix heures du matin et de l'avis qu'il avait reçu dans la journée, se replierait sans qu'il soit nécessaire de lui en envoyer l'ordre. Si enfin le général en chef demeure loin du champ de bataille, c'est pour décliner toute responsabilité touchant le résultat de la journée.

On s'explique maintenant les paroles qu'il adresse aux officiers d'état-major qui, encore sous l'impression de cette lutte sanglante à peine terminée, viennent lui rendre compte et demander ses instructions.

A l'un il dit : « Ne vous désolez pas. Ce mouvement rétrogade que vous faites maintenant, vous deviez l'opérer demain matin ; vous le faites donc douze heures plus tôt, voilà tout. »

A l'autre : « Nous devions nous en aller demain matin, nous nous en irons ce soir. Le mal n'est pas bien grand, après tout ! »

Le mal n'est pas bien grand ! mais 12 000 hommes sont à terre ! mais l'armée, refoulée sous Metz, a perdu sa ligne de retraite et se trouve séparée du reste de la France ! mais le pays demeure à découvert, et il ne lui reste plus d'autres forces à opposer au flot de l'invasion que les éléments disparates qui, groupés en toute hâte autour des débris de Reichshoffen, vont former l'armée de Châlons.

En vérité, le maréchal se consolait trop facilement des funestes conséquences de la journée !

Nous avons exposé les actes du commandant en chef de l'armée du Rhin pendant la période du 12 au 18 août. Sur ce sujet, il ne nous reste qu'à conclure, et la conclusion est facile à déduire.

Le maréchal Bazaine n'a jamais voulu quitter Metz, bien qu'il annonçât toujours l'intention de le faire.

Dès les premiers jours, on le voit n'apporter aucun obstacle à la marche de l'ennemi, et retarder, comme à dessein, le mouvement de ses propres troupes.

Quant, grâce à ces circonstances, l'ennemi parvient à atteindre l'armée et s'efforce de lui couper la retraite sur Verdun, le maréchal ne songe qu'à conserver ses communications avec Metz, sans chercher à s'ouvrir un passage en avant.

Le lendemain, au lieu de profiter du succès partiel obtenu pour continuer sa route, il retourne sur ses pas. S'il prend d'abord une position intermédiaire entre Rézonville et Metz, toutes les mesures qu'il ordonne indiquent nettement son intention de revenir auprès de la place.

Le 18 au matin, il avertit M. le maréchal Canrobert, qu'il aura à se replier en cas d'attaque sérieuse, abandonnant ainsi l'entrée du plateau et le débouché de l'armée.

Une fois l'action engagée, il se tient loin de ses troupes ; il reste sourd aux appels de son lieutenant, le laisse ainsi écraser, et, avant de connaître le résultat de la bataille, il donne des ordres pour ramener l'armée vers le camp retranché.

Jusqu'au départ de l'empereur, le maréchal avait paru adopter le projet de retraite sur Châlons. Après ce départ, il ne dissimule plus guère son véritable dessein à ceux qui l'entourent, et cependant il ne cesse pas d'entretenir le souverain dans l'idée que l'armée va reprendre sa marche.

Nous avons déjà cité les passages de ses dépêches du 16 et du 17, où il annonce son prochain mouvement. Dans son rapport sur la bataille de Saint-Privat, le maréchal, bien qu'il connaisse les obstacles qui s'opposeront désormais à sa marche, continue cependant à parler dans le même sens, sans faire aucune réserve. « Les troupes, dit-il, sont fatiguées par ces combats incessants, et il est indispensable de les laisser reposer deux ou trois jours.... Je compte toujours prendre la direction du Nord et me rabattre ensuite, etc.... »

Est-il besoin de vous le dire, messieurs, ce que le ministère public reproche ici au maréchal Bazaine, ce n'est pas d'avoir préféré un plan à un autre, ce n'est même pas de n'avoir pas exécuté les instructions de l'empereur.

En effet, le général en chef, étant seul responsable des conséquences de ses ordres, est aussi juge en dernier ressort de l'opportunité des opérations. Si la combinaison qui lui est imposée lui semble mauvaise, ou si de nouvelles circonstances en rendent à ses yeux l'application dangereuse, il a plus que le droit, il a le devoir de le faire immédiatement connaître.

Si ces observations ne sont pas accueillies, il doit laisser à d'autres le soin et la responsabilité de mettre à exécution le plan qu'il juge impraticable.

Au lieu de se résoudre à cette retraite précipitée sur Châlons, où tout le monde semblait si pressé d'arriver, nous comprenons fort bien que le commandant en chef ait voulu profiter de l'énorme avantage que lui assurait la place de Metz, pour manœuvrer sur les deux rives de la Moselle et retenir ainsi l'ennemi sur la frontière, ou lui couper ses communications s'il persistait à vouloir s'enfoncer dans le pays.

L'établissement du camp retranché n'avait pas eu d'autre but. Pouvait-on trouver une circonstance plus favorable pour en profiter? A quoi donc servait de l'avoir construit si, au moment opportun, l'on renonçait à en faire usage?

Mais nous savons que si, lors de son entrée en fonctions, le marécha Bazaine inclinait vers le maintien de l'armée sous Metz, il s'est gard d'en faire l'objet d'une demande formelle qui, énergiquement soutenue, eût, sans aucun doute, fixé les tergiversations du quartier impérial, Dans l'intention de se soustraire à la responsabilité du choix du plan d'opérations, il a eu recours à un procédé bien différent.

Sans opposer un refus formel ou une résistance ouverte aux ordres qu'il recevait, et tout en s'y conformant en apparence, il a toujours nourri la secrète pensée de les faire échouer, et il les a contre-carrés systématiquement, tant par ses omissions volontaires que par ses mesures allant directement à l'encontre du but indiqué.

Une fois maître de ses actions, par suite de l'éloignement du souverain, il a abandonné le projet qu'il avait mission d'accomplir. Mais il n'en a pas moins continué à promettre de l'exécuter, et n'a pas craint d'entretenir ainsi volontairement le gouvernement dans une erreur qui pouvait avoir et qui a eu, en effet, les plus terribles conséquences.

C'est de cette conduite tortueuse que nous demandons compte au maréchal Bazaine; car c'est en usant de ces procédés déloyaux qu'il a perdu son armée et compromis le sort de la guerre! C'est en agissant ainsi, c'est en sacrifiant des milliers d'existences, sans autre mobile que celui de mieux dissimuler ses secrets desseins, que, dans la période du 12 au 18 août, le maréchal a gravement manqué au devoir et à l'honneur.

L'examen des faits qui ont précédé la rentrée de l'armée sous Metz nous a conduit à signaler déjà les nouvelles que donna, depuis le départ de l'empereur jusqu'au 19 août, le commandant en chef au sujet des opérations de son armée.

Nous devons toutefois les rapppeler ici sommairement.

Le maréchal Bazaine avait témoigné, tout d'abord, peu d'empressement à faire connaître les résultats de la bataille de Rézonville. Bien qu'il eût sous la main un bureau télégraphique, installé à la ferme de Moscou, près Gravelotte, bien que ce fût chose extrêmement urgente de faire venir des vivres et des munitions, puisqu'il déclarait en manquer, il ne profita ni du télégraphe, ni même du chemin de fer, pour envoyer une dépêche. Ce fut à M. Belle qu'il confia, pour le porter à Verdun, par la route de terre, le rapport écrit le 16, à onze heures du soir, dans lequel il dépeignait l'issue de la journée comme favorable, tout en annonçant qu'il se retirait sur la ligne de Vigneulles-Lessy.

Le maréchal faisait connaître ses projets en ces termes :

« Il est très-probable, selon les nouvelles que j'aurai de la concentration des armées des princes, que je me verrai obligé de prendre la route de Verdun par le Nord.

« Nous allons faire tous nos efforts pour reconstituer nos approvisionnements de toute sorte, afin de reprendre notre marche dans deux jours, si cela est possible. »

Le lendemain, 17, il expédiait à l'empereur un télégramme dans lequel il exprimait la même intention :

« Je pense pouvoir me mettre en marche après-demain, disait-il, en prenant une direction plus au Nord, de façon à venir déboucher sur la gauche de la position d'Handieumont, dans le cas où l'ennemi l'occuperait en force pour nous barrer la route de Verdun et éviter des combats inutiles qui retardent notre marche .

Le commandant en chef avait expédié ce télégramme, quand il reçut de l'empereur la dépêche suivante :

« Dites-moi la vérité sur votre situation, afin de régler ma conduite ici. Répondez-moi en chiffres. »

Le maréchal ne déféra pas au désir du souverain, mais il lui annonça l'envoi de son aide de camp, le commandant Magnan. Cet officier supérieur partit en effet dans la nuit pour le camp de Châlons.

De quelle mission était-il chargé? C'était à lui que le commandant en chef confiait le soin d'aller dire la vérité à l'empereur. En d'autres termes, cet officier avait à exposer, et la situation de l'armée après la bataille, et les projets ultérieurs du maréchal. Tels étaient, en effet, les renseignements qu'il était indispensable de connaître au camp de Châlons, afin de pouvoir y prendre une décision.

Mais, au moment où il faisait partir son aide de camp, le maréchal Bazaine, vous le savez, messieurs, ne songeait plus sérieusement à s'éloigner de Metz. On conçoit que, dans cette disposition d'esprit, il ne dut pas indiquer de plan précis d'opérations.

Il résultait des événements accomplis que, puisque le maréchal voulait éviter les combats inutiles, il lui faudrait, pour sortir, incliner vers le Nord. C'est ce qu'il annonçait dans sa lettre du 16 au soir et dans son télégramme du 17.

C'est en prévision de cette éventualité que, dès le 16 au matin, il avait approuvé la proposition que lui fit l'intendant en chef de réunir des approvisionnements à Montmédy. C'est enfin sous l'empire de la même préoccupation qu'il fit partir, le 17, M. de Préval, pour aller concentrer des vivres à Longuyon.

Toutefois, il ressort des dépêches précitées du 16 et du 17 que le maréchal comptait toujours se rabattre sur Verdun.

Ainsi, incliner plus ou moins au Nord, suivant les circonstances, pour revenir à Verdun, où se trouvaient les approvisionnements en vivres et en munitions; telle était l'intention du commandant en chef, dans le cas où il lui faudrait reprendre sa marche. Tel était le renseignement que le commandant Magnan allait donner à l'empereur, en même temps qu'il lui portait une copie de la lettre du 16 au soir, et une note du général Soleille sur la pénurie de munitions; il était chargé, en outre, de demander le remplacement des généraux Frossard et Jarras.

Le but de la mission du commandant se trouve confirmé par sa déposition dans l'instruction; il s'y exprimait en ces termes :

« Je dis à l'empereur que la pensée du maréchal était toujours la même, et tendait à effectuer sa retraite sur Verdun, quelque périlleuse que lui parût cette opération.... »

Et plus loin:

« Une fois ces ravitaillements opérés, ces différents corps d'armée réunis en bon ordre, et les intentions de l'ennemi se manifestant d'une manière plus précise pour le maréchal, il pourrait alors prendre avec quelque chance de succès sa direction sur Verdun. »

Deux fois encore dans le cours de sa déposition, M. Magnan revient sur le projet de marche de l'armée sur Verdun.

Après avoir parlé à l'empereur, il en entretint M. le maréchal de Mac-Mahon.

Ce qui doit enfin lever toute incertitude à ce sujet, c'est l'indication que nous rencontrons dans la lettre que le commandant Magnan écrivait au ministre de la guerre, le 19 août au matin, dans la gare de Charleville .

« Quand j'ai quitté le maréchal, lisons-nous dans cette lettre, sa pensée était, dès qu'il aurait eu quatre jours de vivres et complété à peu près ses caissons, de marcher rapidement sur Verdun par la route de Briey, en tournant la forte position d'Handieumont et en évitant des combats inutiles qui retardent notre marche sur la Meuse. »

C'était la reproduction presque textuelle des paragraphes des dépêches du 16 et du 17, touchant le mouvement de l'armée.

Voyons maintenant ce qui se passait au camp de Châlons au moment où, le 18 au matin, y arriva l'aide de camp en chef de l'armée du Rhin.

Les troupes du maréchal de Mac-Mahon devaient être, le surlendemain. prêtes à être mises en mouvement, ainsi qu'il l'avait télégraphié au maréchal Bazaine. Il fallait leur assigner un plan d'opérations.

Le ministre de la guerre, général comte de Palikao, avait présenté un projet d'après lequel l'armée de Châlons, quittant le camp le 21, devait se porter vers l'Est, atteindre Verdun le 25, combattre le 26, et opérer alors sa jonction avec l'armée de Metz.

Nous n'entendons nullement contester la valeur de ce plan, dont la réussite eût pu incontestablement amener d'immenses avantages.

Nous croyons cependant, on nous permettra de le dire, qu'il avait le défaut de tous les plans conçus dans le cabinet, loin du théâtre des opérations, c'est-à-dire qu'il ne tenait peut-être pas suffisamment compte des circonstances et des éléments de l'exécution.

Aussi, dans un conseil de généraux tenu le 17 au quartier impérial, ce projet avait été rejeté, et on avait décidé que l'armée se replierait sur Paris. L'empereur se rangea à cet avis.

Le soir même, à dix heures vingt-sept, le ministre, informé de cette décision, lui télégraphia : « Je supplie l'empereur de renoncer à cette idée, qui paraîtrait l'abandon de l'armée de Metz, qui ne peut faire, à ce moment, sa jonction à Verdun, etc.

« L'impératrice partage mon opinion. »

Le lendemain 18, à neuf heures quatorze du matin, l'empereur répondait : « Je me rends à votre opinion. »

Si donc il avait adopté l'idée du retour à Paris, il ne tarda pas à partager l'opinion du ministre, et ce fut cette dernière qui prévalut dans son esprit, du moins pendant quelques jours.

M. le général de Palikao, par une interversion de souvenir, facile à comprendre du reste, a paru croire que l'empereur, d'abord de son avis, avait été ramené au sentiment opposé par la délibération du conseil des généraux. Il n'est pas sans intérêt de faire remarquer qu'en réalité ce fut l'inverse qui eut lieu.

Par conséquent, au moment où le commandant Magnan, qui déjeuna au quartier impérial avant de quitter le camp, se trouvait avec l'empereur, celui-ci était d'accord avec le ministre et la régente pour porter l'armée de Châlons au secours du maréchal Bazaine.

Le commandant de cette armée restait donc seul à ramener à cette opinion.

M. le maréchal de Mac-Mahon, à qui les préoccupations politiques en faisaient pas perdre de vue les conseils de la prudence, tardait en effet davantage à se rallier à l'opinion du ministre de la guerre

Si l'empereur, mû par un honorable scrupule, évitait de peser sur ses déterminations, tous n'imitèrent sans doute pas cette réserve.

Le 19 août, le maréchal écrivait à son tour au général de Palikao : « Veuillez dire au conseil des ministres que je ferai tout pour rejoindre Bazaine. »

La présence d'un aide de camp du maréchal Bazaine était une occasion précieuse pour le prévenir des intentions du gouvernement, en lui faisant parvenir les instructions nécessaires pour arriver à une action combinée.

Il serait de toute invraisemblance qu'il en eût été autrement. Mais c'est le commandant Magnan lui-même qui va nous faire connaître les instructions qu'il emportait.

Nous trouvons, en effet, dans sa lettre du 19 au ministre, dont nous avons déjà parlé, le passage suivant :

« Les trains se groupent à Charleville, qui deviendra un fort centre d'approvisionnements pour l'armée du Rhin, dont l'objectif, suivant les indications de Sa Majesté, devrait être plutôt actuellement la ligne de Thionville à Charleville, que la zone de Verdun, trop fortement occupée par les armées prussiennes.

Il est vrai que, depuis lors, le commandant Magnan a déclaré devant vous que le mot objectif, employé dans cette lettre, était un mot impropre.

Il a déclaré également qu'il aurait eu tort d'annoncer au ministre que l'intention du maréchal avait été jusque-là de marcher sur Verdun.

D'après lui, ces termes : retraite sur Verdun, objectif sur la ligne de Thionville, Charleville, n'étaient que des expressions différentes d'une seule pensée, celle de se replier sur la Meuse, qu'avaient à la fois le maréchal Bazaine et l'empereur.

Sans vouloir examiner si la précipitation du commandant Magnan à rédiger sa dépêche suffit à expliquer la double confusion dont il s'accuse, nous ferons observer que nous trouvons aussi dans la lettre du maréchal à l'empereur, du 16 au soir, puis dans sa dépêche du 17, cette expression de : « *route de Verdun*, » pour indiquer la ligne que suivrait l'armée.

Enfin, rien ne pressait M. Magnan lorsqu'il a déposé à l'instruction, et cependant, *à quatre reprises différentes*, il a parlé de Verdun comme du point que voulait atteindre le maréchal Bazaine.

D'après ce qui précède, nous pouvons affirmer, sans crainte de nous tromper, les deux faits suivants :

1° Le commandant Magnan annonça à l'empereur que le maréchal Bazaine avait toujours le projet de marcher sur Verdun, tout en faisant au besoin un détour par le Nord;

2° L'empereur lui fit part de l'intention où était le Gouvernement de porter l'armée de Châlons au devant de celle de Metz, et, comme conséquence, il l'avertit que cette dernière armée prendrait pour objectif la ligne Thionville, Charleville, sur laquelle par conséquent devait s'effectuer la jonction.

La première de ces assertions se trouve déjà surabondamment établie. Nous verrons tout à l'heure les faits venir donner à la seconde une entière confirmation.

Pour en terminer avec le séjour du commandant Magnan au camde Châlons, nous rappellerons qu'il avait à donner des indications à l'empereur au sujet de la situation des vivres et des munitions.

La lettre dont il avait été chargé contenait relativement à cette situation le passage suivant :

« Les corps sont peu riches en vivres ; je vais tâcher d'en faire venir par la ligne des Ardennes, qui est encore libre. M. le général Soleille, que j'ai envoyé dans la place, me rend compte qu'elle est peu approvisionnée en munitions, et qu'elle ne peut nous donner que 800 000 cartouches, ce qui, pour nos soldats, est l'affaire d'une journée.

« Il y a également un petit nombre de coups pour pièces de quatre, et enfin il ajoute que l'établissement pyrotechnique n'a pas les matières nécessaires pour confectionner des cartouches.

« M. le général Soleille a dû demander à Paris ce qui est indispensable pour remonter l'outillage, mais cela arrivera-t-il à temps ? »

D'après ces renseignements, on pouvait croire à Châlons que la place de Metz elle-même manquait aussi de vivres, et que les troupes n'avaient plus de munitions que pour une bataille.

Le commandant Magnan, loin d'avoir à effrayer l'empereur, devait, à ce qu'il déclare, s'attacher à le rassurer, en lui indiquant comment le maréchal Bazaine ferait pour parer à l'insuffisance des approvisionnements.

Nous ne savons comment il s'y prit. Mais ce qu'il y a de certain, c'est que trois jours après, M. le maréchal de Mac-Mahon exprimait à M. Rouher sa crainte de ne pouvoir arriver à temps au secours du maréchal Bazaine, l'armée du Rhin devant d'ici là, disait-il, être réduite par la famine.

C'était même l'un des arguments qu'invoquait le maréchal contre le projet de marche vers l'Est.

Or, à ce moment, aucun émissaire, aucun avis n'avait apporté de nouvelles de Metz, depuis le commandant Magnan. L'opinion si alarmée du maréchal de Mac-Mahon ne pouvait donc provenir que des indications de cet officier supérieur.

Nous ajouterons enfin que, d'après la déposition du commandant à l'instruction, il insista, mais en son nom personnel seulement, pour obtenir que le maréchal de Mac-Mahon consentit à se porter au-devant de l'armée de Metz.

Au moment où il quitta le camp de Châlons pour revenir vers Metz, son départ fut annoncé par le télégramme suivant adressé par M. Piétri au maréchal Bazaine :

« Commandant Magnan part pour Reims et Thionville ; arrivera ce soir. »

Le commandant ne vit là, dit-il, qu'un simple acte de camaraderie ; nous pensons, nous, que le secrétaire particulier de l'empereur, son plus intime confident, celui que nous trouvons mêlé aux démarches les plus secrètes et les plus importantes, n'aurait pas envoyé au maréchal Bazaine une dépêche chiffrée pour lui annoncer le retour de son aide de camp, si la mission de ce dernier n'avait eu une gravité tout exceptionnelle.

On remarquera, du reste, que les nombreux télégrammes échangés à son sujet semblent indiquer que le rôle du commandant fut loin d'être aussi effacé, aussi secondaire qu'il s'attache aujourd'hui à le faire paraître.

Nous allons au surplus en juger par les résultats.

Nous parlerons tout à l'heure des incidents de son voyage.

Constatons pour le moment qu'il revient à Montmédy le 19 au soir, et que dans la nuit y arrivent, de leur côté, le commandant en chef du génie de l'armée, général Dejean, et l'intendant en chef, M. Wolff, venant de Verdun.

Le 19 au matin, le maréchal de Mac-Mahon avait prescrit au commandant supérieur de cette place de faire diriger sur Reims les approvisionnements non indispensables pour la place et le ravitaillement d'un faible corps.

En présence de cet ordre, M. Wolff s'était hâté de télégraphier au maréchal en ces termes :

« Verdun, 19 août, 9 h. 30 min. du matin.

« J'ai réuni à Verdun les vivres nécessaires pour assurer les mouvements du maréchal Bazaine; si je les dirige ailleurs, il reste sans ressources. Nous sommes sans communications avec le maréchal Bazaine, dont je voudrais recevoir des instructions avant d'exécuter votre ordre, que je vous prie de préciser, afin de couvrir ma responsabilité. »

Les observations de l'intendant en chef avaient porté leur fruit, et le maréchal de Mac-Mahon avait répondu par la dépêche suivante :

« Camp de Châlons, 19 août, 10 h. 50 min. du matin.

« Faites charger les approvisionnements que je vous ai invité à diriger sur Reims, mais ne les mettez en route que si vous apprenez, ce qui est probable, que le maréchal Bazaine a suivi une autre direction.

« Faites le possible pour connaître la direction qu'il a choisie en quittant Metz. »

Le 20 au matin, après avoir rejoint le commandant Magnan, M. Wolff, de concert avec le général Dejean, télégraphia au commandant supérieur de Verdun :

« Dirigez de suite, sur Montmédy, le convoi de vivres et le troupeau. Faites partir pour Reims les vivres chargés sur wagons et toutes les munitions. Nos renseignements sont tels que nous ne mettons pas en doute l'opportunité de cette mesure. »

Ainsi, le 19, le départ des approvisionnements pour Reims avait été suspendu, sur les observations de l'intendant en chef, jusqu'à ce qu'on eût appris que le maréchal Bazaine dût suivre une autre direction.

Le lendemain, sans avoir reçu de nouveaux ordres, M. Wolff prenait la détermination de faire partir ces approvisionnements, et en dirigeait une portion sur Montmédy. S'il croyait pouvoir prendre l'initiative d'une décision aussi grave, c'est assurément parce qu'il savait que le maréchal Bazaine ne devait plus aller à Verdun, et qu'il allait, au contraire, passer par Montmédy.

C'est donc enfin qu'il reconnaissait les instructions que le commandant Magnan rapportait du camp de Châlons, instructions dont cet officier supérieur rendait compte au ministre par sa lettre du 19.

Voilà un premier résultat de ces instructions. Mais nous trouvons d'autres traces des résolutions prises le 18.

Ce jour là, à dix heures et demie du matin, le ministre de la guerre envoyait au commandant supérieur de Verdun une dépêche qui se terminait par ces mots :

« Le commandant Portes n'a pas été envoyé à Verdun seulement pour communiquer avec le général Soleille, mais surtout pour que l'armée trouve des munitions en arrivant à Verdun. »

La lecture du réquisitoire est continuée.

Sixième complément de l'audience du 3 décembre et audience du 4 décembre.

PRÉSIDENCE DE M. LE DUC D'AUMALE

Suite du Réquisitoire

M. le général Pourcet, continue ainsi :

Le ministre comptait encore à ce moment que le maréchal Bazaine effectuerait sa retraite par Verdun.

Le 19, il ne se préoccupe plus de Verdun, et il fait préparer tous les moyens propres à faciliter le mouvement de l'armée de Metz sur la ligne Thionville-Charleville.

Dans ce but il écrit au colonel Turnier, commandant la place de Thionville :

« Veillez à ce que les dispositifs de mine ne soient point chargés sur le chemin de fer de Mézières à Thionville pour que les Prussiens prévenus ne mettent pas le feu.

« Il faut seulement avoir poudres, mèches et moyens de bourrage préparés en lieu sûr et cachés à proximité de chaque fourneau, pour le cas d'une retraite de l'armée par cette direction.

« Donnez au besoin pour cela ordres aux autorités civiles. »

Quelques heures après, le ministre envoie au maréchal Bazaine un télégramme pour l'avertir de ces dispositions et il prescrit aux commandants de place de Mézières, Sedan, Montmédy et Longwy, de faire parvenir la dépêche à son adresse par tous les moyens possibles.

Du 18 au 19, le général de Palikao avait donc appris le changement l'objectif de l'armée de Metz, et il s'attendait à ce qu'au lieu de la route de Verdun elle prît la direction de Thionville à Mézières ou Charleville. C'est dire qu'il avait connaissance des résolutions arrêtées au camp de Châlons dans la matinée du 18 et si nettement indiquées dans la lettre que lui avait écrite le commandant Magnan.

Nous ne prétendons pas pour cela que ce fût par le commandant que le ministre fut instruit de ces résolutions. Elles étaient assez importantes pour qu'elles lui fussent directement adressées soit par le général de Béville, que l'empereur lui envoya le 18, et qui fit route du camp de Châlons à Reims avec M. Magnan, soit de toute autre manière.

En résumé, l'entrevue de l'aide de camp marque le point de départ de tous les préparatifs, en vue de la marche de l'armée de Metz par les places du Nord, et nous trouvons cet officier supérieur directement mêlé à l'exécution d'une partie de ces préparatifs.

Audience du 4 décembre.

L'audience est ouverte à midi et demi. M. le général-président donne la parole à M. le commissaire du gouvernement.

Au départ du camp de Châlons, il s'agissait pour lui de porter au maréchal Bazaine les nouvelles des résolutions prises.

C'est la seconde phase de sa mission.

Nous ne croyons pas devoir renouveler le récit détaillé des diverses péripéties de ce voyage de retour, ni des circonstances qui semblent témoigner, de là part du commandant, d'un médiocre empressement à rejoindre son chef.

Vous savez, messieurs, que, parti du camp de Châlons le 18, à midi trois quarts, il parvint à neuf heures du soir à Hayange, à sept kilomètres seulement de Thionville.

Il y apprit que la voie était coupée entre Thionville et Metz, et qu'elle était menacée entre Thionville et Hayange.

Sur cette indication, sans chercher à en vérifier l'exactitude, sans quitter le train pour essayer de passer de sa personne, au lieu d'attendre à proximité, soit à Audun-le-Roman, soit sous les murs de Montmédy, de manière à pouvoir se mettre en route aussitôt la voie réparée, il retourne d'un trait à Charleville, à trente-trois lieues en arrière, à quarante-deux du but à atteindre.

Le lendemain, 19, il repart à onze heures du matin seulement, et arrive sans encombre à Thionville, une heure et demie environ après que la voie, rétablie pendant la matinée, venait d'être coupée de nouveau par les coureurs ennemis.

Cela n'avait eu lieu, disons-le en passant, que parce que le maréchal Bazaine n'avait pris aucune mesure pour protéger la ligne, bien qu'il disposât de vingt-six régiments de cavalerie qu'il avait laissés inactifs, et qu'il attendît par cette voie son aide de camp, dont la venue lui avait été annoncée par M. Piétri, et les vivres, qu'il avait envoyé chercher par l'intendant de Préval.

Le commandant Magnan resta une heure à causer avec le colonel Turnier; puis, sans s'inquiéter plus que la veille des moyens de gagner Metz, il repartit pour Montmédy.

Or, au moment où il se trouvait à la gare de Thionville, les communications avec Metz n'étaient nullement interrompues. Les premiers éclaireurs ennemis étaient seuls descendus dans la vallée. Ce jour-là, le lendemain 20, le 21 même, les troupes allemandes ne s'y étaient pas encore établies, et elles se bornaient à envoyer des partis isolés. Durant ces trois jours, des courriers du colonel Turnier, des personnes de différentes conditions circulèrent entre Metz et Thionville.

Nous citerons parmi elles le sieur Mercier, le garde forestier Dechu, l'agent Flabaut, la femme Imbert, MM. Renou et de la Motte Fénelon, les docteurs Felizet et Lemaître.

Quelques-unes de ces personnes firent le double trajet, aller et retour. Certaines voyagèrent par la grand'route. La plupart ne rencontrèrent pas d'ennemis; d'autres virent seulement quelques uhlans.

Quand, le 19, le colonel Turnier vit le commandant Magnan, il ne put donc lui dire qu'il était impossible de passer. Et cependant ce dernier, non-seulement ne chercha pas à le faire, mais, d'après sa déclaration, il n'aurait même pas essayé d'envoyer une dépêche au maréchal.

En présence d'une telle manière d'agir, le ministère public s'est demandé si la conduite du commandant Magnan était le fait de la négligence ou de la pusillanimité; mais l'intelligence et le caractère résolu de cet officier ne permettent pas de s'arrêter à une telle hypothèse, et, devant l'insuffisance des explications données comme aussi des flagrantes inexactitudes trop souvent constatées, on se trouve forcément amené à chercher le mobile de ces actes dans tout autre ordre de préoccupations.

Certes, nous admettons que beaucoup de faits aient pu être oubliés après tant de jours écoulés, et nous n'avons jamais songé à incriminer les absences de souvenirs. Ce qui nous a frappé, au contraire, c'est cette infidélité de mémoire, d'une nature particulière, qui porte certains témoins à indiquer avec précision et à donner comme authentiques des détails qu'on est forcé ensuite de reconnaître comme purement imaginaires.

Il n'y a pas lieu de s'arrêter aux excuses invoquées par le commandant pour se justifier de ne pas avoir tenté plus sérieusement de rentrer à Metz, telles que l'obligation morale où il se serait trouvé de ne pas quitter les hauts fonctionnaires qu'il ramenait de Châlons, ou la nécessité de revenir en arrière pour garantir les trains de munitions et de vivres qui le suivaient. Aucune de ces raisons n'a de valeur sérieuse.

Le commandant Magnan a également allégué que s'il n'avait pas fait de plus grands efforts, c'est qu'il n'avait rien d'important à dire au maréchal. Mais, vaincu par l'évidence, il a dû revenir sur cette déclaration, que dément d'ailleurs le zèle qu'il déploya les jours suivants pour expédier des émissaires.

Le commandant regagne Montmédy le 19. Quelque extraordinaire que cela puisse paraître, c'est de cette place seulement qu'il aurait cherché à envoyer des dépêches à Metz, bien qu'à Thionville il en fût deux fois plus rapproché.

Afin d'en finir à son sujet, disons que M. Magnan persévéra avec une ténacité singulière dans ses efforts pendant la fin d'août et même la première quinzaine de septembre, bien qu'après Sedan sa mission eût malheureusement perdu sa principale sinon sa seule raison d'être. Après un court séjour à Paris, dont il ne profita pas pour demander les instructions du ministre au commandant en chef de l'armée du Rhin, il vint prendre sa tâche ingrate et stérile qu'il n'abandonna définitivement que le 10 octobre pour rejoindre le général Bourbaki avec lequel il rentra en France.

Il est bien loin de notre pensée de contester les qualités militaires qui valurent au colonel Magnan son rapide avancement. Cependant nous devons lui rappeler ici qu'un officier ne doit pas être seulement intelligent et brave, mais que l'intérêt de la patrie, le respect de la vérité, doivent faire taire en lui tout autre sentiment.

L'absence de renseignements sur les émissaires envoyés par le commandant Magnan n'a pas permis à l'instruction de retrouver la plupart d'entre eux.

Elle a constaté toutefois que, dans les jours qui suivirent la rentrée de l'armée sous Metz, il fut possible de franchir les lignes d'investissement, non-seulement par la route de Thionville, mais dans toutes les directions.

Ainsi, le 19 et le 20, les gardes forestiers Braidy, Fissabre, Scalabrino et Guillemin, venant de Verdun, entrèrent dans Metz et en sortirent avec des dépêches.

Sur la rive droite, les communications ne furent que faiblement gardées jusqu'au 25; des paysans purent circuler à pied ou même en voiture entre la Place et Saint-Avold, Faulquemont et Rémilly.

Du côté d'Ars et de Jussy on put passer jusqu'à la fin du mois à peu près sans difficulté.

Des femmes, des vieillards firent ce trajet, pour lequel l'autorité militaire prussienne alla même jusqu'à délivrer des laissez-passer.

Cette facilité de communication est d'ailleurs constatée par la lettre suivante qu'écrivait le 27 août au chef d'état-major général M. Arnous-Rivière, chargé du service des avant-postes vers la route d'Ars.

« J'ai l'honneur de vous informer que les gens du pays entrent et sortent de Moulins comme il leur plaît, et que nombre d'entre eux vont dans les villages voisins occupés par l'ennemi. »

Ces exemples montrent combien étaient praticables les communications avec Metz pendant les premiers jours du blocus, et, par suite, ce qu'il faut penser de l'assertion du commandant Magnan quand il déclare que « la barrière s'était faite autour de Metz dans la nuit du 18 au 19 août, et qu'il était absolument impossible de traverser les postes prussiens, même à l'homme le plus résolu. »

L'exposé ci-dessus était indispensable pour faire ressortir toute l'importance de la nouvelle que le commandant était chargé d'apporter au maréchal Bazaine, et pour vous démontrer d'abord que, si cet officier n'a pas rejoint son chef, c'est qu'il ne l'a pas voulu, ensuite qu'il a eu toute facilité pour lui faire passer une dépêche.

N'est-on pas amené à conclure de là qu'en ne rentrant pas à Metz, le commandant Magnan savait seconder les désirs de son chef, qui conservait ainsi sa complète liberté d'action, et avait sa responsabilité pleinement dégagée.

Nous avons suivi déjà, messieurs, les péripéties de la grande bataille du 18 août. Le lendemain de cette désastreuse journée, l'armée du Rhin était établie dans l'intérieur du camp retranché, d'où elle ne devait plus sortir que prisonnière, après avoir livré ses armes à l'ennemi.

Dans un rapport daté du 19, mais expédié seulement le 20, cinq heures du soir, le maréchal informa l'empereur du résultat de la bataille. Ce rapport qui représentait l'armée comme ayant conservé ses positions pendant la lutte, et qui transformait l'échec si grave de l'aile droite en un simple changement de front pour parer au mouvement tournant de l'ennemi, ne faisait prévoir aucun obstacle à la reprise du mouvement de retraite.

Le commandant en chef se bornait à dire que les troupes, fatiguées par ces combats incessants, avaient besoin de deux ou trois jours de repos. Enfin, il indiquait ses intentions dans le passage suivant :

« Je compte toujours prendre la direction du Nord et me rabattre ensuite, par Montmédy, sur la route de Sainte-Menehould à Châlons, si elle n'est pas trop fortement occupée. Dans le cas contraire, je continuerai sur Sedan et même Mézières pour gagner Châlons. »

En comparant cette dépêche avec la précédente, on remarque qu'il s'agissait dans celle du 17, de la retraite sur Verdun, tandis qu'il n'en est plus question dans la dernière, où la direction de l'armée est indiquée par le chemin des Ardennes.

Pour la première fois, le maréchal annonce ici un nouvel objectif, et l'on ne peut s'empêcher de se demander si ce changement, si surtout ces indications, parfaitement conformes à celles données par le commandant Magnan dans sa lettre au ministre, ne seraient pas la conséquence d'une communication de cet officier supérieur déjà parvenue à Metz !

La dépêche du maréchal arriva, le 22 août, au quartier général de l'armée de Châlons, expédiée de Verdun, où elle avait été apportée par le garde forestier Braidy. Sa réception mit fin aux divergences d'opinions qui existaient entre le gouvernement et le maréchal de Mac-Mahon.

En effet, celui-ci, après s'être rendu une première fois, comme on sait, aux instances du ministre et du conseil de Régence, était justement inquiet de ne pas apprendre que l'armée de Metz eût entamé son mouvement. Hésitant à se lancer ainsi sans renseignements au milieu des masses ennemies qui commençaient à s'approcher, il se borna à remonter au Nord, et en donna les motifs au ministre, dans le télégramme suivant du 20 août :

« 4 heures 40 minutes du soir.

« Je partirai demain pour Reims. Si Bazaine perce par le Nord, je serai plus à même de lui venir en aide. S'il perce par le Sud, ce sera à une telle distance, que je ne pourrai, dans aucun cas, lui être utile. »

Arrivé à Reims, le maréchal déclara que si le lendemain, 22, il ne recevait pas d'instructions du commandant en chef, il se replierait décidément sur Paris.

Comme nous l'apprend le témoignage de M. Rouher, cette résolution souleva une vive opposition au sein du conseil des ministres. A l'issue de la séance, le général de Palikao se hâta de télégraphier à l'empereur :

« Paris, le 22 août, 1 h. de l'après-midi :

« Le sentiment unanime du conseil, en présence des nouvelles du maréchal Bazaine, est plus énergique que jamais. Les résolutions prises hier soir devraient être abandonnées, ni décret, ni lettres, ni proclamations, ne devraient être publiés. — Ne pas secourir Bazaine aurait à Paris les plus graves conséquences.

« En présence de ce désastre, il faudrait craindre que la capitale ne se défende pas. — Votre dépêche à l'impératrice nous donne la conviction que notre opinion est partagée. Nous attendons une réponse par télégraphe. »

Mais, au moment où ce télégramme arriva au quartier impérial, la dépêche du 19, du maréchal Bazaine, y était déjà parvenue.

Sentant que le plus grave motif de sa résistance tombait devant l'annonce du mouvement offensif de l'armée de Metz, déjà, sans doute, en voie de se produire, le maréchal de Mac-Mahon donna immédiatement les ordres pour mettre son armée en marche sur Montmédy, point indiqué comme objectif par le maréchal Bazaine.

C'est ainsi que l'arrivée à Reims de la dépêche du 19 août, et l'ignorance où l'on était du retour du maréchal Bazaine sous Metz, eurent pour résultat de faire abandonner définitivement le projet de retraite sur Paris, auquel était revenu le commandant de l'armée de Châlons.

Quatre à cinq heures avant que le maréchal Bazaine n'expédiât cette dépêche, il recevait du maréchal de Mac-Mahon un télégramme ainsi conçu :

« Si, comme je le crois, vous êtes forcé de battre en retraite très-prochainement, je ne sais comment, à la distance où je me trouve, vous venir en aide sans découvrir Paris. Si vous en jugiez autrement, faites-le moi connaître. »

Malgré cette demande, le commandant en chef de l'armée du Rhin laissa partir son messager sans lui confier de réponse pour son lieutenant. Dans la soirée, toutefois, il envoya à celui-ci une dépêche dont la minute est écrite de sa main sur l'original du télégramme qu'il venait de recevoir :

« J'ai dû prendre position près de Metz, lui disait-il, pour donner du repos aux soldats et les ravitailler en vivres et en munitions. L'ennemi grossit toujours autour de moi, et je suivrai très-probablement, pour vous rejoindre, la ligne des places du Nord et vous préviendrai de ma marche, si je puis toutefois l'entreprendre sans compromettre l'armée. »

Ainsi, dans cette dépêche comme dans son rapport à l'empereur, le maréchal Bazaine taisait l'échec du 18 et présentait toujours comme très-probable la reprise de son mouvement de retraite. Il s'abstenait de répondre à la demande du maréchal de Mac-Mahon et même de lui laisser voir qu'il l'avait reçue. Il se bornait à lui annoncer qu'il le préviendrait de sa marche s'il pouvait l'entreprendre.

Vous jugerez, messieurs, si c'était là dire la vérité, si c'était là donner les renseignements et les instructions que réclamaient le commandant de l'armée de Châlons, afin de pouvoir régler ses opérations.

En présence du mouvement des armées ennemies, le maréchal de Mac-Mahon ne pouvait demeurer immobile au camp de Châlons, à attendre une seconde dépêche.

Le prince royal s'avançait rapidement, et il fallait se décider sans retard entre les deux alternatives : ou marcher au secours de l'armée de Metz, en se dérobant à la troisième armée allemande, comme le voulait le ministre ; ou se replier sur Paris, conformément à l'opinion du conseil réuni le 17 chez l'empereur.

En écrivant : « Je vous préviendrai de ma marche, si toutefois je puis l'entreprendre sans compromettre l'armée, » le maréchal Bazaine ne faisait donc qu'augmenter les perplexités de son lieutenant.

En effet, si ces mots pouvaient empêcher le maréchal de Mac-Mahon de se porter vers l'Est, avant d'avoir reçu un nouvel avis, ils devaient tout aussi bien le détourner de revenir vers Paris, d'où il ne lui aurait plus été possible de tendre la main à l'armée de Metz.

Cette dépêche fut remise à Flahaut, le 20, dans la soirée, ainsi que deux autres par lesquelles le maréchal Bazaine annonçait à l'empereur et au ministre que les forces ennemies autour de Metz allaient croissant.

Le lendemain, 21, à midi, Flahaut les apportait à Thionville, en même temps qu'une lettre du général Coffinières au colonel Turnier.

De Thionville, les dépêches adressées à l'empereur, au maréchal de Mac-Mahon et au ministre furent portées à Givet par M. de Bazelaire, qui les fit expédier par le télégraphe.

Elles parvinrent d'autre part au colonel Massaroli, commandant de place à Longwy, par l'intermédiaire du sieur Guyard.

Sans entrer dans plus de détails qu'il ne convient, disons que les dépêches furent expédiées par le télégraphe de Givet et par celui de Montmédy dans l'après-midi du 22.

Vous savez, messieurs, que la dépêche destinée au maréchal de Mac-Mahon, la seule importante des trois, la seule qui contînt une réserve de nature à influer sur la marche des opérations, ne parvint jamais à son adresse, bien qu'elle soit arrivée au quartier impérial à Courcelles.

Ni l'expédition envoyée de Givet, ni celle de Longwy, ni l'original, remis le 26 au colonel Stoffel, chargé du service des renseignements, ne furent communiquées au maréchal !

Le ministère public, sur la constatation de cette suppression, a dû faire les réserves légales que la situation rendrait indispensables. A cela se borne son rôle, car il n'a pas à rechercher les motifs, ni les circonstances de ce grave et mystérieux incident, lequel n'appartient pas à la cause soumise au conseil.

Tandis que la dépêche au maréchal de Mac-Mahon était ainsi détournée de sa destination, une expédition en parvenait au ministre de la guerre. Malgré sa réception, le ministre ne crut devoir apporter aucune modification au plan qui s'exécutait. Il ne paraît même pas qu'il ait eu la pensée de s'assurer si le maréchal de Mac-Mahon avait reçu cette dépêche.

Il vous a fait connaître, du reste, messieurs, la conviction intime où il se trouvait que le maréchal marcherait vers son chef, à moins que celui-ci ne l'avisât formellement de l'impossibilité où il eût été de quitter Metz.

Cependant, le 27 août, le commandant de l'armée de Châlons, arrivé au Chêne-Populeux, écrivait au ministre :

« Depuis le 19, je n'ai aucune nouvelle de Bazaine. Si je me porte à sa rencontre, je serai attaqué de front par une partie de la première et de la deuxième armée qui, à la faveur des bois, peuvent dérober une force supérieure à la mienne ; en même temps attaqué par l'armée du prince royal de Prusse me coupant toute ligne de retraite.

« Je me rapproche demain de Mézières, d'où je continuerai ma retraite, selon les événements, vers l'Ouest. »

Bien qu'il résultât de ce télégramme que le maréchal de Mac-Mahon n'avait pas reçu la dépêche du 20, le général de Palikao ne semble pas s'en être aperçu ; il lui répondit :

« Si vous abandonnez Bazaine, la révolution est dans Paris, et vous serez attaqué vous-même par toutes les forces de l'ennemi. Contre le dehors, Paris se gardera ; les fortifications sont terminées. Il me paraît urgent que vous puissiez parvenir rapidement jusqu'à Bazaine, etc. »

Si nous citons ces dépêches, c'est qu'il est juste de reconnaître que le maréchal Bazaine ne contribua pas seul à faire décider la marche de l'armée de Châlons vers la Meuse. La pression exercée de Paris sur le commandant de cette armée eut sans doute la plus large part dans le changement de ses résolutions.

Cette réserve faite, disons que si le commandant en chef de l'armée du Rhin avait été plus explicite et plus ferme dans ses dépêches, et notamment dans celle du 20 à son lieutenant, s'il avait annoncé qu'il avait perdu le débouché sur les plateaux, le ministre de la guerre n'aurait pu se méprendre sur la portée d'un tel avis.

En le recevant, il aurait sans doute été beaucoup moins pressant près du maréchal de Mac-Mahon, si même cette nouvelle ne l'eût déterminé à renoncer au projet qu'il poursuivit au contraire avec une funeste persévérance.

Le maréchal Bazaine, vous le savez, messieurs, n'a nullement partagé la manière de voir du ministre au sujet de la dépêches du 20.

Il a toujours déclaré qu'à son sens l'avis envoyé à son lieutenant devait suffire à arrêter le mouvement en avant de l'armée de Châlons

S'il nous était permis d'exprimer ici toute notre pensée, nous dirions que ces deux opinions contraires nous paraissent exagérées. Il nous semble que la dépêche du 20 août au maréchal de Mac-Mahon eût peut être dû inspirer au ministre une certaine appréhension pour l'armée, en marche vers la Meuse, qui pouvait se trouver seule au milieu de toutes les forces ennemies, si le maréchal Bazaine n'effectuait pas sa sortie.

Quoi qu'il en soit, l'avis exprimé devant vous par le général de Palikao fait ressortir une fois de plus l'insuffisance et l'obscurité d'une dépêche d'où l'on a pu tirer des conclusions si opposées.

En cachant volontairement la vérité, en continuant d'annoncer un projet auquel il avait déjà renoncé, le maréchal Bazaine n'a jamais eu souci des dangereuses résolutions que pouvaient provoquer ses télégrammes incomplets et trompeurs.

Une semblable manière d'agir suffirait à elle seule pour engager sa responsabilité au sujet du mouvement de l'armée de Châlons. Mais que sera-ce si, averti de ce mouvement, comme il le fut en effet, le maréchal reste néanmoins immobile et ne fait aucune tentative pour détourner une partie des forces de l'ennemi qui vont se réunir pour écraser son lieutenant qui lui vient en aide?

Le lendemain de la bataille de Saint-Privat, l'armée s'était établie auprès de la place, sur la rive gauche de la Moselle.

Le prince Frédéric-Charles, ayant la plus grande partie de ses troupes massées sur les hauteurs de la même rive, suivait d'un œil attentif les progrès des deux autres armées allemandes en marche sur Paris, prêt à les appuyer si les circonstances l'exigeaient.

Dans ces conditions, toute tentative pour déboucher dans cette direction devait rencontrer de sérieuses difficultés.

Les terrains de la rive droite, au contraire, d'un accès plus facile et faiblement occupés par les Allemands, se prêtaient mieux à un mouvement offensif. Cette situation respective se prolongea ainsi du 19 au 26 août, sans que le maréchal ait songé à en tirer parti, ni au point de vue des opérations, ni pour le ravitaillement. Il ne pouvait pourtant ignorer l'insuffisance de ses approvisionnements ni la facilité qu'il avait de les augmenter en faisant rentrer dans la place les denrées accumulées dans les contrées environnantes.

Vous connaissez, messieurs, les résultats des recherches de l'instruction au sujet de l'importance de ces ressources. Ils sont basés, non sur des témoignages qui ne représentent souvent qu'une appréciation personnelle, mais sur des documents officiels et sur les renseignements précis et contrôlés fournis par les personnes compétentes. Tout en s'arrêtant aux évaluations les plus modérées, on a pu établir ainsi, d'une manière indiscutable, que les denrées faciles à recueillir, durant les premiers jours du blocus, tant sur la rive droite de la Moselle que dans la vallée vers Thionville, dans un rayon moyen de cinq à six kilomètres des lignes, eussent assuré à l'armée et à la population pour plus d'un mois de vivres.

Dans ces approvisionnements ne sont pas compris, bien entendu, les quantités de denrées qui furent ramenées dans la place, non plus que celles nécessaires aux besoins des habitants des villages.

Une circonstance particulière eût permis d'accroître encore ces ressources.

L'ennemi avait établi un immense dépôt de vivres entre Courcelles et Remilly, sur la voie ferrée de Sarrebrück, à dix ou douze kilomètres seulement du camp retranché. Plus de quinze cents wagons de denrées de toute espèce s'y trouvaient réunis.

Durant la fin du mois d'août, ces dépôts n'étant que faiblement gardés, il paraissait facile de s'en emparer.

La lecture du réquisitoire continue.

Complément de l'audience du 4 décembre

PRÉSIDENCE DE M. LE DUC D'AUMALE

Suite du Réquisitoire

M. le général Pourcet, après avoir parlé de l'existence d'un dépôt de vivres ennemi se trouvant entre Courcelles et Remilly, continue en ces termes :

Un ingénieur du chemin de fer, M. Scal, en fut informé par ses relations, et il apprit en même temps que la rive droite était presque complétement dégarnie de troupes allemandes.

Le 22 août au matin, il vint en rendre compte au commandant en chef. Mais le maréchal l'éconduisit sans paraître se soucier d'entreprendre une opération qui, cependant, lui eût permis peut être d'enlever, sans grande effusion de sang, les approvisionnements nécessaires à son armée pour plusieurs semaines.

Il était trop préoccupé, a-t-il dit, de son projet de marche vers le Nord, pour tenter un aventure sur des renseignements dont il ne pouvait contrôler l'exactitude.

Quelles que fussent ses préoccupations, n'aurait-il pas dû penser qu'avant de s'éloigner de Metz, il importait d'accumuler dans la place la plus grande quantité de vivres possible? C'était d'ailleurs pour lui un devoir impérieux.

Le règlement impose, en effet, au général en chef le soin de pourvoir aux approvisionnements de siége des places situées dans le rayon de ses opérations.

Si ces approvisionnements n'avaient pas été constitués avant son entrée en fonctions, ce devait être une obligation plus stricte encore de réparer cette omission autant qu'il dépendait de lui de le faire.

Cependant l'armée, au repos depuis huit jours, avait eu largement le temps de se refaire. L'immobilité plus longtemps prolongée devait paraître inexplicable au dehors.

D'un autre côté, le maréchal ne pouvait se soustraire à l'obligation morale de se conformer aux instructions de l'empereur pour la retraite.

Aussi, dans toutes ses dépêches, du 19 au 26 août, le commandant en chef ne manque-t-il jamais d'accuser, d'une manière plus ou moins précise, l'intention de reprendre le mouvement de retraite suspendu depuis le 16 août.

Ses engagements à cet égard, tant de fois renouvelés, lui imposaient le devoir de tenter les plus grands efforts pour s'éloigner de Metz.

L'occasion était favorable, car une partie des forces ennemies venait de se diriger vers la Meuse. Le maréchal était informé de ce mouvement et l'annonçait à l'empereur dans une dépêche du 23 août.

C'est dans ces circonstances qu'il donna des ordres pour mettre l'armée en marche le 26 août, dans la direction de Thionville par la rive droite de la Moselle.

Nous verrons un peu plus loin si l'opération exécutée ce jour-là peut témoigner de l'intention de franchir les lignes. Nous devons examiner pour le moment si les considérations que nous venons d'indiquer furent les seules qui déterminèrent le maréchal Bazaine à effectuer cette démonstration.

Après la bataille de Saint-Privat, il était devenu bien difficile de percer par la rive gauche. L'ennemi y occupait toutes le positions dominantes, très-fortes et d'un accès très-difficile. On était donc conduit à chercher une issue par la rive droite. De ce côté de la Moselle, deux directions se présentaient : celle du Sud-Est par où l'armée pouvait atteindre les Vosges, et celle du Nord, vers Thionville, d'où l'on eût regagné l'intérieur en suivant la ligne du chemin de fer des Ardennes par Montmédy, Sedan et Mézières. La nécessité de traverser une seconde fois la Moselle en présence de l'ennemi et de faire ensuite une marche de flanc pendant plusieurs jours le long de la frontière, rendait une opération dans ce sens fort délicate. Le général en chef ne se le dissimulait pas, et le soir même du 26, il avouait à M. le maréchal Le Bœuf sa préférence pour la direction du Sud.

Interrogé à l'instruction sur les motifs qui lui avaient fait néanmoins adopter, le 26, la direction de Thionville, le maréchal Bazaine a répondu qu'il avait voulu ainsi faire une diversion utile, dans le cas où les troupes venant de l'intérieur auraient manœuvré du côté de Verdun. Il aurait ensuite mis à exécution la marche vers le Nord.

Or, vous savez, messieurs, que, dans son opinion, la dépêche envoyée le 20 avait dû arrêter l'armée de Châlons.

Si donc le maréchal Bazaine prévoyait, en donnant ses ordres pour le 26, que des troupes venant de l'intérieur pouvaient marcher vers la Meuse, s'il croyait devoir tenter une diversion en leur faveur, il fallait, ou qu'il eût envoyé au maréchal de Mac-Mahon un nouvel avis, ou qu'il eût reçu de celui-ci l'avis de sa marche. C'était ce dernier cas qui s'était présenté.

Le 23 août, vers trois ou quatre heures de l'après-midi, le maréchal reçut, en effet, des mains du colonel Lewal une dépêche qui annonçait le mouvement de l'armée de Châlons vers l'Est. Sur cet avis, il décida que les troupes se mettraient en marche.

Les indications si nettes, si précises, si concluantes du colonel Lewal démontrent que cet officier supérieur n'a pu faire confusion au sujet du jour de réception de la dépêche. On sait d'ailleurs qu'il fit le récit de cette circonstance le 26 ou le 27 août au colonel d'Andlau et quelques jours plus tard à M. le maréchal Canrobert et à d'autres officiers.

Ce fait exclut jusqu'à la possibilité d'une erreur de date de la part de M. Lewal. C'est bien le 23 et non le 29 qu'eut lieu l'incident dont il a déposé.

Le maréchal Bazaine a ici un trop grand intérêt à cacher la vérité pour que nous puissions nous en rapporter entièrement à sa déclaration, quand il assure n'avoir pas reçu le 23 la dépêche dont parle le colonel Lewal.

Nous ne saurions, non plus, accepter l'affirmation dénuée de preuve, par laquelle M. de Mornay-Soult est venu confirmer le dire du maréchal.

Nous ne pouvons oublier, en effet, que cet officier avait formellement déclaré devant le conseil d'enquête que la dépêche reçue le 23 était celle par laquelle le maréchal de Mac-Mahon, le 19, demandait des instructions à son chef, ne sachant comment lui venir en aide sans découvrir Paris.

A l'exception de la date au sujet de laquelle il hésitait entre le 22 ou le 23, les indications de M. de Mornay étaient précises.

A l'instruction, cet officier ne s'est pas montré moins affirmatif, et il a renouvelé la même déclaration qui a été faite également en termes explicites par le maréchal Bazaine dans son ouvrage : *L'Armée du Rhin*, au conseil d'enquête, et enfin, devant le général rapporteur.

Or, la dépêche que le maréchal et son officier d'ordonnance donnent comme étant arrivée le 22 ou le 20 est réellement parvenue au commandant en chef, le 29 août, vers midi.

Elle avait été apportée de Thionville par l'agent de police Flahaut au directeur du télégraphe de Metz. La date exacte de son arrivée se trouve matériellement établie par l'inscription sur l'original même de la main du maréchal de sa réponse, qui fut expédiée dans la soirée du 20 : « J'ai dû prendre position près de Metz... Je vous préviendrai de ma marche..... »

Les déclarations répétées du maréchal et de son officier d'ordonnance étaient donc contraires à la réalité. En présence de cette preuve matérielle, ils ont dû, l'un et l'autre le reconnaître.

De l'aveu de M. de Mornay, ce qu'il donnait comme l'expression de la vérité n'était que le résultat d'un concert entre lui et le maréchal.

Comme l'a fait si justement remarquer M. le président, ce n'est point là le caractère qui convient à une déposition judiciaire.

Après avoir relevé ainsi chez le témoin une complaisance de souvenirs dont cet incident ne semble pas être le seul indice, nous sommes en droit de n'accueillir ses déclarations que sous bénéfice d'inventaire.

Cependant, nous ne voulons pas croire que, dans le témoignage de M. de Mornay-Soult, tout soit imaginaire.

Il a déclaré positivement, ainsi que le maréchal, qu'une dépêche était arrivée le 22 ou le 23, qu'elle était écrite sur un petit morceau de papier et roulée en forme de cigarette. Il croit qu'elle avait été apportée par un piéton venant de Verdun ou de Longuyon.

Or, la dépêche reçue le 20 n'était pas inscrite sur un petit carré, mais sur une feuille de papier. Elle n'était pas roulée en cigarette, mais pliée comme une lettre ordinaire. Elle ne venait pas de Verdun ni de Longuyon, mais de Thionville.

Quelle est donc alors, nous le demandons, cette dépêche dont M. de Mornay et le maréchal ont fixé l'arrivée au 22 ou 23 et dont ils ont donné le signalement que nous venons d'indiquer ?

Assurément tous ces détails ne peuvent avoir été inventés, et, puisqu'ils ne se rapportent pas à la pièce venue par Flahaut, ils doivent s'appliquer à une autre dépêche dont M. de Mornay peut ignorer le contenu, mais qui présente, sous tous les rapports, une analogie singulière avec celle dont parle le colonel Lewal.

Nous trouvons donc dans les assertions du maréchal Bazaine et de son officier d'ordonnance une confirmation nouvelle de la déposition de cet officier supérieur.

De qui provenait la dépêche reçue le 23 au Ban-Saint-Martin ? Il n'est peut-être pas sans intérêt de le rechercher.

La dépêche était, disons-nous, roulée en cigarette.

Or, de nombreux témoignages nous apprennent que c'était la forme que donnait habituellement le commandant Magnan à ses missives.

De cette coïncidence résulte pour nous présomption grave que la dépêche émanait de cet officier supérieur. D'autres indices viennent corroborer cette hypothèse.

Le 22, à dix heures cinquante-cinq minutes du matin, M. le maréchal de Mac-Mahon, auquel l'empereur venait de communiquer le rapport du maréchal Bazaine, daté du 19, envoyait au commandant des places de Montmédy, de Verdun et au maire de Longuyon la dépêche suivante, chiffrée, avec ordre de la faire parvenir à Metz par tous les moyens possibles :

« Reçu votre dépêche du 19. Suis à Reims. Me porte dans la direction de Montmédy. Serai après-demain sur l'Aisne, d'où j'agirai selon les circonstances pour vous venir en aide. Envoyez-moi de vos nouvelles. »

Les débats n'ont pas établi qu'en même temps qu'il expédiait cette dépêche en chiffres, le maréchal en ait envoyé des copies *en clair*.

Il ne semble donc pas que ce fût la dépêche du 22 à dix heures cinquante-cinq minutes que reçut le maréchal Bazaine le 23.

Mais on ne doit pas perdre de vue que le commandant Magnan, alors à Carignan, était chargé depuis le 18 de communiquer à son chef les instructions de l'empereur en vue de la jonction des deux armées. Il est donc extrêmement vraisemblable qu'aussitôt la décision du maréchal de Mac-Mahon prise, le souverain en fit donner avis à l'aide de camp du commandant en chef, qui naturellement dût s'empresser d'envoyer à ce dernier cette bonne nouvelle.

Enfin, il serait fort possible que la dépêche reçue le 23 ait été envoyée avant le 22 par M. Magnan, soit qu'il ait été averti de l'acquiescement momentané donné, dès le 19, par le commandant de l'armée de Châlons au plan du ministre de la guerre, soit que sa dépêche ne fît que mentionner les intentions où se trouvait le gouvernement le 18, intentions d'après lesquelles l'armée du maréchal de Mac-Mahon devait se porter le surlendemain vers l'Est et arriver le 26 sur la Meuse.

Puisque, dès le 20, le commandant se croyait assez sûr de l'exécution de ce plan pour déterminer l'intendant Wolff à rappeler de Verdun les vivres préparés pour l'armée du maréchal Bazaine, ne devait-il pas considérer en même temps comme un devoir d'informer son chef du mouvement convenu de l'armée de Châlons?

Pour clore ces considérations, nous croyons devoir citer la réponse que fit au premier moment le maréchal Bazaine lorsqu'il fut informé par le général rapporteur que la dépêche du 23 ne pouvait être celle qu'il indiquait et qui lui était parvenue le 20.

Après avoir renouvelé ses précédentes dénégations, le maréchal a continué en ces termes :

« Je profite de la circonstance pour dire que si, par cas, une dépêche pareille était arrivée à titre de renseignements, puisqu'elle n'émanait pas du maréchal de Mac-Mahon, elle n'aurait pas eu pour moi une autorité assez grande pour remettre en opération une armée qui se reconstituait après des combats qui avaient fait subir aux cadres des pertes très-sensibles, sans connaître d'une manière positive les mouvements opérés par le maréchal de Mac-Mahon. — Ce que je dis là est à titre de réflexion. »

Vous apprécierez, messieurs, si cette réflexion ne peut pas être considérée comme un demi-aveu, et si le maréchal ne semble pas reconnaître, par ces paroles, qu'il a pu recevoir avis de la marche de l'armée de Châlons par voie indirecte, c'est-à-dire par son aide de camp, le mieux, sinon le seul en mesure de le prévenir.

D'après tout ce qui précède, nous sommes en droit de considérer, comme définitivement acquis au débat, ce point important à savoir que le maréchal Bazaine reçut certainement le 23 août un avis annonçant la marche du maréchal de Mac-Mahon dans la direction de la Meuse.

Ainsi donc, la prise d'armes du 26 fut non pas, comme le dit le maréchal, l'œuvre de son inspiration personnelle, mais bien en réalité la conséquence immédiate, presque forcée, des renseignements qu'il avait reçus le 23, au sujet de l'armée de Châlons.

Il n'est pas impossible que, à la réception de la dépêche et sous sa première impression, stimulé d'ailleurs par les exigences de la situation, le maréchal ait conçu la pensée d'un effort énergique, qui pouvait aboutir à la jonction des deux armées. On pourrait le supposer, d'après les dispositions adoptées en vue du départ prochain de l'armée, telle que la formation d'un corps de cavalerie et la réduction des bagages, toutes mesures prises seulement à partir du 23 dans la soirée, comme en font foi les registres de correspondance. Mais s'il en fut ainsi, nous allons voir du moins que la détermination de faire son devoir dura peu chez le commandant en chef, et que la funeste arrière-pensée des jours précédents reparut bien vite.

Dans cette situation d'esprit, on conçoit que les arguments, invoqués par deux personnages considérables contre ce projet, avaient dû triompher sans peine de ces velléités de sortie. Ce qui est certain, c'est que le 26, au moment de monter à cheval, toute idée de s'éloigner des remparts de Metz était bannie de l'esprit du commandant en chef. On en trouve la preuve dans les ordres donnés dès le matin à la garde, à la réserve d'artillerie et dans le dispositif général assigné aux troupes, dont on arrêta le mouvement, alors qu'il était déjà en voie d'exécution.

On le savait d'ailleurs déjà au grand quartier général : ainsi, un officier annonçait dans la matinée que l'armée ne sortirait pas, et l'on apprenait bientôt, en effet, que les bagages et la garde d'honneur du général en chef devaient rester au camp.

Le Conseil sait quelle fut l'intervention des généraux Coffinières et Soleille auprès du maréchal, dans la matinée du 26.

Ces officiers généraux insistèrent pour que l'armée ne s'éloignât pas.

Cette opinion n'était pas nouvelle, d'ailleurs, chez le commandant supérieur de la place. Dès le début, il l'avait soutenue, et comme nous l'avons déjà dit, son inaction à l'endroit de la rupture des ponts de la Seille et de la Moselle, dans les journées des 12 et 13 août, semble résulter de son désir de voir les troupes demeurer autour de la place au lieu de se retirer sur Châlons.

Cette communion de sentiments semble même avoir engagé le commandant en chef à s'ouvrir davantage avec le général Coffinières qu'avec ses autres lieutenants. Nous lisons, en effet, dans les notes journalières du général que le 22 il avait assisté, au quartier général, à une réunion des commandants de corps, dans laquelle il fut question du mouvement de l'armée de Châlons.

Or, il ressort de tous les témoignages des généraux qu'ils n'assistèrent à aucune réunion ce jour-là, et que jamais ils n'avaient entendu parler de ce mouvement. Le général Coffinières s'y est donc trouvé soit seul, soit tout au plus avec le général Soleille.

Quoi qu'il en soit, après la conversation tenue le 26 au matin, le commandant en chef ne voulut contremander aucun ordre. Nous comprendrons tout à l'heure pourquoi.

D'après les instructions transmises dans la nuit du 25 au 26, l'armée devait se porter sur la rive droite de la Moselle. Des ponts de bateaux avaient été jetés; mais on avait négligé d'ouvrir sur leurs abords des routes distinctes pour chaque colonne, ce qui détruisait en grande partie l'avantage résultant de la construction de plusieurs ponts.

Conformément aux prescriptions du commandant en chef, l'armée se forma en avant du fort Saint-Julien, et sur deux lignes obliquement au cours de la Moselle, où elle appuyait sa gauche, la garde et les réserves en troisième ligne sous le fort.

Pendant que les troupes prenaient leurs positions, les commandants de corps d'armée et les commandants des armes spéciales furent convoqués au château de Grimont.

Bien qu'il n'existe pas de procès-verbal authentique de cette réunion, l'ensemble des témoignages a permis d'en établir les points essentiels, et ils suffisent pour indiquer le véritable caractère de cette conférence, d'où sortirent des résolutions si funestes pour l'armée du Rhin.

Le maréchal Bazaine ayant fait observer que l'orage qui venait d'éclater avec une violence extrême forçait à suspendre momentanément toute opération, annonça à ses lieutenants qu'il avait profité de cette circonstance pour les consulter, relativement à une communication qu'il avait reçue le matin même des généraux Soleille et Coffinières. Puis, sur son invitation, le premier prit la parole. Aux termes du compte rendu, il exposa que l'artillerie n'avait plus de munitions que pour une seule bataille et qu'il était dangereux, d'après cela, de risquer un combat pour percer les lignes prussiennes.

Faisant ressortir la direction excentrique de la retraite par Thionville, il n'eut pas de peine à démontrer combien l'opération devenait ainsi plus longue et plus délicate, et il conclut que dans les conditions qu'il venait d'indiquer, tenter cette opération, c'était s'exposer à se trouver désarmé au milieu des forces allemandes.

Il fit remarquer qu'en demeurant au contraire dans les positions autour de Metz, on maintenait l'armée intacte avec tous ses moyens d'action, menaçant les communications de l'ennemi et pouvant, s'il était battu, changer sa retraite en un désastre.

Le général Coffinières dit à son tour que les travaux de défense et d'armement des forts et de la place n'étaient pas assez avancés pour se passer du concours de l'armée, et que la présence de celle-ci lui paraissait indispensable pour permettre de terminer la construction et la mise en état des ouvrages.

Le compte rendu lui prête, il est vrai, des paroles d'une tout autre gravité. D'après son texte, le gouverneur de Metz aurait déclaré qu'abandonnée à elle-même, la place serait peut-être exposée à tomber après quinze jours de siége.

Le général, il est vrai, avait peu de confiance dans les défenses de Metz. On peut en juger par ses étranges paroles, du 19 août, au directeur de la Banque, comme par les termes de la lettre qu'il adressait, le 20 août, au colonel Turnier :

« Nos troupes, disait-il, sont entassées entre Longeville, Saint-Quentin, Plappeville, le Coupillon et la droite du fort Moselle. C'est une assez mauvaise position, attaquable sur les deux faces de l'Est et de l'Ouest. »

Si l'on songe que le 20 août l'armée était tout entière renfermée dans la partie du camp retranché comprise sur la rive gauche de la Moselle, et qu'elle se trouvait ainsi protégée à l'Ouest par les deux forts de Saint-Quentin et de Plappeville; à l'Est, par la rivière, la place et même le fort Saint-Julien, ces paroles du général Coffinières paraîtront absolument inexplicables!

On concevrait, d'après elles, qu'il ait pu, le 26, tenir les propos qu'on lui attribue. Mais alors le général était revenu sans doute à une appréciation plus exacte de ses moyens de défense. Aussi a-t-il fait entendre les protestations les plus énergiques contre l'opinion que lui prête le compte rendu, et d'un autre côté MM. les commandants de corps ont reconnu devant vous, que telle n'avait pas été la portée de ses déclarations.

On constate d'ailleurs que, dans l'expédition du compte rendu, remise le 1er novembre par le général Boyer à M. Taschard, pour être adressée au gouvernement, il n'existe pas trace d'un avis du général Coffinières, lequel semblerait ainsi n'avoir pas pris la parole dans la réunion.

Il n'y a donc pas lieu de s'arrêter ici aux renseignements fournis par le compte rendu, dont nous nous bornerons à relever le peu de sincérité et d'exactitude.

Bien qu'à ce qu'il semble le général Coffinières se soit montré trop pessimiste, son opinion, dans les termes où elle fut exprimée, n'eût pas suffi à empêcher la mise à exécution du projet de sortie. Si la discussion se fût portée sur ce point, on eût pu s'assurer auprès de l'ancien major général que la place, quel que fût l'état d'imperfection des nouveaux ouvrages, était toutefois susceptible d'une résistance de plusieurs mois. Cette conviction, il l'a exprimée devant vous.

Lors du mouvement de retraite sur Verdun, M. le maréchal Le Bœuf avait, en effet, témoigné son désir d'être appelé à l'honneur de commander Metz, et il avait manifesté sur la solidité de ses défenses une confiance tout autre.

Il faut reconnaître que, le 13 août, le général Coffinières n'avait présenté, que nous sachions, aucune objection au départ de l'armée, bien qu'à ce moment les travaux fussent bien moins avancés encore.

D'un autre côté, le 26, ce n'était plus une, mais deux divisions que le commandant en chef laissait dans la place.

On ne concevrait donc pas comment, dans ces conditions, le général aurait pu manifester des craintes qu'il n'avait pas fait paraître lorsque les circonstances étaient bien plus défavorables.

L'assertion du général Soleille, relative au manque de munitions pour plus d'une bataille, aurait été plus grave encore. Néanmoins, elle ne souleva non plus aucune observation. Et cependant le maréchal Bazaine avait reçu, le 22 août, une lettre où le général commandant en chef de l'artillerie informait que l'approvisionnement de l'armée, en munitions d'artillerie et d'infanterie, était complétement reconstitué.

Après être entré à ce sujet dans des détails circonstanciés, le général concluait en ces termes :

« A la suite des journées du 16 et du 18, les troupes ont pu croire un moment que les munitions leur feraient défaut; pour relever leur moral, je pense, monsieur le maréchal, qu'il ne serait pas inutile que l'armée sût qu'elle est aujourd'hui, 22 août, complétement réapprovisionnée et prête à marcher. »

Malheureusement, la recommandation du général Soleille **n'avait été** suivie que d'une manière très-incomplète.

Au lieu de faire de cette nouvelle rassurante l'objet d'une communication spéciale, et de la porter à la connaissance des troupes par la voie de l'ordre, le maréchal s'était borné à faire mentionner, sous forme de note, l'avis que l'armée était complétement réapprovisionnée, et ce renseignement, communiqué au milieu de prescriptions diverses, passa inaperçu pour les commandants de corps, ou plutôt, en présence de la déclaration formelle du général Soleille, ils crurent que la note de l'état-major général n'était pas l'expression de la vérité, et qu'elle n'avait eu d'autre but que de rassurer les troupes, en leur cachant une pénurie trop réelle du parc de l'armée et de l'arsenal de Metz.

Chacun connaissant d'ailleurs la situation en ce qui concernait son corps d'armée, ils n'attachèrent pas sans doute une suffisante attention aux paroles du général Soleille. Ajoutons que ces paroles semblent ne pas avoir eu le degré de précision et de netteté que leur prête le compte rendu. Il est, en effet, hors de toute vraisemblance qu'après avoir écrit la lettre du 22, le commandant en chef de l'artillerie de l'armée ait pu, quatre jours après, tenir un langage si différent. Cela est d'autant moins admissible que, le 25 encore, il écrivait au directeur de l'arsenal pour le féliciter des efforts qu'il avait faits pour réapprovisionner l'armée. Il n'aurait sans doute pas songé à féliciter le colonel de Girels s'il n'eût jugé ce réapprovisionnement satisfaisant.

Comme nous, messieurs, vous avez regretté vivement que l'état de santé du général ne lui ait pas permis de venir vous fournir des explications qui eussent été si désirables.

Mais, à défaut de son témoignage, ceux de la plupart des membres de la réunion du 26, nous donnent lieu de croire que, tout en se montrant effrayé de la situation, plus peut-être que de raison, le général Soleille insista principalement sur les inconvénients qu'il y avait à tenter une marche longue et détournée, avec un approvisionnement restreint qui eût suffi pour la retraite primitivement dirigée sur Verdun.

Il reste établi, toutefois, d'après toutes les dépositions entendues, ainsi que d'après les documents officiels datant de cette époque, que ses appréhensions furent, le 26 août, comme elles l'avaient été le 16 au soir, singulièrement exagérées, et il est certainement fâcheux que ses dires n'aient soulevé, sur le moment, aucune réclamation.

Si l'absence de renseignements précis, si des préoccupations d'un autre ordre détournèrent les commandants de corps de présenter aucune observation à ce sujet, rien de semblable ne peut expliquer le silence du commandant en chef, auquel le général Soleille était déjà venu faire, le matin, la même communication.

Après avoir reçu la lettre si explicite du 22, il ne pouvait ignorer la situation exacte. Il la connaissait si bien qu'il avait écrit le 23, à l'empereur, une dépêche contenant ces mots :

« Nos batteries ont été réorganisées et approvisionnées ainsi que l'infanterie. »

Rien ne saurait donc justifier ici le maréchal d'avoir laissé, sans le contredire, le général Soleille émettre, à propos de cette question capitale, une assertion qu'il savait inexacte.

M. le général Pourcet continue son réquisitoire.

Deuxième complément de l'audience du 4 décembre

Présidence de M. le duc d'Aumale

Suite du Réquisitoire

M. le commissaire du gouvernement poursuit la lecture de son réquisitoire.

Le silence volontaire que le maréchal garda dans cette circonstance (devant l'assertion du manque de munitions émise par le général Soleille) est d'autant plus significatif que ce fut d'après lui le manque de munitions qui seul détermina plusieurs commandants de corps à opiner pour le maintien de l'armée sous Metz. Il est certain que cette considération dut influer sur l'opinion émise par quelques-uns, comme l'indiquent si énergiquement ces paroles du général Bourbaki :

« Mon désir le plus vif eût été de faire un trou par Château-Salins, et de nous donner de l'air, mais si nous n'avons pas de munitions, il est clair que nous ne pouvons rien faire. »

Néanmoins, de l'absence de toute observation pendant la réunion, comme des dépositions de MM. les commandants de corps, il résulte pour nous l'intime conviction que ni la déclaration du général Coffinières au sujet des dangers que l'éloignement de l'armée pourrait faire courir à la place, ni celle du général Soleille relative à la pénurie des munitions, n'exercèrent sur la décision du conseil l'influence prépondérante, exclusive même que leur prête le compte rendu.

Ce qui, à notre sens, entraîna cette décision, ce fut l'ignorance où le commandant en chef laissa ses lieutenants sur toutes les circonstances extérieures de nature à les éclairer sur les nécessités de la situation.

Il ne leur donna en effet aucune connaissance des nombreuses dépêches qu'il avait adressées, depuis le 17 août à l'empereur, au ministre de la guerre, au maréchal de Mac-Mahon, accusant toutes l'intention persistante de sortir de Metz et de gagner Verdun et Châlons.

Il ne leur annonça pas ce qu'il savait de la réorganisation de l'armée du maréchal de Mac-Mahon, réorganisation qui lui était connue depuis plusieurs jours, par la dépêche télégraphique du maréchal en date du 18 août, huit heures trente-cinq minutes du matin, ainsi conçue :

« Demain soir, toutes les troupes sous mes ordres seront réorganisées, Failly est à Vitry-le-François, Margueritte, avec une division de cavalerie, à Sainte-Menehould. Si l'armée du prince royal arrive en force sur moi, je prendrai position entre Épernay et Reims, de manière à être prêt à me rallier à vous ou à marcher sur Paris si les circonstances m'obligent à le faire. »

Quel effet n'eût pas produit sur ses lieutenants la communication de cette dépêche? Une armée existait au camp de Châlons, et sa tête de colonne s'avançait déjà jusqu'à Sainte-Menehould, à deux petites étapes de Verdun. Bien plus, le commandant de cette armée, le maréchal de Mac-Mahon, laissait entrevoir comme une éventualité prochaine, l'intention de rallier l'armée du Rhin. Ces nouvelles seules étaient de nature à impressionner vivement les esprits et à modifier, dans un sens diamétralement opposé, le sentiment qui prévalut dans la conférence.

Le maréchal déclare que, s'il n'a point communiqué cette importante dépêche aux membres de la réunion, c'est qu'il a jugé qu'au point de vue du service, il y aurait imprudence à la rendre trop publique.

Ainsi, le 26 août, le maréchal aurait trouvé imprudent de communiquer confidentiellement à ses lieutenants une dépêche indiquant la situation de l'armée de Châlons, à la date du 18. Vous apprécierez, messieurs, à sa juste valeur une telle explication qui ne nous semble pas devoir être discutée.

Le maréchal ne parla pas de l'éventualité du mouvement d'une armée française vers la Meuse, éventualité qui, cependant, d'après ses propres déclarations, l'avait déterminé à marcher vers le Nord quand il aurait préféré sortir par le Sud. Il n'appela pas l'attention des commandants de corps sur le départ d'une partie des forces allemandes qui s'étaient dirigées depuis plusieurs jours vers l'Ouest. Et cependant il avait annoncé lui-même ce départ dans sa dépêche du 23 août à l'empereur.

Enfin, est-il besoin de le rappeler? Il ne fit point connaître à la réunion la dépêche qu'il avait reçue le 23, indiquant un mouvement du maréchal de Mac-Mahon vers la Meuse. Dans ce cas, il n'eût pas été question de délibérer, le devoir commandait d'agir.

Qui douterait que les commandants de corps n'eussent alors été unanimes pour demander à partir immédiatement pour aller tendre la main à cette armée qui s'exposait à tant de périls pour venir à leur secours?

« Si nous avions su que le maréchal de Mac-Mahon marchait vers nous, a dit M. le maréchal Canrobert devant le conseil d'enquête, bien que convaincu que son armée n'en fût pas une, nous aurions dit au commandant en chef : « Marchons sur la tête, s'il le faut, mais mar- « chons! »

Vous avez entendu, messieurs, le vaillant maréchal exprimer devant vous la même pensée, et nous ne ferons pas à ses compagnons d'armes l'injure de supposer un instant qu'en tenant ce mâle langage, il n'était pas le fidèle interprète de leurs sentiments.

Mais, au lieu de les informer, le maréchal se tait; il n'est question au conseil que des difficultés de l'opération sur Thionville, des inconvénients qu'elle peut entraîner pour la place. Les commandants de corps ignorent la reconstitution, presque l'existence de l'armée de Châlons; ils n'apprennent ni les intentions manifestées par le maréchal de Mac-Mahon, ni les promesses faites par leur chef.

Comment s'étonner que, dans ces conditions, persuadés d'ailleurs que l'armée, en opérant sur les derrières de l'ennemi, pouvait jouer un grand rôle, comment s'étonner, disons-nous, qu'ils se soient décidés à attendre provisoirement sous Metz jusqu'à ce qu'ils soient informés des événements du dehors?

Car il ne faut pas l'oublier, le maintien de l'armée autour de la place fut considéré par tous comme une mesure essentiellement temporaire. Il était entendu, en outre, que les troupes ne resteraient pas inactives, mais qu'en s'appuyant sur le camp retranché comme base et pivot de leurs manœuvres, elles harcèleraient constamment l'ennemi, de manière à entretenir le moral du soldat et à recueillir au loin des approvisionnements en vivres et en fourrages.

En laissant fournir au conseil, sur la situation des munitions, des renseignements qu'il savait erronés, et surtout en dérobant à ceux dont il demandait les avis, le côté important de la question soumise à leur examen, le maréchal Bazaine les trompait sur la situation, et dès lors ses lieutenants ne se trouvaient pas en état de formuler une opinion en connaissance de cause.

Seul responsable de ses résolutions comme chef de l'armée, le maréchal pouvait adopter tel parti qu'il jugeait convenable. Mais, dès l'instant où il demanda l'avis de ses lieutenants, il était rigoureusement tenu de leur faire connaître loyalement et sans réticence tout ce qu'il savait lui-même. Sa lettre du 7 octobre prouve qu'il le comprenait bien ainsi. Si donc il ne l'a pas fait, c'est que la nature de ses projets lui imposait l'obligation de dissimuler.

Sa réserve ambiguë à la conférence du 26 août doit être d'autant plus sévèrement jugée, qu'en arrêtant ce jour-là le mouvement de son armée il perdait l'occasion, unique peut-être, de rallier dans une action commune toutes les forces nationales, jusque-là si malheureusement morcelées.

Les résolutions prises à Grimont furent donc, au point de vue militaire, d'une importance capitale. Le maréchal s'engagea devant ses lieutenants dans la voie dangereuse des réticences et des dissimulations : procédé funeste qui allait lui permettre plus tard d'entamer plus facilement des négociations illicites, mais qui, de mécompte en mécompte, de déception en déception, devait aboutir finalement, pour son armée et pour lui, à la plus épouvantable catastrophe!

Pourquoi, à Grimont, le maréchal Bazaine crut-il devoir cacher la vérité à ses lieutenants? S'il eût agi autrement, quels qu'eussent été les résultats d'une détermination loyalement concertée, il ne serait sans doute pas aujourd'hui à cette place! Sans doute aussi d'immenses malheurs eussent été évités à notre pays!

Le maréchal annonça au ministre la résolution qui venait d'être prise par la dépêche suivante :

« Toujours sous Metz avec munitions d'artillerie pour un combat seulement. Impossible de forcer les lignes ennemies dans ces conditions derrière ses positions retranchées. Aucune nouvelle de Paris, ni d'esprit national. Urgence d'en avoir; agirai efficacement, si mouvement offensif à l'intérieur force l'ennemi à battre en retraite. »

Ainsi l'armée de Metz, la plus nombreuse, la plus solidement organisée, attendait, pour attaquer l'ennemi, qu'il fût contraint à battre en retraite! N'y avait-il pas quelque chose d'humiliant à un pareil plan de conduite?

Était-ce bien là ce qu'avaient voulu les commandants de corps?

D'autre part, il est à peine besoin de vous faire remarquer, messieurs, que le motif invoqué dans cette dépêche pour le maintien de l'armée sous Metz était absolument faux. Si la pénurie des munitions pouvait exciter certaines appréhensions, personne n'avait prétendu néanmoins que dans ces conditions il fût impossible de percer les lignes ennemies. Tous les documents, tous les témoignages établissent le contraire; tous les commandants de corps pensent que l'on pouvait percer ce jour-là sans difficulté sérieuse. Enfin, la meilleure preuve que la raison donnée au ministre n'était pas fondée, c'est que le 31 août, lorsqu'il fut question de nouveau de reprendre la campagne, le maréchal lui-même parut ne plus songer à cette soi-disant impossibilité.

Du reste il n'émettait une semblable assertion que pour colorer son inaction.

Il était loin de dire au ministre le fond de sa pensée. En effet, vers le moment où il lui écrivait, partait de Metz, pour le commandant de l'armée de Châlons, une dépêche que le colonel Turnier remit, le 27, au procureur impérial Lallemant, chargé de la faire parvenir.

Sans entrer ici dans l'exposé des diverses péripéties que suivit cette communication, bornons-nous à dire qu'elle fut remise à Raucourt, dans l'après-midi du 29 août, à M. le maréchal de Mac-Mahon, par un citoyen énergique et dévoué, M. Hulme, manufacturier et adjoint au maire de Mouzon.

M. le maréchal n'a pas conservé, il est vrai, le souvenir d'avoir reçu cette dépêche, et ce défaut de mémoire ne s'explique que trop si l'on songe aux graves préoccupations du commandant de l'armée de Châlons pendant cette journée du 29, où l'on arriva au contact de l'ennemi, et où les funestes conséquences du plan du ministre de la guerre commençaient à éclater.

Mais nous ne pensons pas que, malgré cet oubli, il soit possible de concevoir un doute sur l'exactitude absolue du témoignage de l'honorable M. Hulme, corroboré par un faisceau de preuves si concluant et si complet.

Le sens de la dépêche adressée au nom du maréchal Bazaine par le colonel Turnier au premier général français, était le suivant :

« Nous sommes entourés, mais faiblement, nous pouvons percer quand nous voudrons, nous vous attendons. »

La lettre n'était pas signée, il est vrai, et le maréchal Bazaine a déclaré qu'elle n'émanait pas de lui.

Mais qui donc pouvait se permettre d'envoyer une semblable invitation, sinon le commandant en chef lui-même ?

Si le colonel Turnier n'avait eu la preuve que la communication émanait du maréchal Bazaine, comment l'eût-il transmise sans y mentionner aucune réserve ?

D'ailleurs cette dépêche se rapprochait bien plus de la vérité que celle adressée au ministre ; quand le maréchal écrivait à son lieutenant qu'il pouvait percer facilement, il dépeignait plus exactement la situation que lorsqu'il annonçait au général de Palikao qu'il lui était impossible de forcer les lignes fortifiées de l'ennemi.

Comment expliquer ces deux langages contradictoires ?

N'est-on pas contraint de reconnaître que, faisant bon marché de la vérité, le maréchal n'hésitait pas à la travestir, suivant les nécessités de ses combinaisons tortueuses ?

Auprès du ministre, il faut s'excuser de ne pas marcher. Il lui écrit : « La sortie est impossible. » Quant au maréchal de Mac-Mahon, il faut le déterminer à venir, et par conséquent le rassurer ; il lui annonce que l'armée de Metz pourra lui donner son concours.

« Nous pouvons percer quand nous voudrons ; nous vous attendons. » Ici encore, messieurs, les faits parlent assez haut pour nous épargner la triste nécessité de conclure et de qualifier la conduite du commandant en chef de l'armée du Rhin.

L'opération, abandonnée le 26 août, fut reprise le 31, à la suite de l'avis ci-dessous, apporté de Thionville le 29 août par les émissaires Flahaut et Marchal : « Général Ducrot commande corps Mac-Mahon ; il doit se trouver aujourd'hui 27 à Stenay, gauche de l'armée. Général Douay à la droite sur la Meuse. Se tenir prêt à marcher au premier coup de canon. »

Cette dépêche avait été apportée au colonel Turnier, le 27 août dans la soirée, par un homme courageux et dévoué, M. Lagosse, maire de Montgon. Mais, quatre jours auparavant, le colonel en avait reçu une autre plus importante encore, celle du 22 août 10 heures 55 du matin, par laquelle le maréchal annonçait sa marche vers l'Est.

Cette dépêche, entièrement en chiffres, avait été adressée du quartier général de Courcelles aux commandants de Verdun et de Montmédy, ainsi qu'au maire de Longuyon, avec cette recommandation :

« Envoyez au maréchal Bazaine la dépêche ci-après, très-importante ; faites-la lui parvenir par cinq ou six émissaires différents, auxquels vous remettrez les sommes, quelles qu'elles soient, qui leur seraient nécessaires pour accomplir leur mission. »

Le commandant de place de Montmédy avait expédié aussitôt la lettre par quatre émissaires. Deux d'entre eux, les douaniers Hiégel et Simon, l'apportèrent, le 23 dans l'après-midi, au colonel Turnier, en lui transmettant les recommandations que nous venons de citer. Le colonel promit de la faire parvenir.

Néanmoins nous le voyons, le 28, négliger de remettre cette dépêche à Flahaut, qu'il envoie porter au maréchal Bazaine la lettre du général Ducrot.

Que conclure de là, sinon qu'il avait déjà la certitude que cette dépêche était parvenue? Nouvelle preuve que le maréchal a été informé, bien plus tôt qu'il ne veut le reconnaître, du mouvement de l'armée de Châlons!

A la réception de la lettre du général Ducrot, il n'était pas possible au commandant en chef de faire croire plus longtemps à son ignorance.

D'après sa déclaration, cette nouvelle le détermina à faire une seconde tentative pour percer les lignes ennemies. Mais il semble que cette détermination fut antérieure à l'arrivée de la dépêche, car dès le 28, dans une tournée qu'il fit sur la route de Sainte-Barbe, le maréchal annonça, pour le 30, son projet de sortie, au général Soleille ainsi qu'au colonel Lewal.

Ne peut-on pas en inférer l'arrivée au quartier général, avant le 29, de communications relatives à la marche du maréchal de Mac-Mahon?

Le 29 août, dans la soirée, l'ordre fut donné aux corps d'avoir à se tenir prêts pour se mettre en mouvement le 30, à midi.

Mais quelques heures plus tard, cet ordre était contremandé. Pourquoi cet ajournement? Le maréchal a assuré que c'était afin de recevoir de Thionville les renseignements qu'il avait demandés touchant la dépêche du général Ducrot. C'était là un scrupule tardif, car il ne l'avait pas empêché d'expédier ses ordres.

L'avis reçu le 20 fut confirmé le lendemain par l'arrivée de la dépêche du maréchal de Mac-Mahon, du 22, venue cette fois par Verdun, d'où le sieur Macherez l'apporta au maréchal Bazaine le 30 août, à dix heures du matin.

Au reçu de la dépêche, le mouvement suspendu est de nouveau ordonné pour le lendemain.

Mais aucune disposition n'est prise pour surprendre ou devancer l'ennemi.

Les ordres donnés la veille, et déjà ébruités, sont la répétition de ceux du 26. L'opération à effectuer est la même. On ne profite pas davantage de la nuit pour dérober les mouvements préparatoires. On n'emmène pas non plus l'équipage de ponts, indispensable cependant, puisqu'une fois sorti de Metz par la rive droite, il faudra traverser de nouveau la Moselle pour se réunir à l'armée de Châlons, et qu'on ne doit rencontrer d'autre point de passage que l'unique pont de Thionville. En un mot, dans les mesures prises, rien qui paraisse dénoter l'intention de pousser l'entreprise à fond.

Rien n'eût empêché d'engager la lutte de bonne heure avec les 2e et

3e corps, qui, campés déjà sur la rive droite, étaient en position avant sept heures du matin. Cela eût permis d'enlever sans difficulté les premiers villages, alors défendus seulement par de faibles détachements. Néanmoins on attendit, avant de commencer le combat, l'entrée en ligne des 4e et 6e corps et de la garde, qui perdirent la plus grande partie de la journée à défiler sur les ponts de la Moselle.

Pendant que nos colonnes arrivaient lentement sur le plateau, où elles recevaient l'ordre de faire le café, les troupes ennemies, réparties sur les points menacés de la ligne d'investissement, prenaient, sans être inquiétées, leurs dispositions de défense ; les autres corps allemands, après s'être concentrés en toute hâte, accouraient pour les renforcer.

Il était deux heures environ quand toute l'armée se trouva massée dans les positions assignées. Bien que chaque minute perdue fût un avantage pour l'ennemi, le maréchal retarde encore le moment de l'attaque.

Après avoir réuni ses lieutenants pour leur donner ses instructions, il s'avance sur la route de Sainte-Barbe, puis, au milieu de l'impatience générale, il envoie chercher au fort Saint-Julien deux lourdes pièces de 24 et s'occupe à diriger la construction d'un épaulement derrière lequel il les place en batterie.

Enfin, à quatre heures, il donne le signal convenu et la lutte s'engage. On sait avec quelle ardeur nos troupes culbutèrent les avant-postes prussiens et s'emparèrent des villages de Noisseville, de Nouilly et de Servigny, bien que depuis la démonstration du 26 ils eussent été organisés pour la défense. A la tombée de la nuit, malgré une résistance opiniâtre, l'armée était de tous côtés victorieuse ; encore un effort et la ligne d'investissement allait être forcée.

A ce moment, le général en chef voulut prendre lui-même part au combat, et, se plaçant avec sa bravoure accoutumée devant un régiment, il marcha quelques instants à sa tête pour le conduire à l'attaque.

Mais l'heure était trop avancée pour permettre de remporter un succès décisif, et, quand l'obscurité fut tout à fait venue, les troupes durent s'arrêter à petite portée de fusil de l'ennemi, qui restait maître du village de Sainte-Barbe, clef de la position.

Le maréchal Bazaine assure que son intention était de ne couronner Sainte-Barbe qu'à la nuit, et il a cité, pour expliquer ce mode d'opérer, un passage du service en campagne : Instructions pour les combats. Ce passage est ainsi conçu :

« Dans toutes les dispositions, notamment dans celles de l'attaque, il faut avoir pour principe de ne dévoiler ses desseins que le plus tard possible et de les mettre à exécution avec la plus grande promptitude. »

Sans vouloir entrer à ce sujet dans une discussion théorique, est-il besoin de vous faire remarquer, messieurs, que ces mots : « le plus tard possible, » ne peuvent s'entendre de l'heure avancée de la journée, mais qu'ils signifient l'instant le plus rapproché de l'action elle-même.

Du reste, le paragraphe cité du service en campagne se continue comme il suit :

« Aussi, il convient généralement de préférer la nuit pour porter ses troupes sur le flanc ou les derrières de l'ennemi. Autrement il serait nécessaire de masquer leur marche par un grand mouvement. »

D'après ce texte on est fondé à croire que le commandant en chef se fût plus fidèlement conformé à l'esprit des dispositions si sages du règlement en massant ses troupes de nuit, et en les jetant, dès le grand matin, sur le point déterminé de la ligne d'investissement.

Le maréchal a déclaré enfin que ce fut malgré ses ordres réitérés que le 4e corps attendit, pour commencer son mouvement offensif que le 3e eût dessiné le sien. Or vous savez, messieurs, que le 4e corps ne fit qu'exécuter les prescriptions du commandant en chef qui s'attachait, comme il l'a reconu lui-même, à retarder autant qu'il le put le moment de l'attaque.

Si donc l'action n'a débuté, le 31 août, qu'à quatre heures de l'après-midi, c'est uniquement parce que le maréchal Bazaine l'a voulu ainsi. Or, à ce moment, l'ennemi probablement informé dès la veille, avait pu à loisir organiser la défense et faire affluer les renforts.

Nous n'avons pas à apprécier ici le mérite des combinaisons adoptées et des mouvements ordonnés par le maréchal, mais nous devons constater que cet ensemble de dispositions devait avoir pour inévitable résultat de diminuer singulièrement les chances de succés.

La nuit venue, le commandant en chef s'était éloigné du champ de bataille sans adresser aucun ordre, sans demander aucun renseignement aux différents corps d'armée, sans faire soutenir les troupes engagées par celles aussi nombreuses qui n'avaient pas eu à combattre. Il s'arrêta au village de Saint-Julien et y passa la nuit.

Pendant que nos troupes restaient ainsi sans instructions, sans soutien, dans les positions conquises dans la soirée, les Prussiens mettaient à profit le temps qui leur avait été si imprudemment laissé. Des renforts considérables accouraient de toutes les directions. Dans la nuit même, une forte colonne attaqua le village de Servigny, et, malgré les efforts du général Aymard, parvint à en déloger nos troupes, laissées en partie sans direction. Au point du jour, l'ennemi prit l'offensive sur toute la ligne pour regagner le terrain dont il avait été chassé la veille.

A ce moment le maréchal adressait aux commandants de corps l'ordre confidentiel que vous connaissez :

« Selon les dispositions que l'ennemi aura pu faire devant vous, nous devons continuer l'opération entreprise hier... Dans le cas contraire, il faudra tenir dans nos positions, s'y fortifier, et ce soir nous reviendrons alors sous Saint-Julien et Queuleu. »

Ainsi, selon les dispositions de l'ennemi, il faudrait ou se porter en avant pour rompre le blocus ou reculer et reprendre les positions autour de la place.

Telles sont les seules instructions du général en chef pour la journée du 1er septembre. A partir de ce moment, il ne donne plus aucun ordre pour l'ensemble des opérations. Ses lieutenants, laissés sans direction, restent seuls chargés d'apprécier la situation et d'y pourvoir. On est confondu en voyant le maréchal abdiquer ainsi ses fonctions pour s'en remettre à l'initiative individuelle des commandants de corps.

Quels étaient donc les devoirs du commandement aux yeux de celui qui se montrait si peu soucieux du résultat à obtenir ?

Les instructions confidentielles du maréchal Bazaine ne témoignaient guère de la ferme volonté de percer les lignes. Les commandants de corps ne s'y trompèrent pas. L'élan des troupes fut ainsi paralysé et dès lors elles se bornèrent à la défensive jusqu'au moment où il leur fit prescrire de regagner leurs campements, mouvement qui s'effectua dans le meilleur ordre.

Est-il besoin de s'arrêter à l'allégation du maréchal, mettant sur le compte du mouvement rétrograde d'une division du 2e corps, l'insuccès de la journée du 1er septembre?

Vous savez, messieurs, que cette division, après avoir reculé de quelques centaines de mètres, reprit sa position dès qu'elle en reçut l'ordre. D'ailleurs, si elle avait plié un moment, il eût été facile de la faire soutenir, puisque cinq divisions d'infanterie, la réserve d'artillerie et celle de la cavalerie ne furent qu'à peine engagées.

En résumé, pas plus que le 26 août, le maréchal n'eut le 1er septembre la pensée bien arrêtée de s'éloigner de Metz pour tendre la main au maréchal de Mac-Mahon. Ce fut donc principalement dans le but de se mettre à l'abri de légitimes reproches encourus par son inaction, que le maréchal Bazaine livra ce combat inutile et sanglant.

Au moment où son armée rentrait frémissante dans les positions qu'elle ne devait plus quitter avant le jour de la capitulation, celle du maréchal de Mac-Mahon, assaillie par les forces trois fois supérieures au milieu desquelles l'avait conduit sa généreuse entreprise, était écrasée à Sedan.

Nous avons vu que c'étaient les renseignements inexacts, les réticences calculées du maréchal Bazaine qui avaient déterminé la marche de l'armée de Châlons. Nous savons que, depuis le 23 août, il était informé de ce mouvement. Enfin, le 26, pouvant croire qu'en raison de sa dépêche du 20, le maréchal de Mac-Mahon se serait arrêté, attendant un nouvel avis, il lui avait écrit pour l'inviter à pousser en avant et lui assurer son concours.

D'autre part, nous avons constaté qu'après avoir déterminé cette opération hasardeuse, qui ne pouvait réussir qu'à la condition d'une action combinée prompte et énergique, le commandant en chef était demeuré dans l'inaction, recourant au subterfuge pour obtenir l'assentiment de ses lieutenants; et qu'abandonnant ainsi le maréchal de Mac-Mahon à ses propres forces, il l'avait laissé écraser sans secours!

Si le conseil d'enquête, qui ignorait en grande partie des détails mis en lumière par l'instruction et les débats, n'a pas hésité à déclarer que le maréchal Bazaine était en partie responsable du désastre de Sedan, nous sommes bien autrement autorisés à porter la même conclusion!

Ce n'est pas, il est vrai, pour la capitulation de Sedan que le maréchal est en cause. Mais sa conduite, en tant que commandant de l'armée du Rhin, vous appartient tout entière.

C'est pourquoi, après l'examen scrupuleux auquel nous venons de nous livrer, nous venons vous demander si, dans sa conduite vis-à-vis de l'armée de Châlons, le maréchal Bazaine n'a pas manqué gravement à ce qu'exigeaient de lui le devoir et l'honneur?

Lors du retour de l'armée sous Metz, la situation des vivres était devenue déjà assez critique pour motiver les sérieuses préoccupations du commandant en chef. Le relevé établi par l'administration militaire indiquait, en effet, qu'il ne restait de pain à l'armée que pour un mois; la viande de boucherie faisait presque complétement défaut; il allait bientôt en être de même du sel et des fourrages.

Il fallut immédiatement commencer à abattre les chevaux pour nourrir les hommes.

La lecture du réquisitoire continue.

Troisième complément de l'audience du 4 décembre

PRÉSIDENCE DE M. LE DUC D'AUMALE

Suite du réquisitoire

M. le commissaire du gouvernement, général Pourcet, continue en ces termes la lecture de son réquisitoire :

Cet état de choses, dont le maréchal était journellement tenu au courant, aurait dû suffire pour le déterminer à s'éloigner à tout prix de Metz, dont la présence de l'armée devait inévitablement hâter la chute. Puisqu'il ne s'était pas arrêté à ce parti salutaire, cherchera-t-il du moins à retarder cette fatale échéance en s'appliquant à augmenter ou à économiser les approvisionnements?

Nous avons vu que, depuis le 18 août, aucune mesure n'avait été prise pour remédier à l'insuffisance des premiers préparatifs. Si le maréchal a pu chercher à expliquer cette inconcevable insouciance sous le prétexte, inacceptable d'ailleurs, qu'il croyait quitter la place d'un jour à l'autre, une semblable excuse ne pouvait plus être invoquée après le 1er septembre, car il savait que son séjour serait désormais d'assez longue durée.

Néanmoins, près de quinze jours encore s'écoulèrent sans que le commandant en chef songeât à prendre aucune disposition pour diminuer la consommation ou pour réunir les ressources dont regorgeait, au début du blocus, la contrée environnante.

Depuis le jour où le maréchal Bazaine fut placé à la tête de l'armée, il semble qu'il ne se soit pas un seul instant préoccupé des obligations que lui imposait le commandement suprême. Il n'est peut être pas un point, non-seulement de la règle écrite, mais aussi de nos traditions militaires, que le maréchal n'ait transgressé plus ou moins ostensiblement. Si grande que soit l'autorité du commandant en chef, le meilleur usage qu'il en puisse faire sera toujours d'assurer la rigoureuse observation des règlements, lesquels s'imposent également à tous les degrés de la hiérarchie. Là seulement se trouve l'accomplissement de son devoir et la sauvegarde de sa responsabilité personnelle.

Toutefois, ce mépris des principes élémentaires ne fut jamais aussi flagrant ni aussi funeste qu'à propos de cette question si importante des subsistances.

Contrairement aux décisions arrêtées dans la conférence du 26 août, aucune entreprise, résultant d'un plan d'ensemble, ne fut ordonnée par le maréchal. Les opérations, dont il fut question à la réunion du 12 septembre, ne furent exécutées que partiellement et seulement dans les derniers jours du mois.

Dirigées sur Magny-Lauvallier, Peltre, Merey, Colombey, les Maxes, elles demeurèrent à peu près stériles, bien qu'à chaque fois les troupes se soient emparées des positions.

En faisant preuve d'une grande vigueur, ce résultat négatif était inévitable, tant en raison du retard mis à exécuter ses opérations, que par suite des dispositions défectueuses chaque fois adoptées. En effet, à ce moment, les approvisionnements considérables que contenaient ces villages avaient été en grande partie consommés ou enlevés par les Allemands.

D'autre part, les corps, agissant isolément et devant abandonner chaque soir les positions conquises dans la journée, n'enlevèrent les denrées que d'une manière très-incomplète.

Enfin l'ennemi, parfaitement au courant de la pénurie où se trouvait l'armée française, peu scrupuleux, d'ailleurs, sur le choix des moyens pour arriver à ses fins, ne manqua jamais d'incendier le soir même les localités d'où il avait été momentanément expulsé, voulant ainsi éviter toute tentative nouvelle.

Un semblable système de petites opérations partielles, tardivement exécutées, sans plan d'ensemble, sans développement suffisant, ne pouvait avoir de résultat utile. C'est en vain que le maréchal a attribué leur insuccès au défaut d'initiative des commandants de corps auxquels, dit-il, il s'en était remis.

Une telle assertion doit être relevée, comme l'a fait avec une haute autorité M. le maréchal, présidant le conseil d'enquête, en rappelant que c'est le commandement qui fait l'obéissance. Elle n'eût jamais pu s'appliquer à une armée française placée sous les ordres d'un chef énergique et résolu à faire son devoir.

Les commandants de corps sont unanimes à déclarer que, toutes les fois qu'un ordre précis leur a été notifié, il a été ponctuellement exécuté, et l'examen des registres de correspondance du maréchal vient confirmer leur témoignage. Nous y voyons, en effet, que les opérations à accomplir leur étaient plutôt indiquées comme devant être étudiées que formellement ordonnées.

Si certaines de ces opérations ont été ajournées par lui sur les observations de ses lieutenants, c'est de lui-même qu'il a renoncé à d'autres, et cela sans motif bien sérieux.

Du reste, l'initiative des généraux n'était-elle pas subordonnée à une entente préalable et à un appui réciproque, que le commandant en chef pouvait seul ordonner?

Comment pourrait-il donc leur imputer les conséquences de sa désertion volontaire des devoirs du commandement?

D'ailleurs, ce n'est pas à ces démonstrations insignifiantes, bonnes tout au plus pour une simple garnison, que pouvait se réduire la tâche de l'armée du Rhin.

Ce n'est pas à un ou deux kilomètres, avec une division ou deux, que ces sorties devaient être tentées. Si, profitant de ce que le camp retranché était inexpugnable, de vive force, le maréchal, y laissant les malingres, les parcs, les convois, tous les impedimenta, en un mot, se fût jeté à l'improviste avec toutes ses troupes disponibles, tantôt contre un point de la ligne, tantôt contre un autre, il eût certainement enfoncé l'ennemi et obtenu ainsi un tout autre résultat.

Tel était le véritable rôle du camp retranché de Metz; il n'était nullement destiné à recevoir une armée d'une manière permanente, mais uniquement à lui servir de centre de ravitaillement, de point d'appui et de pivot de manœuvres.

Tel est, en général, vous le savez, messieurs, l'utilité des grands camps retranchés. Si l'on doit en attendre de grands avantages, c'est à la condition de ne pas y laisser une armée dans l'inaction et de ne les considérer que comme des abris passagers où les troupes peuvent en sécurité se refaire après de longues fatigues et se préparer à de nouvelles opérations actives. Agir autrement, c'est méconnaître de la manière la plus dangereuse le but de leur création.

Le maréchal a allégué que les troupes, étant réparties sur les deux rives de la Moselle, ne se trouvaient pas, au point de vue tactique, dans une position centrale, l'ennemi occupant les positions culminantes. Il n'était pas possible, a-t-il dit, de le surprendre sur un point et de l'accabler avec des forces supérieures, dans la situation topographique de Metz et de son camp retranché.

Comment! lorsque les sommets environnant la place étaient couronnés par les forts de Saint-Quentin, de Plappeville, de Saint-Julien et de Queuleu, lorsque le maréchal disposait de cinq ponts sur la Moselle et que rien n'empêchait d'augmenter ce nombre, lorsque deux lieues à peine séparaient les corps les plus éloignés l'un de l'autre, lorsqu'il suffisait, par conséquent, de quelques heures de nuit pour concentrer l'armée tout entière sur un point quelconque du cercle des avant-postes, lorsqu'enfin l'armée allemande occupait un développement de quarante-deux kilomètres, comment, disons-nous, peut-on admettre que, dans ces conditions, ils n'eût pas été possible, facile même, de surprendre l'ennemi et de le battre?

Sans donc nous arrêter à cette allégation du maréchal, non plus qu'aux excuses qu'il tire du mauvais temps, du grand nombre de blessés, etc., etc., toutes raisons sans valeur devant la nécessité suprême de sauver l'armée, nous arrivons au dernier motif invoqué par lui pour justifier sa longue inaction.

A l'instruction, le maréchal s'est exprimé en ces termes :

« Rien ne faisait prévoir qu'un armistice ou un traité de paix ne serait pas intervenu avant que nous soyons réduits à la dernière extrémité. Et j'ai toujours pensé que la conservation de la place de Metz faciliterait les négociations et sauvegarderait la Lorraine. »

Le secret de la conduite du maréchal et l'explication de sa longue immobilité sont tout entiers dans cet aveu. Le maréchal a pensé, après le désastre de Sedan, que la France, désormais sans armée, serait hors d'état de continuer la lutte, et que, dans un avenir nécessairement très-rapproché, la guerre finirait faute de combattants. A l'abri de toute atteinte dans l'intérieur de son camp retranché, il n'avait qu'à attendre sans risque et sans effort la solution inévitable qu'amèneraient la force des choses et le cours naturel des événements.

Ces prévisions ne se trouvèrent pas justifiées grâce à la résistance de Paris et aux efforts énergiques du patriotisme national, mais l'ordre d'idée dans lequel se plaçait le maréchal l'entraîna à une série d'actes ayant pour but d'amener l'armée à partager sa conviction, en justifiant en même temps sa conduite aux yeux de ses soldats.

L'accusation doit relever ces actes, car, en propageant l'opinion que la guerre était désormais impossible et que la paix allait être fatalement conclue, le commandant en chef ne pouvait qu'amener le découragement parmi les troupes et les dégoûter de nouveaux combats.

Nous verrons plus tard l'action que le maréchal exerça dans un but analogue sur la presse de Metz. Pour le moment nous rappellerons l'incident relatif au rapport adressé au maréchal, le 13 septembre, par M. Debains, dans les circonstances connues du Conseil.

A cette date, toute l'armée connaissait le désastre de Sedan et la chute du gouvernement impérial. Ces nouvelles avaient été la veille le sujet d'une communication spéciale du maréchal aux commandants de corps d'armée et aux généraux de division réunis au Ban-Saint-Martin.

La situation inouïe résultant pour le pays de cette double catastrophe était-elle encore aggravée par les complications que les officiers et les journaux allemands s'étaient plu à énumérer? La note de M. Debains, résumant la substance de ses conversations et de ses lectures pendant son séjour aux avant-postes ennemis, le démontre clairement.

Eh bien! sans prendre garde à l'origine suspecte de ces renseignements, sans se demander s'ils ne pouvaient contenir quelques assertions mensongères ou tout au moins exagérées par les haines nationales, le maréchal s'empresse de transmettre le rapport de M. Debains au général Jarras, avec ordre d'en faire rédiger des copies pour chacun es commandants de corps d'armée.

Vous savez, messieurs, qu'aussitôt qu'il en fut informé, M. Debains crut devoir protester auprès du commandant en chef contre l'usage qui avait été fait de son rapport.

Vous savez aussi l'impression pénible que produisit l'ordre du maréchal sur les officiers chargés de l'exécuter.

Il fallut leurs représentations pour le déterminer à revenir en partie sur ses prescriptions. Il décida alors que la conclusion du rapport serait supprimée et qu'il serait seulement donné lecture du reste aux commandants de corps, sans qu'il leur en soit laissé copie.

Certes, nous croyons qu'en leur communiquant ce document, le maréchal n'avait pas à redouter d'affaiblir leur moral! Mais ce qu'il devait craindre, c'était que les nouvelles décourageantes contenues dans cette pièce ne vinssent à s'ébruiter par suite d'indiscrétions qui eussent été inévitables si ses premiers ordres avaient été exécutés.

Il est étrange, assurément, que de simples officiers fussent obligés de l'éclairer sur les conséquences et la portée de ses actes!

Du reste, nous ne voyons pas quel grand intérêt il pouvait y avoir, au moment où les généraux venaient d'être officiellement instruits de la situation du pays, à leur faire connaître les bruits affligeants dont la presse allemande se faisait l'écho.

En remarquant qu'il n'y eut jamais aucune communication de cette espèce pour instruire l'armée des récits rassurants des journaux français, nous nous demandons si le maréchal a jamais eu le désir de relever le moral de ses soldats!

Ce n'est pas là, il s'en faut, le seul indice de la manière dont il comprenait ses devoirs à ce sujet.

Le même jour, 13 septembre, des officiers du 12e bataillon de chasseurs apprenaient de sa bouche même une partie des tristes nouvelles rapportées par M. Debains.

Après une visite au fort Saint-Privat, le maréchal, causant avec le commandant Jouanne-Beaulieu qu'il voyait pour la première fois, lui dit que l'on avait entrepris la guerre sans être prêt; qu'il n'y avait pas de biscuit; que la partie était perdue pour cette fois; qu'il venait de recevoir la nouvelle de la capitulation de Strasbourg; que l'ennemi dirigeait sur Metz l'artillerie de siége qui avait servi contre cette place; que bientôt ce serait le tour de l'armée du Rhin; qu'il y avait lieu de craindre les suites d'un bombardement dans une ville comme Metz, déjà encombrée de blessés et qui allait devenir une véritable nécropole.

Cette conversation avait été tenue assez haut pour être entendue par l'adjudant-major qui suivait.

Ainsi, ce n'est pas assez pour le maréchal d'avoir communiqué le rapport Debains aux principaux chefs de l'armée, il s'en fait personnellement l'éditeur responsable, il va lui-même propager des nouvelles fâcheuses, fausses même, comme celle de la prise de Strasbourg, et ne craint pas de dire hautement que la partie est perdue.

Le maréchal pouvait-il se méprendre sur les conséquences de telles communications, colportées dans les camps et commentées de mille manières ? Agir comme il le faisait, n'était-ce pas répandre le découragement dans l'armée et détruire dans l'esprit de tous jusqu'à la pensée de continuer la lutte ?

L'accusation signale dans ces communications un manquement grave au devoir militaire, accompli en violation flagrante de l'art. 255 du décret du 13 octobre 1863, qui prescrit au commandant supérieur de rester sourd aux nouvelles répandues par l'ennemi.

Le maréchal a prétexté, pour sa justification, « qu'il y a une différence à établir entre un simple commandant de place renfermé dans ses murs, exerçant son pouvoir en temps régulier, et un chef d'armée ignorant les événements amenés par un bouleversement politique et ayant sous ses ordres des personnages considérables, presque ses égaux.

Il a cru devoir insister à plusieurs reprises sur cette considération.

La distinction que le maréchal veut établir entre le commandant d'une place et le chef d'une armée est plus spécieuse que réelle. Le temps de guerre n'est point un temps régulier pour aucun de ceux qui, à un titre quelconque, exercent le commandement. Dans une place bloquée ou assiégée, le commandant se trouve nécessairement dans une ignorance plus ou moins complète des événements extérieurs.

Le maréchal Bazaine, investi sous Metz avec toute son armée, était à cet égard dans une situation absolument identique à celle qu'aurait eu à subir un simple commandant de place.

L'importance du commandement, ainsi que l'élévation hiérarchique des subordonnés, loin d'autoriser une dérogation quelconque aux prescriptions du règlement, sont au contraire des motifs plus puissants encore de s'y renfermer rigoureusement, car la violation de l'article 255 est bien autrement grave et dangereuse, alors que ses effets peuvent s'étendre à une armée tout entière, au lieu d'être restreints à une simple garnison.

Le maréchal a prétendu aussi qu'il devait compter sur la discrétion des officiers d'état-major, et que, dans la situation où l'on se trouvait, il croyait utile de ne rien laisser ignorer, afin d'éviter les commentaires.

Si j'ai fait, a-t-il dit, cette communication, c'est par un sentiment de loyauté vis-à-vis de mes compagnons d'armes, d'autant plus que les nouvelles recueillies par M. Debains ne pouvaient être taxées comme venant des troupes ennemies, puisqu'elles avaient été recueillies sur des journaux venant d'Allemagne, et bien certainement de correspondants de France.

Toutes ces observations sont d'une casuistique par trop subtile. Que M. Debains ait pris les éléments de son rapport dans ses conversations avec les officiers ou dans la lecture des journaux allemands, cela importe peu. Ce qu'il y a de certain, c'est qu'une partie au moins de ces nouvelles, celle de la prise de Strasbourg, par exemple, étaient fausses. D'ailleurs, nouvelles et renseignements provenant directement et uniquement de l'ennemi, il n'est pas nécessaire d'insister là-dessus.

Si le maréchal, malgré l'interdiction formelle du règlement, pensait ne pouvoir se dispenser d'instruire ses lieutenants de tout ce qui parvenait à sa connaissance, que n'a-t-il obéi aux mêmes scrupules dans les réunions où il leur demanda leur avis, au lieu de leur dissimuler, comme il l'a fait dans chacune d'elles, les renseignements qu'il possédait seul et qui leur étaient indispensables pour fixer leur opinion ?

C'est à tort que le maréchal a pensé que les événements politiques lui avaient créé une situation tout à fait à part, en vertu de laquelle il se trouvait en quelque sorte affranchi des règles ordinaires du commandement. Ce fut là sa plus grande erreur, et, disons-le hautement, avec une conviction profonde. Quelles qu'eussent été ses fautes militaires, le maréchal n'aurait point aujourd'hui à répondre de sa conduite, s'il se fût montré constamment chef loyal et consciencieux, et si, dominé par les calculs d'une ambition égoïste et mesquine, il n'eût sacrifié l'action à l'intrigue et troqué l'épée du général contre la plume du diplomate.

Les nouvelles communiquées par le maréchal, comme nous venons de le dire, les 12 et 13 septembre, n'étaient pas venues à sa connaissance par les seuls rapports du commandant Samuel et de M. Debains. Il les avait apprises d'abord par le capitaine Lejoindre qui, rentré de captivité en vertu d'un cartel d'échange, avait été amené au Ban-Saint-Martin par le général Castagny, dans la journée du 10 septembre, et qui avait fait au maréchal un récit détaillé de ce qu'il avait lu dans les journaux français, sur le désastre de Sedan et la révolution du 4 septembre.

Le récit du capitaine Lejoindre avait été confirmé à l'arrivée du brigadier Pennetier. Ce militaire, échappé de Sedan, avait réussi à pénétrer dans Metz le 14 septembre, et apportait au maréchal, de la part de M. André, maire d'Ars-sur-Moselle, trois ou quatre journaux français et une copie de la circulaire de M. Jules Favre, se terminant par ces mots : Pas un pouce de notre territoire, pas une pierre de nos forteresses.

A l'aide de ces divers éléments d'information, qui se contrôlaient les uns les autres, il semble que le maréchal devait se trouver suffisamment renseigné sur les douloureux événements qui venaient de s'accomplir. La lettre, adressée le 16 septembre au prince Frédéric-Charles, sous prétexte de lui demander des renseignements, n'avait donc pas de raisons d'être, puisque le maréchal connaissait à cet égard tout ce qu'il lui importait de savoir.

S'il a agi ainsi, c'est, à ce qu'il déclare, parce qu'il voulait être fixé « sur la portée des événements et sur la manière dont ils avaient été appréciés par l'autorité allemande. »

Ainsi donc, c'était une pensée toute politique qui avait inspiré le maréchal dans cette circonstance. Pour risquer cette démarche irrégulière et compromettante, il fallait apparamment qu'il attachât une grande importance à tâter le terrain, à sonder les intentions de l'ennemi, et à provoquer de sa part des ouvertures que les conséquences probables de la situation laissaient aisément pressentir. A ce moment, l'armée de Metz, était, en effet, la seule force organisée qui restât au pays. Le gouvernement du 4 septembre, quelle que pût être l'énergie de ses résolutions, se trouvait à peu près désarmé en face des trois cents mille Allemands marchant sur Paris.

La résistance devait dès lors paraître matériellement impossible, et l'on pouvait croire que des négociations en vue de la paix ne tarderaient pas à se produire. Dans cette éventualité, le commandant en chef de l'armée du Rhin se crut, sans doute, en droit d'intervenir, jugeant avec raison, du reste, que son intervention serait prépondérante sinon décisive.

La conduite ultérieure du maréchal nous autorise à croire que telles furent les préoccupations sous l'empire desquelles il se détermina à écrire au général en chef ennemi pour lui demander des renseignements sur des faits qu'il connaissait parfaitement. Quoi qu'il en soit, la minute de cette lettre du 16 septembre n'existe pas au dossier; elle a disparu avec la majeure partie de la correspondance échangée entre les deux commandants d'armée.

Le maréchal a déclaré que cette minute devait se trouver au nombre des pièces brûlées, à son insu, par ordre du général Boyer. On comprendrait difficilement que l'aide de camp du commandant en chef se soit permis de faire détruire, de sa propre autorité, des documents de si haute importance dont il était dépositaire, et il affirmé du reste devant vous n'avoir jamais conservé par devers lui aucune partie de cette correspondance.

Le prince Frédéric-Charles n'interpréta pas la démarche du maréchal dans le sens d'une simple demande de renseignements. Il comprit que le commandant en chef de l'armée française était alors plus disposé à négocier qu'à combattre Nous en trouvons la preuve dans l'empressement avec lequel le prince, après avoir fourni les renseignemenis demandés, se déclara prêt et autorisé à faire toutes les communications que le maréchal pourrait désirer.

Dans tous les cas, le maréchal Bazaine venait de faire le premier pas dans la voie dangereuse de ses communications avec l'ennemi, qui allaient quelques jours plus tard prendre un caractère si funeste.

Le jour même où il écrivait au prince Frédéric Charles, et avant même d'avoir reçu sa réponse, ce qui suffirait à démontrer qu'il n'en avait pas besoin, le commandant en chef adressait à l'armée l'ordre général n° 9, qui lui annonçait officiellement le désastre de Sedan et les événements du 4 septembre.

Dans cet ordre, il ne parlait ni de l'empereur, ni de son gouvernement, et il se bornait à rappeler, en termes élevés, auxquels nous nous associons pleinement, que les événements survenus ne changeaient en rien les devoirs de l'armée envers le pays, devoirs indépendants de la forme de gouvernement.

Nous verrons plus loin si le maréchal se montra fidèle à cette noble déclaration. Constatons pour le moment que cet ordre de jour était la reconnaissance officielle du gouvernement de fait qui venait de succéder au régime impérial.

La révolution se trouvant accomplie, et quelles que fussent les légitimes réserves que pouvaient faire naître l'origine irrégulière et violente du nouveau pouvoir, le seul devoir de l'armée en présence de la France envahie, était, disons-le bien haut, de le seconder loyalement dans ses efforts pour repousser l'ennemi, et se consacrer exclusivement à cette tâche sacrée.

C'est en vain que voulant chercher à justifier les manœuvres auxquelles il se livra plus tard en vue d'une restauration impériale, le maréchal Bazaine s'est efforcé de contester les conséquences de sa proclamation du 16 septembre. C'est en vain qu'il prétend n'avoir jamais reconnu d'autre gouvernement que celui de l'empire!

Ses protestations tardives ne sauraient retirer à l'ordre général n° 9 le caractère d'une reconnaissance explicite du gouvernement de la Défense nationale.

Du reste, si le maréchal veut attribuer cet ordre du jour uniquement à son désir d'instruire l'armée des graves modifications politiques qui venaient de se produire, nous ne pensons pas qu'il puisse expliquer de la même manière la communication qu'il fit à la presse de Metz de la proclamation de M. Jules Favre, qui contenait ces mots : « La population de Paris n'a pas voulu périr avec le pouvoir criminel qui conduisait la France à sa perte.

« Elle n'a pas prononcé la déchéance de Napoléon III, elle l'a enregistrée au nom du droit, de la justice et du salut public, etc. »

Était-ce donc faire acte de sujet fidèle et respectueux que de propager un document qui s'exprimait en termes si injurieux pour le régime renversé le 4 septembre ?

Vers ce moment, le maréchal, invitant le gouverneur de Metz à surveiller la presse locale et à réprimer chez certains journaux de fâcheuses violences de langage, lui écrivait à la date du 14 :

« Il n'est jamais permis de laisser insulter le malheur et ridiculiser aux yeux de nos soldats ceux auxquels nous obéissions naguère. »

En s'exprimant ainsi, le commandant en chef était incontestablement le fidèle interprète des sentiments de l'armée, à laquelle il répugne toujours d'outrager l'infortune ; mais ces paroles indiquaient en même temps, avec une grande netteté qu'à ses yeux, le gouvernement impérial n'était plus qu'un gouvernement déchu.

Enfin, l'ordre donné par lui, le 15 septembre, de supprimer sur les lettres de nomination d'officiers et sur les brevets de la Légion d'honneur les fleurons aux armes impériales, ainsi que l'en-tête au nom de l'empereur, achèvent de montrer les sentiments qui animaient le maréchal, lorsqu'il faisait paraître son ordre du jour du 16 septembre.

Ces sentiments, toutefois, durèrent peu. Deux ou trois jours après la suppression des emblèmes impériaux, ordre était donné de les rétablir et les événements que nous verrons se dérouler depuis lors témoignent que le maréchal revint promptement à une manière de voir bien différente.

D'où provenait ce revirement ?

Pour s'en rendre compte, il faut se rappeler qu'après Sedan l'armée ennemie n'avait plus trouvé de résistance, et qu'elle s'avançait sans obstacles jusque sous les murs de Paris.

Le gouvernement prussien hésitait à entreprendre une opération aussi colossale que celle du siége de cette capitale. Il eût de beaucoup préféré conclure immédiatement la paix, pourvu que les avantages qu'il se croyait en droit d'exiger lui fussent dûment garantis.

Dans ce but, après avoir essayé en vain de traiter avec l'empereur, prisonnier, M. de Bismark accueillit à Ferrières les ouvertures du gouvernement de la Défense nationale.

Mais, en même temps, il n'oubliait pas que l'accession de la seule force militaire de la France était indispensable pour assurer l'exécution des stipulations à intervenir. Pour éviter toute difficulté de la part de l'armée du Rhin, le plus sûr était de traiter avec son commandant en chef lui-même.

Tel fut du moins l'avis du gouvernement prussien.

La lecture du réquisitoire continue

Quatrième complément de l'audience du 4 décembre

PRÉSIDENCE DE M. LE DUC D'AUMALE

Suite du Réquisitoire

Monsieur le général Pourcet continue la lecture de son réquisitoire.

La première démarche dans ce but (d'arriver à traiter avec le commandant de l'armée du Rhin lui-même) est marquée par l'insertion dans un journal de Reims d'un communiqué officiel de l'autorité supérieure dans cette ville, où résidait le gouverneur général des départements envahis.

Ce communiqué, dont nous ne croyons pas nécessaire de reproduire ici le texte entier, se terminait comme il suit :

« Les gouvernements allemands, dont le but n'est pas la guerre, ne refuseraient pas de conclure la paix avec la France, si elle était sérieusement demandée par le pays.

« Dans ce cas, il s'agirait seulement de savoir avec qui on peut la conclure.

« Les gouvernements allemands pourraient entrer en négociations avec l'empereur Napoléon, dont le gouvernement est jusqu'à présent le seul reconnu, ou avec la régence instituée par lui. Ils pourraient également traiter avec le maréchal Bazaine, qui tient son commandementde l'empereur. Mais il est impossible, de comprendre de quel droit les gouvernements pourraient négocier avec un pouvoir qui ne représente jusqu'ici qu'une partie de la gauche de l'ancien Corps législatif. »

Ainsi, d'après ce document officiel, l'Allemagne ne voulait traiter qu'avec l'empereur, l'impératrice régente ou le maréchal Bazaine; mais l'empereur prisonnier s'était déjà déclaré inhabile, en raison de sa situation, à entrer en négociations.

Restaient l'impératrice et le maréchal Bazaine. A vrai dire, aucun des deux ne pouvait traiter sans l'autre, puisque, si la régente était seule dépositaire du pouvoir, son autorité ne pouvait être reconnue que par le concours de l'armée du Rhin.

Le maréchal Bazaine se trouvant ainsi être le pivot, pour ainsi dire, de la combinaison conçue par la diplomatie allemande, les intentions manifestées dans le communiqué de Reims ne pouvaient manquer d'être promptement portées à sa connaissance.

Si on s'en rapporte à un passage de la déposition du sieur Régnier à l'instruction, on pourrait même croire que le commandant en chef provoqua des ouvertures à ce sujet.

Régnier déclare, en effet, avoir vu dans les papiers que lui montra le maréchal deux lettres qui avaient été adressées au prince Frédéric-Charles.

Dans la seconde, le maréchal signalait deux articles de journaux, l'un belge, annonçant que M. Jules Favre traitait d'un armistice ; l'autre allemand, déclarant que le gouvernement royal ne reconnaissait d'autre pouvoir que celui de l'empire. Il demandait au prince quelle était celle des deux versions à laquelle il fallait croire.

L'instruction a retrouvé, il est vrai, la trace de dépêches adressées comme de parlementaires reçus à cette époque au quartier général du maréchal Bazaine.

Ces communications avaient-elles pour but d'instruire des dispositions politiques les gouvernements allemands? Le profond mystère qui couvre toutes les relations si fréquentes entre les deux commandants en chef ne permet pas de rien préciser à ce sujet; et le maréchal déclare qu'il n'eut connaissance du communiqué de Reims que le 21 septembre, par M. Valdéjo.

Mais il résulte de la déposition de M. Debains que ce fut vers le 16 que ce communiqué arriva à Metz.

A partir de cette époque, l'attitude du commandant en chef se modifie complétement.

Oubliant qu'il avait reconnu le gouvernement de la Défense nationale, nous allons le voir revenir à l'Empire, après l'avoir abandonné tout d'abord.

Avant d'entamer l'exposé des négociations engagées par le maréchal Bazaine, vous trouverez bon, messieurs, que nous rappelions sommairement quels furent ses moyens de communication avec le général en chef ennemi.

Pendant les premiers temps du blocus, les parlementaires se présentaient indistinctement par toutes les routes. Mais, à partir du 11 septembre, le prince Frédéric-Charles décida que ce service se ferait exclusivement par la route de Moulins à Ars, qui reliait directement les deux quartiers généraux.

A partir de ce moment, il s'établit entre les deux chefs d'armée une correspondance suivie. A de très-courts intervalles, des parlementaires prussiens se présentaient aux avant-postes français.

Nous n'avons pas besoin, messieurs, de vous dire quelles sont les dispositions que prescrivent les règlements à l'endroit des parlementaires. Permettez-nous cependant de les citer ici, afin que nul ne puisse se méprendre sur leur sens et sur leur portée :

Les trompettes et les parlementaires de l'ennemi, dit l'ordonnance sur le service des armées en campagne, ne dépassent jamais les premières sentinelles. Ils sont tournés du côté opposé au poste et à l'armée; on leur bande les yeux, s'il en est besoin. Un sous-officier reste avec eux pour exiger que ces dispositions soient observées; pour tâcher de tromper leur curiosité par des réponses adroites, et prévenir l'indiscrétion des sentinelles. Le commandant de la grand'garde donne reçu des dépêches, et les expédie immédiatement au général de la brigade; il congédie sur-le-champ le parlementaire. »

Le règlement sur le service dans les places contient, en outre, cette disposition :

« S'il est indispensable que le parlementaire confère avec le commandant de place, il est, avec l'autorisation de ce dernier, conduit près de lui, les yeux bandés. Il est ensuite reconduit aux avant-postes avec les mêmes précautions. »

La fermeté et la vigilance bien connues du général qui commandait cette partie des lignes sont pour nous un sûr garant que ces prescriptions eussent été ponctuellement exécutées, si le commandant en chef n'avait réglé lui-même ce point particulier, en se faisant adresser, sans qu'il soit besoin de lui en référer au préalable, les parlementaires qui demandaient à lui parler, et qui, s'il faut l'en croire, ne venaient que pour les motifs les plus futiles.

Ajoutons que, par suite d'une autre irrégularité fâcheuse, ces parlementaires eurent quelquefois des conférences particulières avec le commandant des avant-postes, officier démissionnaire, nommé par le maréchal Bazaine au commandement d'une compagnie de francs-tireurs. Il était aussi chargé de conduire en voiture ces parlementaires au Ban-Saint-Martin. Il eût été, ce me semble, préférable d'affecter à ce service un officier de l'armée, plutôt qu'une personne qui ne remplissait peut-être pas les conditions requises pour cette mission de confiance.

Interrogé sur les motifs de ces visites, le maréchal ne s'est pas souvenu de la plupart d'entre elles et n'a pu fournir sur les autres que des indications peu satisfaisantes. Il en a été de même pour les nombreuses lettres reçues du prince Frédéric-Charles.

Quant à celles envoyées, comme elles n'étaient pas enregistrées, il n'en a pas été non plus conservé traces.

En présence des témoignages nombreux et précis qui ne peuvent laisser aucun doute sur la fréquence de ces communications, soit verbales, soit écrites, vous regretterez comme nous, messieurs, l'obscurité faite comme à dessein à leur sujet, obscurité qui laisse, il faut bien le reconnaître, le champ ouvert à toutes les hypothèses !

S'il faut en croire de nombreux témoins, là ne se seraient pas bornées, du reste, les relations du commandant en chef avec l'ennemi. Il aurait eu, en outre, des rapports directs et personnels avec le quartier général prussien.

Toutefois, nous ne nous croyons pas, quant à nous, munis de preuves suffisantes pour nous prononcer avec pleine conviction sur une imputation aussi grave, et nous nous en rapportons à votre conscience, messieurs, pour apprécier la valeur de ces témoignages ainsi que les charges qu'ils peuvent faire peser sur le maréchal Bazaine.

Les communications échangées par le commandant en chef avec l'ennemi avaient débuté par des ouvertures destinées, dans la pensée de chacune des parties, à sonder les dispositions de l'adversaire.

Mais ces communications changèrent de caractère, et se transformèrent bientôt en pourparlers effectifs.

C'est un personnage totalement inconnu, mystérieusement introduit au quartier général du Ban-Saint-Martin, dans l'après-midi du 23 septembre, qui fut l'agent de cette transformation en servant d'intermédiaire entre M. de Bismark et le maréchal Bazaine.

Nous n'entendons pas faire ici le récit détaillé des démarches du sieur Régnier.

Un examen approfondi, que nous interdit l'action judiciaire dont il est l'objet, pourrait seul permettre de décider s'il faut voir en lui un agent de l'ennemi ou simplement un esprit faible et vaniteux qui fut l'instrument inconscient d'une volonté étrangère.

Quoi qu'il en soit, nous croyons devoir ne nous attacher qu'à ceux de ces dires qui se trouvent confirmés par d'autres témoignages ou par des preuves irrécusables.

Régnier arrive au quartier général; suivant sa déposition et celle du capitaine Garcin, il s'y fait annoncer comme l'envoyé d'Hastings. Sur ces mots, il est aussitôt introduit auprès du maréchal, lequel déclare qu'après lui avoir indiqué ses plans pour la restauration de l'empire, Régnier lui exposa, séance tenante, son dessein de faire sortir l'un des commandants de corps pour le conduire auprès de l'impératrice.

D'après Régnier, au contraire, cette demande n'aurait été faite par lui que le lendemain. Quoi qu'il en soit, elle fut, comme on sait, favorablement accueillie.

En second lieu, Régnier ayant fait connaître au maréchal les vues de M. de Bismark pour le rétablissement de la paix, lui demanda à quelles conditions il consentirait à traiter pour l'armée sous ses ordres.

C'est en vain que le maréchal a essayé depuis d'atténuer le sens et la portée de sa réponse.

Nous lisons dans la déposition du général Bourbaki la déclaration suivante renouvelée aux débats et qui confirme pleinement le dire de Régnier :

« Le maréchal dit au sieur Régnier de faire savoir au prince qu'il demandait que l'armée sortît avec les honneurs de la guerre sans traiter pour Metz, qui resterait indépendant de l'armée, et que le maréchal Bazaine se retirerait avec son armée pour prendre en France une position neutre jusqu'à la paix. »

Telles étaient les paroles que, le 24 septembre, Régnier était chargé d'aller porter au quartier général ennemi au nom du commandant en chef de l'armée française!

Enfin le maréchal, voulant hâter la solution, lui fit remarquer que, de paralysée qu'elle était, l'armée, par la force des choses, aurait bientôt cessé d'exister, et il lui indiqua le 18 octobre comme le dernier terme auquel il pût arriver.

Il ne saurait nier cette confidence. D'après la dernière situation reçue, le 18 octobre était bien la date à laquelle les vivres seraient épuisés.

Une fois sorti de Metz, et bien avant la capitulation, Régnier fit connaître cette date au commandant Lamey; enfin il la produisit dans sa brochure publiée aussitôt après les événements.

Ajoutons que certaines dépositions produites devant vous tendraient à faire croire que cette échéance du 18 octobre était, dès la fin de septembre, parvenue à la connaissance de l'ennemi, même à Strasbourg.

Quoi qu'il en soit, Régnier qui, pendant son séjour dans les lignes françaises, n'eut aucune communication en dehors du quartier général, ne put recevoir un tel renseignement que du maréchal, qui, avec l'intendant en chef, était seul à en avoir le secret!

Ainsi donc nous constatons :

Que le sieur Régnier obtint du maréchal l'autorisation de faire sortir le général Bourbaki;

Qu'il fut chargé de porter à l'ennemi les conditions que le maréchal accepterait pour capituler

Enfin, qu'il reçut de celui-ci communication de la fatale échéance où les vivres allaient faire défaut.

D'après de semblables résultats, on peut déjà juger de la valeur de l'assertion du maréchal quand il déclare n'avoir eu avec Régnier qu'une simple conversation sans conséquence.

Avant d'apprécier la portée de ces faits, nous ne pouvons nous empêcher de nous demander quels motifs purent déterminer le général en chef à accorder ainsi sa confiance à l'individu qui se présentait à lui à la faveur d'une passe de M. de Bismark.

Le maréchal n'a pas su nous en donner les raisons.

En voyant ce personnage si facilement admis dans les lignes françaises, puis introduit auprès du commandant en chef sous la seule dénomination de « l'envoyé d'Hastings, » on serait porté à croire que son arrivée avait été annoncée au maréchal, et si l'on songe qu'à ce moment on ignorait à Metz que l'impératrice se fût retirée à Hastings, cette hypothèse devient plus vraisemblable encore.

Dans le cours de l'entretien, Régnier fit voir au maréchal une photographie derrière laquelle se trouvaient quelques mots signés du prince impérial.

Voilà tout le bagage diplomatique du soi-disant ambassadeur de l'impératrice! En vérité c'était trop peu pour l'accréditer dans une telle mission!

Ce fut sans doute l'avis du maréchal lorsqu'il ajouta sa signature à côté de celle du prince, cela, dit-il, sans arrière-pensée.

Il demanda donc à Régnier, et nous ne saurions l'en blâmer, s'il n'avait pas d'autre lettre de créance. A quoi Régnier aurait répondu que, s'il n'avait pas de pouvoir écrit, c'était afin de ne pas livrer au hasard des incidents du voyage des documents importants.

Le maréchal n'insista pas.

Cependant, ses scrupules continuèrent. Régnier s'était donné comme un employé supérieur de la maison de l'impératrice. Il était facile de contrôler la véracité de son assertion en s'adressant aux officiers généraux attachés à la maison impériale.

Le lendemain donc, quand le maréchal Canrobert arriva, appelé par le commandant en chef, celui-ci commença par lui demander s'il connaissait dans la maison de l'impératrice un employé supérieur du nom de Régnier. Le maréchal Canrobert répondit qu'il ne le connaissait nullement.

Quelques instants après, ce fut le tour du général Bourbaki. L'aide de camp du maréchal Bazaine lui fit la même question en lui montrant par la fenêtre Régnier qui se promenait dans le jardin. Après l'avoir considéré, le général Bourbaki répondit : « Non, j'oublie les noms quelquefois, mais non les physionomies. Je n'ai jamais vu cette personne. Ce n'est ni un familier des Tuileries, ni un employé. »

Après cela, le maréchal devait savoir à quoi s'en tenir!

Si Régnier avait menti en s'attribuant une position qu'il n'avait pas, il était bien probable qu'il avait usurpé aussi le titre d'envoyé de l'impératrice. Il ne conservait donc pour l'accréditer auprès du commandant en chef que la qualité d'envoyé de l'ennemi. Ce caractère était suffisamment établi par son laissez-passer revêtu de la signature du comte de Bismark, et contre-signé du quartier-maître général des armées allemandes, ainsi que par l'autorisation absolument exceptionnelle obtenue du prince Frédéric-Charles pour pénétrer dans les lignes françaises.

Une autre circonstance était bien faite pour éveiller les soupçons. Nous voulons parler de l'insistance que mit Régnier à aller passer la nuit au camp prussien.

Avant de terminer sa conférence avec le maréchal, voulait-il donc adresser une communication au prince ou en recevoir des instructions? On sait que le maréchal ne mit aucun empêchement à l'accomplissement de ce désir.

Au lieu de s'y prêter comme il le fit, on comprendrait davantage qu'il eût éconduit le négociateur, ou plutôt qu'il lui eût fait appliquer les mesures répressives que le droit de la guerre autorise contre les gens suspects!

Mais, bien au contraire, le maréchal lui continua sa confiance; et ce fut après le retour de Régnier et à la suite de ces déclarations catégoriques à son endroit qu'il le chargea d'aller faire connaître à l'ennemi les conditions auxquelles il traiterait.

Devons-nous penser que la conduite du maréchal fût le fait d'une légèreté criminelle que pourrait à peine expliquer sa hâte d'entrer en négociations ?

Ou bien faut-il admettre, ce que semblent établir les dépositions de MM. Bompard et Jules Favre, et croire que Régnier avait des titres de créance plus sérieux qu'il ne veut bien le dire ?

Nous ne sommes pas en mesure de nous prononcer à cet égard.

Nous n'avons pas à développer devant vous la mission du général Bourbaki.

Vous le savez, messieurs, le maréchal, joignant son influence personnelle aux sollicitations de Régnier, décida son lieutenant à se rendre auprès de l'impératrice. Le général, ainsi qu'il nous l'apprend dans sa déposition, devait chercher à obtenir qu'elle consentît à traiter de la paix, les conditions qui lui seraient faites devant être plus douces que celles imposées au gouvernement de la Défense nationale.

Dans son profond respect pour la discipline, le général, croyant, d'ailleurs, rendre service au pays, ne se refusa pas au désir exprimé par son chef; mais, au moment de se séparer de ses troupes qu'il laissait en présence de l'ennemi, ses instincts de soldat se révoltèrent, et, pour la première fois sans doute, il mit des conditions à son obéissance.

Nous ne parlerons ni de l'ordre antidaté qu'il reçut, ni de son départ concerté avec l'état-major allemand. Bornons-nous à dire que l'impératrice, n'écoutant que son patriotisme, refusa d'entamer des négociations qui pouvaient entraver la défense.

Quand le général Bourbaki voulut revenir, il ne put obtenir le consentement du prince Frédéric-Charles et se décida à aller offrir son épée au gouvernement de la Défense nationale. Le refus du prince ne dut pas étonner le maréchal, car son aide de camp avait été averti par Régnier que l'officier général sortant de Metz n'y pourrait plus rentrer. Mais on avait omis d'en instruire le général Bourbaki qui, informé, ne serait pas parti.

La réponse de l'impératrice suffit à montrer la faute grave qu'avait commise le commandant en chef en se prêtant aux plans de l'ennemi révélés par le communiqué de Reims et dont Régnier venait tenter l'application.

Ce qui fut plus qu'une faute, ce fut d'aller au delà et d'engager au mépris de la loi des négociations avec l'ennemi.

Et quelles négociations, messieurs ? Le maréchal consentait à se retirer avec ses troupes sur un territoire neutralisé et à ne plus porter les armes contre l'Allemagne jusqu'à la fin de la guerre !

Ainsi, c'était le 24 septembre, lorsque l'armée avait conservé la plus grande partie de ses moyens d'action, lorsqu'elle était encore capable d'un effort énergique, lorsqu'elle avait des vivres pour près d'un mois, c'était à ce moment que le maréchal proposait une convention qui devait avoir pour conséquence immédiate d'annihiler la seule force régulière qui restât à la France et peut-être même de déchaîner sur le pays la guerre civile en face de la guerre étrangère.

Nous pourrions, messieurs, nous arrêter ici, et, en vous demandant si, par une telle démarche, le maréchal n'a pas forfait au devoir, nous serions assuré de votre réponse !

Mais notre tâche est plus pénible, car longue est encore l'énumération des manquements graves que nous avons à relever contre le commandant en chef de l'armée du Rhin.

En se séparant du maréchal, Régnier lui avait annoncé qu'il lui rapporterait la réponse de M. de Bismark dans un délai de six jours ou huit au plus; son retour devait donc avoir lieu du 30 septembre au 2 octobre.

Le 25 septembre, le médecin en chef crut devoir annoncer au maréchal que, dans un délai rapproché, une épidémie était à redouter parmi les nombreux malades et blessés.

« Mais jusqu'à quand en avons-nous avant d'en être là? » lui dit le maréchal.

« Peut-être jusqu'au 10 octobre, » répondit M. Cruveiller.

« Alors, c'est plus qu'il ne nous en faut, » répondit le maréchal.

Il espérait donc avant ce terme une issue à la situation. Ce n'était pas sur la force des armes qu'il comptait pour l'obtenir : depuis Sedan il jugeait impossible de tenir la campagne.

Nous allons voir de qui il attendait la solution. Trois jours après cet entretien, le sous-intendant Gaffiot faisant fonctions d'intendant en chef vint trouver le maréchal pour lui faire part de l'épuisement imminent des ressources en fourrages et lui exposer la nécessité de prendre sans délai un parti décisif.

Le commandant en chef, se tournant vers son aide de camp, lui dit : « Quand revient l'International? »

Puis sur le renseignement du général Boyer, il répondit à l'intendant :

« Ayez deux jours d'avoine pour l'armée le 1er octobre. »

M. Gaffiot s'empressa de transmettre cet ordre au directeur du service, en le prévenant que le maréchal attendait une réponse pour le premier du mois.

Le général Boyer confirme l'exactitude du souvenir de ces témoins ; il croit seulement qu'il s'agissait d'une réponse envoyée par écrit et non point rapportée par Régnier.

Peu importe d'ailleurs; il nous suffit de constater par là que le maréchal attendait de la mission Régnier une issue prochaine à la situation; en d'autres termes, il comptait voir cette mission aboutir à la convention dont il avait indiqué lui-même les bases.

Au lieu d'une réponse, ce fut une demande qu'il reçut.

Le 29 septembre, le prince Frédéric-Charles lui transmit un télégramme de Ferrières ainsi conçu :

« Le maréchal Bazaine acceptera-t-il, pour la reddition de l'armée qui se trouve devant Metz, les conditions que stipulera M. Régnier en restant dans les instructions qu'il tiendra de M. le maréchal? »

Le commandant en chef répondit aussitôt par une lettre au général de Stiehle, qu'il nous paraît utile de reproduire *in extenso* :

« Metz, 29 septembre 1870.

« Monsieur le général,

« Je m'empresse de vous faire savoir, en réponse à la lettre que vous m'avez fait l'honneur de m'envoyer ce matin, que je ne saurais répondre d'une manière absolument affirmative à la question qui est posée par S. Exc. le comte de Bismark. Je ne connais nullement M. Régnier qui s'est présenté à moi comme muni d'un laissez-passer de M. de Bismark et qui s'est dit l'envoyé de S. M. l'impératrice, sans pouvoirs écrits. M. Régnier m'a fait savoir que j'étais autorisé à envoyer auprès de l'impératrice soit S. Exc. M. le maréchal Canrobert, soit le général Bourbaki. Il me demandait en même temps s'il pourrait exposer les conditions dans lesquelles il me serait possible d'entrer en négociations avec le commandant en chef de l'armée allemande devant Metz pour capituler.

« Je lui ai répondu que la seule chose que je pusse faire serait d'accepter une capitulation avec les honneurs de la guerre ; mais que je ne pouvais comprendre la place de Metz dans la convention à intervenir. Ce sont, en effet, les seules conditions que l'honneur militaire me permette d'accepter, et ce sont les seules que M. Régnier ait pu exposer.

« Dans le cas où S. A. le prince Frédéric-Charles désirerait de plus complets renseignements sur ce qui s'est passé à ce propos entre moi et M. Régnier, M. le général Boyer, mon premier aide de camp, aura l'honneur de se rendre à son quartier général au jour et à l'heure qu'il lui plaira d'indiquer. »

Vous le voyez, messieurs, il n'est plus besoin de s'en rapporter à la déposition d'un tiers, ce tiers fût-il le général Bourbaki, pour connaître quelles avaient été les intentions du commandant en chef.

C'est lui-même qui se charge de nous les apprendre, confirmant ainsi pleinement ce qui avait déjà été établi.

Le 24 septembre, il s'était déclaré prêt à signer pour l'armée une capitulation avec les honneurs de la guerre. Le 29, craignant que Régnier ait mal rendu les propositions qu'il devait transmettre, le maréchal prenait soin de les renouveler par écrit dans sa réponse au télégramme de M. de Bismark.

En présence de sa lettre, il n'est guère besoin de s'arrêter aux excuses alléguées.

Cette lettre, dit-il, n'aurait été « qu'un subterfuge destiné à tromper l'ennemi. »

Singulier subterfuge que celui qui consiste à se déclarer prêt à capituler et à renouveler cette déclaration à plusieurs reprises jusqu'au moment où l'on capitulera effectivement.

Le maréchal assure aussi qu'il a écrit la lettre sous une impression de mauvaise humeur. S'il l'avait rédigée à tête reposée, il n'aurait certainement pas employé le terme de « capitulation, » mais celui de « convention militaire. »

Nous le croyons volontiers. Ce n'est pas le mot que nous incriminons, c'est le fait en lui-même.

Quand un général en chef, à la tête de soldats pleins encore de vigueur et d'entrain, sans mandat pour négocier, sans pouvoir invoquer l'excuse de la nécessité, sans avoir depuis un mois tenté un seul effort pour échapper au danger, accepte de l'ennemi, que dis-je? lui propose même un pacte d'après lequel son armée doit cesser de prendre part à la lutte ; ce pacte est contraire au devoir, contraire à l'honneur militaire, quel que soit d'ailleurs le nom qu'on veuille lui décerner, et le ministère public ne peut que le flétrir au nom de la loi.

Enfin, par l'expression « honneurs de la guerre », il fallait entendre, suivant le maréchal, la faculté, pour l'armée, de se retirer avec armes et bagages sur une portion neutralisée du territoire.

L'audience continue.

Cinquième complément de l'audience du 4 décembre et audience du 5 décembre

PRÉSIDENCE DE M. LE DUC D'AUMALE

Suite du Réquisitoire

M. le commissaire du gouvernement continue sa lecture.

Même interprétée de la sorte, cette convention (demandant, suivant le maréchal, la faculté pour l'armée de se retirer avec armes et bagages sur une portion neutralisée du territoire,) eût été funeste, et l'on doit se féliciter qu'elle n'ait pas obtenu l'agrément des gouvernements allemands, car elle aurait permis à toutes les forces ennemies de concentrer leurs attaques sur les troupes de nouvelle levée que l'armée sortie de Metz aurait dû laisser écraser en quelque sorte sous ses yeux sans pouvoir leur porter secours.

Le maréchal Bazaine, qui, jusqu'au 29 septembre, avait attendu le retour de Régnier, parut ensuite attendre avec la même confiance la réponse de M. de Bismark.

Diverses mesures marquèrent cette période d'expectative. Le 3 octobre, les vivres de sac furent distribués aux hommes. Le 4, les commandants de corps furent convoqués chez le maréchal commandant en chef qui leur fit part de son intention de s'éloigner de Metz et de prendre la direction de Thionville en suivant les trois routes qui y conduisent par les deux berges de la vallée, les 3e et 2e corps à droite, le 4e à gauche, le 6e et la garde au centre, avec les réserves et les convois suivant la route de Mézières.

Le maréchal prescrivit d'alléger les bagages, de faire rentrer les malades en ville, etc., en un mot de se préparer à marcher au premier signal.

Ce fut la première et la seule fois que le projet de quitter Metz fut mis en délibération, après la tentative du 1er septembre.

On sait que, à cette date, l'armée tout entière, réunie sur la rive droite, ne parvint pas à forcer la ligne d'investissement. Comment donc le maréchal espérait-il réussir, le 4 octobre, en tenant les deux ailes de son armée séparées par la Moselle, ce qui eût permis à l'ennemi de les attaquer l'une après l'autre avec la plus grande partie de ses forces?

Comment se décidait-il à tenter, dans ces conditions, une opération que, depuis Sedan, il jugeait impossible?

Nous ne trouvons, quant à nous, qu'une seule manière d'expliquer sa détermination, c'est qu'il comptait sortir ce jour-là, non pas malgré la résistance de l'ennemi, mais avec son assentiment.

Ainsi comprises, ses dispositions si insolites, s'il eût fallu lutter, se justifient tout naturellement. Ce n'était pas un ordre de combat que le maréchal assignait à ses troupes, c'était simplement un ordre de route !

Mais ses illusions touchaient à leur terme. Dans la nuit même, un de ses lieutenants lui ayant demandé par le télégraphe : « A quand l'opération ? » Il lui fut répondu par un contre-ordre.

Aurait-il reçu de Ferrières une réponse négative? Aurait-il eu des motifs pour désespérer d'une solution favorable? Nous ne saurions le préciser.

En tous cas, M. de Bismark, soit qu'il crût impossible de faire exécuter les clauses de la convention, soit que, sans inquiétude désormais, il préférât attendre quelques jours de plus afin d'obtenir la reddition de la place avec celle de l'armée, ne donna plus suite aux propositions du maréchal Bazaine.

Ainsi s'évanouirent les dernières espérances que le commandant en chef de l'armée du Rhin avait fondées sur les négociations entreprises avec l'ennemi par l'entremise de Régnier !

Pendant près d'un mois encore, la résistance va se prolonger. Mais ce ne sera pas du fait du maréchal Bazaine, puisqu'un mot de M. de Bismark aurait suffi à la faire cesser !

Quand vous aurez à prononcer sur la capitulation de l'armée de Metz, vous n'oublierez pas, messieurs, que cette capitulation, le maréchal l'avait proposée dès le 24 septembre.

Audience du 5 décembre

L'audience est ouverte à midi et demi.

M. le maréchal Bazaine est introduit.

LE GÉNÉRAL-PRÉSIDENT. — La parole est à M. le commissaire spécial du gouvernement.

M. le général POURCET continue en ces termes :

Pendant que le maréchal attendait vainement les résultats de la mission qu'il avait confiée à Régnier, le temps s'écoulait et les ressources de l'armée et de la ville s'épuisaient rapidement.

Après avoir, à la suite des premières batailles, consterné la France en annonçant qu'il manquait de munitions et de vivres, le maréchal, préoccupé de ses combinaisons politiques, semblait plongé dans une sécurité profonde et agissait comme si l'abondance eût remplacé la pénurie des subsistances qu il avait exagérée dans ses premiers rapports.

Malgré les résolutions prises à la conférence de Grimont, il avait négligé d'entreprendre des opérations de ravitaillement, alors qu'elles pouvaient être faciles et fructueuses, et avait attendu près d'un mois avant de tenter aucune entreprise de ce genre.

La même imprévoyance avait présidé à l'emploi des ressources de la place. C'était avec peine que l'administration militaire était parvenue à faire réduire la ration des troupes.

Quant aux habitants, il n'avait pas encore été question de les rationner. Depuis le 14 septembre, le blé était employé à nourrir les chevaux de l'armée, bien que les approvisionnements en céréales fussent déjà très-restreints. Or, l'instruction a établi d'une manière péremptoire qu'il eût été possible de conserver jusqu'au commencement de décembre le nombre d'animaux nécessaires pour la nourriture des troupes et de la population, sans leur donner ni blé ni seigle.

On sait également qu'on eût pu fournir du pain à l'ensemble des rationnaires jusqu'à cette époque, et qu'enfin, les ressources faciles à recueillir dans les environs, eussent donné des vivres pour plus d'un mois, ce qui eût permis d'atteindre le mois de janvier.

Le maréchal, qui montrait une si étrange insouciance à cet égard, était loin cependant d'ignorer la situation.

Il voyait tous les jours l'intendant en chef, et ce fonctionnaire, outre les états détaillés périodiquement fournis, ne cessait d'attirer verbalement et par écrit l'attention du commandement sur la pénurie des vivres.

Ces avertissements ne passèrent pas inaperçus : le maréchal n'était, en effet, que trop bien renseigné quand, le 23 septembre, il signifiait au sieur Régnier cette fatale échéance du 18 octobre, inscrite sur la dernière situation des vivres.

Il avait du reste notablement amoindri le rôle de l'intendant en chef, en conservant à la tête des services administratifs, depuis le 16 août, contrairement à la demande de M. Wolf, un sous-intendant militaire dont la position hiérarchique insuffisante ne fut pas sans effet fâcheux pour le service.

Bien que ces inconvénients se fussent déjà sérieusement manifestés à plusieurs reprises, c'est le 1er octobre seulement, après de vives instances, que M. Gaffiot obtint enfin d'être remplacé par un intendant en chef.

Le maréchal avait pu ainsi se soustraire aux observations gênantes d'un haut fonctionnaire revêtu de la juste influence habituellement acquise au grade et à l'expérience.

Au défaut d'autorité suffisante, à l'absence d'une impulsion unique, se joignait pour l'administration militaire un inconvénient plus grand encore, c'était son ignorance complète des intentions du commandement.

Leurrée comme le reste de l'armée, elle dut croire jusqu'au dernier moment à un départ imminent. C'est en prévision de cette éventualité que chaque corps d'armée avait continué à s'administrer séparément et d'une manière à peu près indépendante, alors que la réunion en un fonds commun de toutes les ressources de la ville et de l'armée eût été le véritable moyen de mettre complétement à jour la situation exacte. Ainsi éclairée, l'administration eût pu prendre immédiatement les résolutions opportunes et éviter les consommations abusives.

Il faut bien reconnaître que dans sa préoccupation constante d'une sortie prochaine, l'intendance négligea trop les intérêts de la population, et le commandant supérieur de Metz, qui en était le premier gardien, ne sut pas les faire respecter.

Si l'on avait su la vérité, les choses se seraient-elles passées ainsi ? Le maréchal a déclaré qu'après Sedan il avait jugé impossible de sortir. S'il eût alors annoncé nettement son projet de ne plus quitter Metz, l'administration militaire, au lieu d'avoir pour unique objectif de maintenir l'armée en état de reprendre la campagne, se serait attachée exclusivement à prolonger la résistance.

Elle eût insisté pour faire économiser scrupuleusement les vivres et pour faire réduire les consommations à leur minimum.

Nul doute qu'elle n'eût alors réclamé l'application immédiate des mesures indispensables pour obtenir ce résultat, telles que : la mise en commun des ressources, le rationnement général, l'emploi du pain de boulange, l'interdiction de faire des achats en sus de la ration, l'empêchement du gaspillage, enfin, des recherches plus rigoureuses à l'effet de découvrir les approvisionnements cachés.

Si ces dispositions n'ont pas été prises ou n'ont été que tardivement appliquées, c'est donc sur le maréchal seul qu'en doit retomber la faute.

Quels que fussent ses secrets desseins, il ne pouvait négliger cette question si importante des subsistances, sans s'exposer à voir échouer ses combinaisons.

Aussi, ne saurait-on s'expliquer son inaction prolongée, sa répugnance à recourir aux moyens proposés, si l'on ne se rappelait qu'après Sedan, ne croyant pas à la possibilité de continuer la guerre, il s'était attendu à voir le pays promptement contraint à demander la paix.

Cependant, l'immobilité de l'armée inquiétait la population comme les troupes elles-mêmes. On ne comprenait pas ce rôle passif, imposé à la seule force militaire de la France qui fût encore debout.

Les habitants de Metz, qui n'étaient pas soumis aux lois de la discipline, exprimaient hautement leur mécontentement.

Le maire s'était fait l'interprète de ces sentiments, en présentant au maréchal une adresse revêtue d'un grand nombre de signatures, dans laquelle le départ de l'armée était respectueusement mais formellement demandé.

Cette démarche, inspirée par le patriotisme élevé de la population, aurait dû ramener le commandant en chef à une plus saine appréciation de ses devoirs. Il se borna à y répondre par une fin de non-recevoir. Mais, se gardant avec soin de faire connaître qu'il avait renoncé définitivement à percer les lignes ennemies, il laissait croire que le projet de sortie, momentanément ajourné, serait repris à bref délai.

Dans cette disposition des esprits, comment le maréchal Bazaine aurait-il osé prescrire ouvertement les mesures que commandait impérieusement sa résolution de rester sous Metz avec 140 000 bouches de plus à nourrir!

Il n'était pas possible d'avouer un semblable dessein, car les calculs égoïstes de l'ambition personnelle se fussent inévitablement heurtés contre une réprobation générale.

Les protestations de la population et les sentiments non équivoques de l'armée eussent forcé le maréchal à quitter cette attitude d'expectative par laquelle il espérait soustraire sa fortune aux hasards des combats; il lui eût fallu tenter un effort suprême pour rompre le cercle qui l'enserrait, et pour prêter un concours efficace à la défense nationale, en ramenant dans l'intérieur du pays son armée, qui comptait à elle seule la presque totalité des cadres restant à la France, après la catastrophe de Sedan.

D'après ses vues, c'était une fois la paix signée que devait commencer le rôle actif de cette armée, qu'il destinait à soutenir le trône impérial restauré, d'accord avec l'ennemi.

Pour remplir ce rôle, il convenait qu'elle demeurât solidement organisée et prête à tenir la campagne. Il fallait éviter surtout de la mécontenter en lui imposant des privations trop pénibles.

A quoi bon, d'ailleurs, faire des sacrifices dans le but de prolonger inutilement une résistance qui, dans l'opinion du maréchal, n'avait pas à durer?

Aussi, s'il s'était décidé sur les instances de l'administration militaire à réduire la ration des troupes, il l'avait fait d'abord, pour ainsi dire, en cachette, en trompant sur le poids du pain, réduit secrètement de 50 grammes, en vertu de ses ordres.

L'épuisement imminent des fourrages est une complication grave de plus; on ne peut songer à conserver plus longtemps tous les chevaux.

Il devient donc indispensable de s'arrêter à l'un des deux partis suivants : ou renoncer immédiatement à nourrir les animaux inutiles pour l'alimentation, comme on dut s'y résoudre un peu plus tard, ou, comme on le lui proposa, ménager à sa cavalerie les moyens de s'échapper à la faveur d'uue démonstration générale, ainsi que le fit à Ulm la cavalerie autrichienne.

Le maréchal n'adopte aucun de ces partis réclamés par la situation militaire; mais les nécessités de sa politique vont lui inspirer une mesure désastreuse, et, comme vous le savez, il ne craindra pas d'enlever le blé destiné aux hommes pour en nourrir ses chevaux.

Il a soin, toutefois, de tenir secrète cette opération, par laquelle il ne conserve, deux semaines durant, sa cavalerie qu'en prélevant sur les approvisionnements l'équivalent de plus de quinze jours de pain pour l'armée et la population, c'est-à-dire en réduisant de quinze jours la durée possible de la résistance. Puis, quand le général Coffinières, le 14 septembre, lui signale les plaintes que soulève parmi la population la distribution du blé aux chevaux, tandis qu'elle-même souffre de la disette, le maréchal, dans sa réponse, élude la question en chargeant le gouverneur de rassurer la municipalité.

En revanche, le 7 octobre, quand sa décision au sujet du blé donné aux chevaux vient d'être rapportée, il donne à entendre, dans une pièce officielle, qu'il n'a jamais prescrit cet emploi, cherchant ainsi à en rejeter, aux yeux du public, la responsabilité sur les fonctionnaires de l'intendance, ses agents d'exécution, et sur les officiers qui s'efforçaient, au prix de lourds sacrifices, de conserver leurs montures pour l'instant de la sortie.

Cependant, la marche des événements déjouait les prévisions du maréchal. Contre son attente, Paris continuait de tenir; la résistance s'organisait en province ; Régnier ne revenait pas ; le gouvernement prussien avait dédaigné les avances contenues dans la lettre du 29 septembre.

Le 7 octobre, le général Coffinières écrit au commandant en chef pour lui annoncer que les magasins de la place ne contiennent plus que pour *cinq jours* de pain, et que la population n'a de blé que pour *dix jours*.

Ainsi, les négociations n'ont pas abouti, les vivres seront épuisés à bref délai. C'est le moment suprême où un effort peut encore réussir.

Une occasion favorable se présente : le gouvernement de la Défense nationale a jeté dans Thionville environ quinze jours de vivres pour l'armée; autant dans Longwy. Le maréchal en est averti par l'émissaire Risse.

Tentera-t-il de faire une pointe vigoureuse de ce côté pour aller les recueillir? S'il ne parvient pas à rouvrir ses communications avec l'intérieur, il pourra du moins prolonger ainsi la durée de sa résistance.

On a vu qu'en prévision de l'acceptation des clauses proposées à M. de Bismark, des mesures avaient été prises pour que l'armée fût prête à quitter Metz. L'espoir d'une sortie se trouvait ainsi ravivé parmi les troupes, qui ignoraient le véritable but de ces préparatifs. Cet espoir allait être une dernière fois déçu.

Une opération est effectivement ordonnée le 7 octobre, dans la plaine de la Moselle, mais la résolution de rester sous Metz est définitivement prise.

C'est en vain que le maréchal prétendait qu'il comptait profiter du succès pour faire une percée du côté de Thionville.

Fidèle à sa constante habitude, il rejette sur ses lieutenants l'échec de sa tentative : « Les deuxième et quatrième corps, lisons-nous, dans son mémoire, devaient flanquer les troupes combattant dans la plaine et étendre leur action, le troisième corps jusqu'à Malroy, le quatrième corps jusqu'au Vémont.

Or, d'après les ordres donnés à ce sujet et dont fait foi le registre de correspondance, le maréchal Le Bœuf devait pousser des troupes en avant du bois de Grimont et jusqu'à Chieulles. Quant au général de Ladmirault, il devait occuper les bois de Saulny et de Vigneulles. Le texte de ces ordres, d'après lesquels les troisième et quatrième corps devaient rester bien en deçà des points indiqués par le mémoire, est donc en contradiction formelle avec l'assertion du maréchal. Du reste, ce n'étaient pas Malroy et le Vémont qu'il fallait enlever et occuper pour pouvoir sortir, mais bien Olgy et Argany sur la rive droite, Fèves et Sémécourt sur la rive gauche, emplacements des batteries ennemies qui couvraient la plaine de leurs feux convergents.

Vous le remarquerez d'ailleurs, messieurs, si le maréchal avait eu l'intention de percer, est-il admissible qu'il n'ait pas jugé indispensable d'en informer, confidentiellement au moins, les commandants des sixième, troisième et quatrième corps, qui devaient commencer le mouvement et le commandant de la garde, qui fournissait la plus grande partie des troupes chargées de la principale opération? C'est ainsi qu'il avait procédé, lorsque, le 4 octobre, il avait cru un moment s'éloigner de Metz. Mais ici que leur annonce-t-il? A l'un, qu'il s'agit d'exécuter, aux autres, qu'il vont protéger un fourrage.

Si le général en chef eût voulu effectivement tenter une sortie, aurait-il écrit au maréchal Le Bœuf et au général de Ladmirault cette phrase qui témoigne si nettement d'une intention tout opposée :

« J'estime que la partie mobile d'une division sera suffisante pour remplir la mission que je vous confie. »

Enfin, aurait-il fait laisser dans les camps, outre les tentes, les sacs, les ustensiles de campement, les vivres?

L'opération devant s'effectuer par les deux rives de la Moselle, aurait-il négligé de donner des ordres pour faire suivre le pont de bateaux, comme il y avait songé lors du projet de départ du 4 octobre?

En livrant le combat du 7, le maréchal Bazaine n'avait donc nullement la pensée de quitter Metz. Il n'annonçait d'autre objectif que l'enlèvement des denrées que pouvaient contenir les fermes et villages en avant des lignes. Or, une partie de ces villages avait déjà été brûlée par les Allemands, et le résultat des tentatives précédentes avait démontré que les ressources des environs étaient devenues la proie de l'ennemi. N'avait-il pas d'ailleurs allégué l'insignifiance de ces résultats pour expliquer et justifier son inaction, lorsque, le 30 septembre, le maire de la ville lui avait présenté l'adresse des habitants de Metz?

Ce ne fut pas l'espoir de recueillir des vivres qui décida le maréchal à tenter la sortie du 8 octobre, et son véritable but fut en réalité d'imposer silence aux réclamations de l'opinion.

Vous avez entendu, du reste, un témoin déclarer que d'après les paroles mêmes du maréchal, les autres petites opérations autour de la place n'avaient pas eu d'autre objet.

Si, dans cette journée du 7 octobre, dernier effort demandé à ses troupes, le commandant en chef voulut démontrer leur impuissance à renverser les barrières élevées contre elles, il échoua complètement, car elles firent preuve d'une vigueur et d'un entrain aussi brillants qu'aux premières affaires. Elles refoulèrent l'ennemi au pas de course, enlevèrent les fermes à la baïonnette et demeurèrent ensuite immobiles pendant toute l'après-midi, impassibles sous les feux croisés et plongeants de nombreuses batteries étagées sur les hauteurs des deux rives.

Le soir venu, elles se replièrent lentement et dans le meilleur ordre pour regagner leurs camps, sur l'indication du commandant en chef présent sur le lieu de l'action.

Mais si le maréchal voulait seulement prouver qu'il n'était plus possible de se procurer des ressources à proximité, il réussit pleinement. On ne ramena pas une voiture de fourrages.

Le sacrifice inutile de 1200 hommes n'était à ses yeux qu'un argument décisif pour justifier son inaction. Un article de journal pouvant faire croire que le combat n'avait entraîné que des pertes minimes, le journal reçut un communiqué officiel constatant que le chiffre exact de ces pertes était de 1135 hommes tués ou blessés.

Tandis que, par ce combat inutile et sanglant, le maréchal cherchait à calmer l'opinion soulevée contre lui, il n'en poursuivait pas moins la réalisation de ses projets politiques.

Avant d'entamer le récit de ses tentatives pour déterminer ses lieutenants à le seconder dans ces desseins, nous devons exposer succinctement ce qu'étaient les communications du commandant en chef avec l'intérieur, à partir du moment où il avait reconnu le gouvernement de la Défense nationale.

Nous examinerons d'abord si le maréchal a fait tout ce qu'il pouvait, tout ce qu'il devait faire pour se mettre en relations avec le nouveau pouvoir. Nous verrons ensuite les tentatives du gouvernement de la Défense pour communiquer avec lui et les nouvelles qu'il put faire parvenir à Metz.

Le 1er septembre, le maréchal avait envoyé au ministre de la guerre la dépêche ci-dessous, contenant des renseignements détaillés sur la situation de son armée et sur la pénurie des munitions et des vivres :

« Après une tentative de vive force, qui nous a amené à un combat qui a duré huit jours dans les environs de Sainte-Barbe, nous sommes de nouveau dans le camp retranché de Metz, avec peu de ressources en munitions d'artillerie de campagne, ni viande, ni biscuit, mais du blé pour cinq semaines ; enfin, un état sanitaire qui n'est pas parfait, la place étant encombrée de blessés.

« Malgré de nombreux combats, le moral de l'armée reste bon. Je continue à faire des efforts pour sortir de la situation dans laquelle nous sommes, mais l'ennemi est très-nombreux autour de nous. Le général Decaen est mort. Blessés et malades, environ 18 000. »

Cette dépêche, expédiée le 1er, l'est de nouveau le 3, et, enfin, le 8.

Notons en passant qu'elle ne parvint au gouvernement qu'après la capitulation, ainsi que nous l'apprend la déposition de M. Tachard, et non avant cette date, comme l'a prétendu le maréchal dans son mémoire au conseil d'enquête.

Le 10, le capitaine Lejoindre vient annoncer au maréchal la révolution du 4 septembre. Cette nouvelle est confirmée le 14 par l'arrivée de Pennetier, apportant quatre journaux français et la copie de la proclamation de M. Jules Favre, du 6.

A partir de ce moment, le maréchal ne cherche à fournir aucun renseignement au gouvernement de la Défense nationale.

Toutefois, il n'a garde de paraître vouloir s'isoler de lui, et, le 15, lorsque le général Desvaux lui offre les services de deux cuirassiers, les nommés Marc et Henri, qui se présentaient pour traverser les lignes ennemies, il s'empresse de leur confier une dépêche chiffrée.

Vous avez présents à la mémoire, messieurs, les incidents dramatiques de la mission recherchée par ces braves gens qui, après avoir à plusieurs reprises échappé providentiellement à une mort imminente, parvinrent à remettre leur dépêche au commandant de la place de Montmédy. Vous vous êtes, comme nous-même, associés aux nobles paroles de M. le président rendant un public hommage au patriotique dévouement de ces deux vaillants soldats.

Quelques jours plus tard, un duplicata de cette dépêche est remis à un jeune paysan des environs de Sedan, le sieur Moulin, qui, arrivé à Metz avec une passe prussienne, était venu se mettre à la disposition du maréchal.

Ces trois émissaires ne portaient en réalité qu'un seul et même message, et voici quelle était la teneur de cette lettre pour laquelle le maréchal exposait la vie de ces hommes dévoués :

« Il est urgent pour l'armée de savoir ce qui se passe à Paris et en France. Nous n'avons aucune communication avec l'extérieur et les bruits les plus étranges sont répandus par des prisonniers que nous a rendus l'ennemi, qui en propage également de nature alarmante. Il est important pour moi de recevoir des nouvelles. — Nous sommes entourés par des forces considérables que nous avons vainement essayé de percer après deux combats infructueux, le 31 août et le 1er septembre. »

Ainsi, le 15, le 25 septembre, le commandant en chef juge n'avoir rien à apprendre au gouvernement, sinon qu'il avait échoué, le 1er du mois, dans sa tentative de sortie, et il se borne à réclamer des instructions et des nouvelles !

Il ne dit rien de la situation morale de son armée, rien de l'état sanitaire, rien des munitions, rien des vivres, rien sur ce qu'il sait de l'ennemi, ne formule aucune proposition, aucune demande précise !

Puis, après avoir envoyé à deux reprises cette dépêche insignifiante, il n'essaye plus de communiquer jusqu'au 21 octobre.

Constatons-le bien, messieurs, là se bornèrent toutes ses tentatives pour entrer en relation avec le nouveau gouvernement.

Ce n'est pas cependant que les occasions lui aient fait défaut. Les nombreuses dépositions que vous avez entendues vous ont démontré que les communications avec l'extérieur ne furent jamais totalement interrompues.

Faciles jusqu'à la fin d'août, elles présentèrent plus de difficultés à partir du mois de septembre, sans cesser néanmoins de se continuer jusqu'à la fin du blocus.

Ainsi, les agents de l'état-major général purent entrer dans le camp retranché et en sortir presque journellement, comme l'établissent leurs dépositions, celles des officiers chargés de ce service, le registre des renseignements et celui des fonds secrets. Outre ces agents, des officiers, des soldats, des habitants de Metz, des paysans, purent circuler de même.

Vous avez entendu, messieurs, leurs témoignages, et cela nous dispensera d'en faire ici l'énumération.

Complément de l'audience du 5 décembre

PRÉSIDENCE DE M. LE DUC D'AUMALE

Suite du Réquisitoire

M. le commissaire du gouvernement, parlant des communications que l'on pouvait avoir avec le dehors, poursuit en ces termes :

Mais en dehors des communications à travers la campagne, un moyen plus sûr de traverser les lignes s'offrit pendant quelque temps.

Du 2 au 25 septembre, en effet, on put circuler librement dans l'aqueduc souterrain de Gorze, dont l'ennemi avait détourné les eaux. C'est par cette voie que M. André, maire d'Ars, et d'autres personnes firent rentrer à Metz un officier et des soldats évadés de Sedan.

Des paysans et des paysannes des environs profitaient journellement de l'aqueduc pour porter des vivres à leurs parents à Metz ou pour rentrer dans leur village, l'autorité prussienne délivrait sans difficulté des laisser-passer pour circuler librement.

Le 21 septembre, le lieutenant Archambeau, rentré à Metz par ce canal souterrain, se présente au maréchal pour lui donner des nouvelles. Il remet en même temps un laisser-passer prussien dont il s'était muni et qui permettait de sortir en toute sécurité. Mais le maréchal n'en fait aucun usage.

A partir du 5 septembre et jusqu'à la fin du siége, des ballons sont expédiés régulièrement et emportent des milliers de lettres privées. Le maréchal ne confie à aucun de ces ballons une seule dépêche officielle, bien que des dépêches chiffrées pussent tomber sans inconvénient aux mains de l'ennemi.

Vous avez entendu, messieurs, plusieurs membres du gouvernement de la Défense nationale exprimer devant vous la légitime inquiétude qu'avait fait naître en eux cette inconcevable négligence!

Disons enfin que des personnes honorables, soit de l'armée, soit de la ville, s'offrirent à maintes reprises au maréchal pour porter ses communications. Mais il se refusa jusqu'aux derniers jours à mettre à profit leur dévouement patriotique.

La sortie de Metz du général Bourbaki, le voyage du général Boyer à Versailles lui fournissaient, d'autre part, des moyens sûrs de faire parvenir des documents au gouvernement de la Défense nationale; mais ni l'un ni l'autre ne reçurent aucune recommandation à cet égard.

Et cependant, il l'avait proclamé lui-même dans son ordre du jour du 16 septembre, la Révolution n'avait rien changé à ses obligations envers la patrie en danger!

Dans le rapprochement de ces diverses circonstances, dans sa persistance à négliger toutes les occasions qui s'offrirent de communiquer avec l'extérieur, le conseil trouvera, comme nous l'avons trouvé nous-même, la preuve évidente que le maréchal Bazaine n'a pas voulu entrer en relations avec le gouvernement de la Défense nationale et qu'il s'est abstenu à dessein de lui fournir aucun renseignement sur la situation et les besoins de son armée.

Il reste à examiner maintenant cette deuxième question :

Le maréchal a-t-il reçu des communications du gouvernement de la Défense nationale?

Vous avez entendu, messieurs, la déposition de MM. Gambetta, Le Flô, de Kératry et Tachard; ils nous ont fait connaître leurs efforts pour faire parvenir au maréchal Bazaine la nouvelle des événements survenus le 4 septembre, ainsi que l'assurance de la sollicitude du nouveau gouvernement pour l'armée et de sa confiance dans l'énergie et le patriotisme de son commandant en chef.

Toutefois, aucun de ces personnages n'a su si les émissaires envoyés avaient pu passer, et il semble que la plupart n'aient pas réussi dans leur mission.

Ces insuccès ne peuvent surprendre des généraux expérimentés qui savent combien il est difficile à la guerre de se procurer des agents à la fois sûrs, habiles et résolus, surtout lorsqu'il s'agit d'une mission à remplir à grande distance, au milieu d'une contrée entièrement au pouvoir de l'ennemi.

On conçoit que dans ces conditions il fût plus aisé au maréchal d'expédier ses nouvelles au moyen de gens du pays, qu'au gouvernement de la Défense nationale de lui faire parvenir des instructions ou des avis; puisque le commandant en chef, d'après sa propre déclaration, ne pouvait faire passer de dépêches, il ne devait pas s'étonner que du dehors on ne réussît pas mieux que lui.

Le gouvernement ne s'était pas borné d'ailleurs à envoyer des émissaires au maréchal; il s'était aussi vivement préoccupé de pourvoir au ravitaillement de l'armée, et vous savez, messieurs, par quel effort d'activité et d'audace M. l'intendant Richard put jeter un convoi de 2 500 000 rations de vivres de campagne dans les places de Thionville et de Longwy, grâce au patriotique concours des agents du chemin de fer et des douanes. Le maréchal fut immédiatement prévenu de cette importante nouvelle.

Trois années nous séparent de ces événements. Il était difficile, en raison du temps écoulé, d'arriver à reconnaître si quelques-unes des communications ainsi envoyées, soit directement par les membres du gouvernement, soit en vertu de leurs ordres, étaient arrivées à destination.

Néanmoins, les investigations de la justice à cet égard ont été couronnées de succès, et il a été établi, d'une manière irrécusable, que le maréchal, contrairement à sa déclaration formelle, a été immédiatement avisé de l'arrivée à Thionville des vivres préparés pour le ravitaillement de l'armée.

Ces vivres arrivèrent sous les murs de Thionville le 25 septembre au matin. Aussitôt le colonel Turnier s'empressa d'en aviser le maréchal le même jour par deux émissaires.

L'un d'eux, le maréchal des logis Calarnou, décédé depuis, ne reçut qu'une mission verbale :

« Ma mission consistait, a-t-il dit, à annoncer au maréchal Bazaine :

« 1° Que la République était proclamée en France depuis le 4 septembre ;

« 2° Que la maréchale et sa fille s'étaient retirées à Tours et étaient en parfaite santé, ce dernier renseignement étant donné par M. de Kératry ;

« 3° A demander au maréchal des nouvelles du fils du général Le Flô, ministre de la guerre ;

« 4° A prévenir le maréchal que le colonel Turnier avait à sa disposition 96 wagons contenant 1 300 000 rations de biscuits et cinq fois plus de farine. »

Vous trouvez ici, messieurs, avec l'annonce de l'arrivée des vivres, l'exacte reproduction du sens des deux dépêches remises par MM. Le Flô et de Kératry au matelot Donzella et apportées par celui-ci, le 18 septembre, à Thionville.

Calarnou fut blessé en cherchant à traverser les lignes prussiennes et ne put accomplir sa mission.

En même temps, le sieur Risse fut chargé par le colonel Turnier de porter une lettre au maréchal. L'instruction a pu préciser ses mouvements avec une parfaite exactitude. Parti le 25 ou le 26 septembre, il entra à Metz le lendemain matin, et se rendit auprès du maréchal, auquel il remit sa dépêche.

Nous n'en connaissons pas le texte, mais il est bien évident qu'il ne pouvait différer beaucoup des paroles que Calarnou, envoyé en même temps et pour ce même objet, avait été chargé de porter.

Au surplus, la déposition de Risse, confirmée par celle de Flahaut, constate que, dans cette lettre, le colonel Turnier annonçait l'arrivée des vivres au maréchal. Pour renseignements plus complets, il avait recommandé à Risse de dire à celui-ci, s'il l'interrogeait, qu'il s'en trouvait à Thionville « un plein convoi. »

Le maréchal reçut la lettre en haussant les épaules. Comme le colonel l'avait prévu, il se borna à demander à Risse s'il y avait beaucoup de vivres à Thionville, et le congédia en lui donnant dix francs.

Ainsi, celui qui avait compté mille francs à Flahaut pour la dépêche apportée le 28 août, celui qui avait donné onze cents francs à la femme Antermet pour la lettre expédiée le 8 septembre au gouvernement, trouvait que dix francs était une suffisante récompense pour le courageux jeune homme qui venait de braver un danger sérieux, afin de lui annoncer une nouvelle d'un si grand intérêt.

Le maréchal étant prévenu de l'existence, à quelques lieues de Metz, d'approvisionnements considérables destinés à l'armée, son inaction devenait complétement injustifiable. Aussi comprend-on facilement la mauvaise humeur qu'il témoigna en recevant de nouveau cet avis, dont il était résolu à ne pas tenir compte.

Sa mission remplie, le sieur Risse demeura à Metz, où, faute de ressources, il fut forcé, le 8 octobre, de contracter un engagement volontaire pour le 44e de ligne.

Le maréchal a nié avoir eu connaissance de la mission de Risse et avoir été informé de l'existence des approvisionnements réunis à Thionville.

De son côté, le colonel Turnier, a déclaré que sa mémoire lui faisait absolument défaut dans cette circonstance. Il a affirmé seulement avoir envoyé prévenir le maréchal, aussitôt après l'arrivée des vivres, par un émissaire qui n'est pas revenu, ce qui est bien le cas de Risse.

Vous avez déjà pu, d'ailleurs, constater au cours des débats que cet officier supérieur avait généralement oublié tous les faits de nature à jeter le jour sur cette question si importante des communications avec Metz, soit pendant la dernière quinzaine d'août, soit après Sedan !

Nous ne songeons pas à incriminer un défaut de mémoire, mais si nous nous rappelons et la disparition de l'original et son registre des fonds secrets, qui aurait pu fournir des indications précieuses, et les diverses circonstances recueillies à l'instruction, nous ne pouvons que blâmer le peu d'empressement du colonel Turnier à aider aux recherches de la justice!

Quoi qu'il en soit, les dénégations intéressées du maréchal, les oublis du commandant de place de Thionville, ne sauraient faire naître un doute sur la réalité des faits annoncés par Risse.

En effet, les sieurs Flahaut et Marchal ont déclaré l'un et l'autre avoir rencontré Risse à Metz vers la fin de septembre, alors qu'il venait d'arriver de Thionville. Tous deux ont appris de lui qu'il avait apporté une lettre au commandant en chef.

Flahaut a reçu par Risse des nouvelles de sa famille; il lui a entendu raconter qu'il avait annoncé au maréchal l'existence des vivres réunis à Thionville.

Si, le 3 octobre, ce même Flahaut reçut mission d'aller à Thionville prévenir le colonel Turnier que l'armée irait sous peu de jours chercher les approvisionnements qui lui étaient destinés, c'est que le maréchal avait reçu avis qu'ils s'y trouvaient.

Entre les dénégations du maréchal, à qui il importe si fort de cacher la vérité, et la déposition désintéressée d'un témoin dont les dires sont d'ailleurs corroborés par un faisceau de preuves sans réplique, le choix ne saurait être douteux.

On le nierait donc en vain. Il reste invariablement établi que le maréchal a été informé, dès la fin de septembre, de l'arrivée à Thionville des vivres expédiés pour les besoins de son armée par le gouvernement de la Défense nationale. La connaissance de ce fait ne fut sans doute pas l'un des moindres motifs qui le déterminèrent, le 4 octobre, à désigner cette direction comme devant être suivie par son armée.

On peut voir, par l'exposé qui précède, que si le commandant en chef ne fit parvenir aucune dépêche au gouvernement, ce ne furent pas les occasions qui lui manquèrent. S'il ne reçut pas de communication directes de ce gouvernement, il fut du moins averti de sa sollicitude pour l'armée de Metz et de ses efforts pour lui venir en aide.

Si nous nous sommes attaché, en étudiant cette question des communications, à faire ressortir l'isolement volontaire et calculé dans lequel s'est renfermé le maréchal, c'est parce qu'il a allégué cette soi-disant absence de relations comme un prétexte pour entrer dans la voie des négociations, et que, plus tard, il l'a invoqué comme une excuse devant l'opinion publique.

Nous aurions, quant à nous, attaché fort peu d'importance à ce que le maréchal ait envoyé ou n'ait pas envoyé de nouvelles, à ce qu'il en ait reçu ou n'en ait pas reçu.

Nous ne voyons pas, en effet, en quoi pouvaient se modifier ses devoirs de commandant en chef, suivant l'une ou l'autre de ces hypothèses.

Il lui fallait, a-t-il dit, « des instructions, des nouvelles? »

Quelles instructions espérait-il donc recevoir d'un gouvernement auquel il n'avait rien fait savoir de la situation de l'armée, et qui se trouvait séparé du théâtre des opérations par un immense territoire au pouvoir de l'ennemi.

S'il eût reçu ces instructions, il n'eût pas manqué sans doute de protester contre des ordres formulés dans de semblables conditions, de se plaindre, non sans raison, des entraves apportées à la liberté de son initiative ou à l'exécution de ses plans.

Il eût donné ainsi à son inaction un meilleur prétexte que celui tiré de cette absence d'ordres qui lui laissait, nous tenons à le constater, une indépendance entière.

Quant à des nouvelles, il n'en était pas tellement dépourvu qu'il n'ait jugé devoir annoncer officiellement par un ordre à l'armée la révolution du 4 septembre et l'avénement du gouvernement nouveau. Les émissaires, les soldats évadés, les prisonniers faits, les feuilles allemandes trouvées dans les combats d'avant-postes, les parlementaires prussiens eux-mêmes lui fournissaient des renseignements pour ainsi dire au jour le jour.

Enfin, il entrait dans Metz un grand nombre de journaux français remis directement au maréchal ou portés à sa connaissance. On trouve ainsi trace de douze numéros au moins qui lui furent communiqués entre la révolution du 4 septembre et le 24 du même mois, date du départ de Régnier.

Dans ces conditions, était-il sérieux et de bonne foi de parler de l'absence de nouvelles?

Si le maréchal avait pu, à la première annonce de la révolution, concevoir des inquiétudes sur la nature des sentiments qui animaient à son égard le gouvernement de la Défense nationale, la lecture de ces journaux, dans lesquels il n'était désigné que sous le nom du « Glorieux », de « l'Héroïque Bazaine », devait-elle lui laisser le moindre doute sur le sentiment de la France et des chefs du pouvoir à son égard? Ne devait-il pas, au contraire, s'efforcer d'élever son énergie et son patriotisme à la hauteur des grands services que la patrie en attendait?

Après cette disgression indispensable, nous en arrivons aux démarches qui amenèrent l'ouverture des négociations officielles avec l'ennemi, et qui, par suite, en détournant l'armée de sa seule voie de salut, allait fatalement aboutir à cette capitulation, dont le nom seul prononcé à ce moment eût provoqué chez tous une légitime indignation.

Le 7 octobre, en rentrant du combat de Bellevue, les commandants de corps trouvèrent chez eux une lettre confidentielle, dans laquelle, rappelant à grands traits les conditions où se trouvait l'armée, le général en chef leur demandait de « lui faire connaître, après un examen approfondi de la situation, et après en avoir conféré avec leurs généraux de division, leur opinion personnelle et leur appréciation motivée. » Il leur annonçait en même temps qu'il les réunirait ensuite, afin de prendre une décision.

Ainsi cette lettre avait été écrite par le maréchal Bazaine avant le combat. Cette circonstance suffirait à elle seule pour indiquer combien peu il songeait à percer les lignes!

A sa dépêche était jointe copie de celle reçue le jour même du général Coffinières exposant qu'il ne restait plus que cinq jours de pain à l'armée et dix jours à la population civile.

C'était donc quand la situation était déjà si critique, sinon désespérée, que le maréchal, pour la première fois, depuis la rentrée sous Metz, le 1er septembre, croyait devoir consulter ses lieutenants!

Si pénible qu'il dût être pour eux d'émettre un avis dans de semblables conditions, en présence de ces paroles que leur écrivait le maréchal :

« Le devoir d'un commandant en chef est de ne rien laisser ignorer en pareille occurrence aux commandants de corps sous ses ordres, et de s'éclairer de leurs avis et de leurs conseils, » leur patriotisme n'hésita pas.

Comment auraient-ils pu croire, en effet, qu'en leur tenant un si digne langage, leur chef les trompait, et que ses protestations de confiance et de sincérité n'étaient qu'un leurre pour obtenir d'eux un document écrit, pouvant, au besoin, être invoqué pour excuser sa conduite!

Le commandant en chef qui reconnaissait et affirmait comme un devoir rigoureux « de ne laisser rien ignorer à ses commandants de corps, » se bornait cependant dans sa lettre à leur signaler la pénurie des vivres et la situation critique de l'armée. Il leur cachait et les pourparlers avec Régnier, et les propositions portées par celui-ci à M. de Bismark.

Il taisait également le télégramme qu'il avait reçu du chancelier prussien, la proposition de capituler, qu'il avait réitérée auprès du général Stiehle, son attente infructueuse d'une réponse pour le 1er octobre. enfin, l'inutilité de toutes ses tentatives de négociations.

Il gardait enfin le silence sur l'existence à Thionville et à Longwy des approvisionnements considérables que le gouvernement de la Défense nationale avait réussi à y faire entrer, pour ravitailler l'armée de Metz.

Ainsi, tout en demandant à ses lieutenants de lui donner « leur opinion personnelle et leur avis motivé après un examen mûri et très-approfondi de la situation, » le maréchal leur dissimulait une partie de cette situation et ne leur laissait que des examens d'appréciation tronqués et incomplets.

Comment alors prendre au sérieux l'argument qu'il voudrait tirer de leur réponse?

En raison de la position où se trouvait l'armée, dont la plupart des chevaux, épuisés par la disette, étaient déjà peu propres au service, le succès d'une tentative de sortie pouvait paraître douteux.

Cette considération influença, sans doute, quelques commandants de corps, au moment où ils allaient se prononcer. Aussi trouve-t-on une grande diversité d'opinions dans leurs réponses. Toutefois, trois avis bien distincts s'en dégagent.

Ou tenter sans succès le sort des armes;

Ou tenir jusqu'à la dernière extrémité dans le camp retranché;

Ou enfin entrer immédiatement en négociations avec l'ennemi, afin d'obtenir de lui des conditions meilleures.

Sur un point, cependant, les généraux sont unanimes : dans le cas où les conditions imposées seraient de nature à porter atteinte à l'honneur de l'armée, le devoir commande de les repousser et de chercher à se faire jour en combattant.

C'eût été le cas, pour le maréchal, de se rappeler les dispositions du règlement sur le service des places obligeant le commandant à prendre ses résolutions, suivant l'avis le plus énergique, s'il n'est absolument impraticable. Mais non; il agit à l'inverse de cette règle, adopte l'avis le moins énergique, et ne tient plus tard aucun compte de l'intention unanimement exprimée de recourir aux armes, si les conditions proposées sont contraires à l'honneur.

Observons que le maréchal, une fois muni de ces avis, nettement formulés par écrit, n'avait que faire de réunir les commandants de corps; nous l'avons constaté déjà, cette réunion n'avait aucun caractère régulier. Si le règlement ordonne au commandant d'une place assiégée de prendre l'avis d'un conseil de défense, il ne prescrit aucune disposition de ce genre au commandant d'une armée.

C'est donc à titre purement officieux seulement que le maréchal pouvait réunir ses lieutenants, et leur avis, fût-il unanime, ne pouvait le couvrir ni diminuer en rien sa responsabilité.

La réunion des commandants de corps était du reste complètement inutile. Le maréchal connaissait leurs opinions, avait reçu leurs conseils; une seule chose restait encore à faire : prendre une décision. Or, même dans la place assiégée, où le conseil de défense a une existence légale, c'est, le conseil entendu et la séance levée, que le commandant arrête seul ses résolutions.

Que pouvait donc attendre de cette réunion, tout à la fois inutile et extra-réglementaire, le commandant en chef à qui son expérience militaire devait apprendre que dans ce cas ce ne sont jamais les résolutions les plus énergiques qui prévalent?

Les grands capitaines sont unanimes à ce sujet :

Le prince Eugène avait coutume de répéter qu'un général, ayant envie de ne rien entreprendre, n'avait qu'à tenir un conseil de guerre. — « Les conseils de guerre, disait de son côté le maréchal de Villars, ils ne sont bons que quand on veut une excuse pour ne rien faire! » Et c'est pour ces mêmes motifs que le grand Frédéric les avait défendus à ses généraux.

Il est inutile de multiplier ces citations devant vous, messieurs, qui savez que telle fut toujours l'opinion de tous les hommes de guerre, et qui vous rappelez ces paroles de Napoléon Ier : « En tenant des conseils, on finit par prendre le plus mauvais parti, qui, presque toujours, à la guerre, est le plus pusillanime. »

D'autre part, le maréchal Bazaine ne devait-il pas s'attendre à ce que l'influence exercée par la présence du général en chef sur l'esprit de ses lieutenants nuisît à leur liberté d'appréciation?

Les réponses à sa lettre confidentielle du 7 octobre renfermaient un enseignement à cet égard.

Chacune d'elles, en effet, avait été rédigée à l'issue d'un conseil réuni dans le corps d'armée.

Or, malgré la divergence des opinions émises dans les réponses faites au commandant en chef, les conclusions de chaque lettre avaient été prises à l'unanimité. En d'autres termes, tous les généraux s'étaient, en définitive, rangés au même avis que leur commandant de corps, sauf dans la garde, où la divergence ne portait pas, d'ailleurs, sur le fond de la question.

Si nous constatons cet effet alors que les commandants de corps, agissant en toute loyauté, s'étaient gardés d'exercer aucune pression sur leurs subordonnés, ne prévoyez-vous pas, messieurs, plus sûrement encore, une semblable issue pour la conférence du 10 octobre?

Que sera-ce donc si, en outre de ses réticences, le commandant en chef a recours aux subterfuges pour arracher l'adhésion de ses lieutenants?

Le conseil, on le conçoit, ne pouvait guère avoir d'autre résultat que d'amener les esprits à l'idée de négocier au lieu de combattre, ni d'autre but que de faire partager aux généraux une responsabilité qui incombait au maréchal Bazaine seul.

Nous allons voir ce dernier procéder de manière à arriver à ses fins, tout en évitant d'intervenir directement dans la discussion, pour ne pas paraître imposer son opinion.

Nous devons examiner en détail ce qui se passa le 10 octobre dans cette réunion des commandants de corps et d'armes, car des résolutions qui en sortirent datent les premiers pourparlers avoués et officiels avec l'ennemi, et le conseil du 10 est, en fait, le début de la capitulation.

C'est d'ailleurs la seule réunion qui ait été l'objet d'un procès-verbal régulièrement signé par tous les membres du conseil.

Le fait même de cette précaution prise ici pour la première et pour la dernière fois indique nettement le dessein du maréchal d'engager la responsabilité de ses lieutenants et dénote l'intérêt qu'il attachait à posséder un témoignage authentique de leur opinion.

Malheureusement, cette pièce est loin de nous fournir des renseignements complets.

L'exposé de la situation fait par le maréchal y est très-succinctement indiqué, mais il reproduit *in extenso* les déclarations du général Coffinières et de l'intendant en chef au sujet de la pénurie des vivres et de l'état sanitaire. Le procès-verbal passe ensuite aux questions posées et se termine par l'énoncé des avis émis par le conseil. Toutefois, il reste muet sur la discussion préalable et sur l'opinion exprimée par chacun des membres, différant ainsi des comptes rendus des réunions des 26 août, 18 et 26 octobre.

Dans ceux-ci, la discussion est, en effet, reproduite en détail, et nous y lisons les considérations qui auraient été émises par tous les généraux présents. Il est vrai de dire que le maréchal n'a pas communiqué ces pièces à ses lieutenants, qui ont tous fait certaines réserves sur leur exactitude.

En s'abstenant, dans sa lettre confidentielle, de donner à ses lieutenants les indications indispensables pour qu'ils pussent se prononcer en connaissance de cause, le maréchal se réservait-il du moins de les éclairer lorsque, réunis, il allait leur demander conseil?

Non: avant comme pendant cette délibération, il conserva vis-à-vis d'eux le même silence que lorsque, le 7, il leur avait demandé leur avis par écrit. Les commandants de corps devaient donc se croire parfaitement renseignés sur tout ce que le général en chef savait lui-même.

Ils furent confirmés dans cette opinion par les déclarations du maréchal reproduites dans le procès-verbal et exposant que : « Malgré toutes les tentatives faites pour se mettre en communication avec la capitale, il ne lui était jamais parvenu aucune nouvelle officielle du gouvernement, qu'aucun indice d'une armée française opérant pour faire une diversion utile à l'armée du Rhin, ne lui avait été signalée. »

Le maréchal est revenu à plusieurs reprises sur cette absence complète de nouvelles, et a cherché une excuse à ses agissements politiques dans l'isolement où il serait resté à Metz.

Vous savez, messieurs, ce qu'il faut penser de cette allégation. La vérité était que le commandant en chef n'avait jamais voulu donner de ses nouvelles au gouvernement de la Défense nationale, qu'il n'avait pas cherché à en recevoir de lui, et qu'il cachait avec soin celles qui avaient pu lui parvenir.

Examinons maintenant ce qui s'est passé dans le cours de la réunion.

Nous avons cité les termes succincts suivant lesquels est rapporté dans le procès-verbal l'exposé de la situation fait par le maréchal.

Les souvenirs des membres du conseil permettent de compléter certaines lacunes de ce compte rendu.

Deuxième complément de l'audience du 5 décembre

Présidence de M. le duc d'Aumale

Suite du Réquisitoire

M. le commissaire du gouvernement poursuit son réquisitoire.

Le général Coffinières a déposé en ces termes (relativement à la conférence du 10 octobre) : « Le maréchal exposa que le prince Frédéric-Charles ne repoussait pas l'idée d'une négociation, mais que ses pouvoirs n'étaient pas assez étendus, et qu'il fallait en référer au roi de Prusse et à M. de Bismark; enfin, que les puissances allemandes ne reconnaissaient pas d'autre gouvernement en France que celui de la régence. »

Un autre témoin s'est également rappelé ces paroles.

Voici deux assertions du maréchal qui eussent mérité, par leur importance, d'être consignées au procès-verbal. Elles n'y figurent pas. Vous comprendrez, messieurs, pourquoi elles y furent omises.

« Le prince Frédéric-Charles ne repoussait pas l'idée d'une négociation, mais ses pouvoirs n'étaient pas assez étendus, et il fallait en référer au roi de Prusse et à M. de Bismark. »

Les faits ont confirmé ces dépositions, car c'est ainsi qu'on a procédé.

Comment le maréchal avait-il pu être renseigné à cet égard, sinon par une réponse du prince à une demande antérieure?

Il y avait donc eu encore, depuis la lettre du 29 au général Stiehle, de nouveaux pourparlers engagés, ou plutôt les premiers avaient continué et ils n'avaient échoué que par la fin de non-recevoir opposée par le prince.

Les paroles du maréchal ne sauraient s'expliquer autrement. Nous trouverons, du reste, une seconde preuve de cette continuation de pourparlers, dans ces mots du général Boyer à M. Bompard, lors de son second passage à Bar-le-Duc :

« J'étais allé, dit-il, à Versailles pour tâcher d'obtenir des conditions plus douces que celles qui nous étaient faites. »

Ne doit-on pas même déduire de cette confidence que si les pourparlers avec le prince avaient été rompus, ce n'était pas faute des pouvoirs nécessaires, mais bien parce que l'on espérait un meilleur résultat en traitant directement avec M. de Bismark?

Les paroles du maréchal au conseil et celles du général Boyer à M. Bompard nous permettent en même temps de deviner, en partie du moins, l'objet de ces relations clandestines si fréquemment entretenues avec le quartier général prussien.

Ainsi, quand le maréchal demandait à ses lieutenants leur avis sur l'opportunité d'entamer des négociations, non-seulement il en avait ouvert déjà, mais ces négociations étaient encore pendantes!

D'autre part, le maréchal annonce au conseil, d'après le général Coffinières, « que les puissances allemandes ne reconnaissaient pas d'autre gouvernement que celui de la régence. »

Vous retrouverez, messieurs, l'influence du communiqué de Reims et des entretiens de Régnier avec le maréchal. Bien qu'elle fût restée sans résultat, l'entrevue de Ferrières prouvait, sans conteste, que les gouvernements allemands étaient loin de ne reconnaître en France d'autre pouvoir que le gouvernement de la régence, puisqu'ils auraient consenti à traiter avec le pouvoir issu du 4 septembre, sous la réserve de faire ratifier les stipulations par une Assemblée nationale.

Nous avons le regret de constater que cette assertion du maréchal avait aussi peu de fondement que celle relative à l'impossibilité de communiquer.

Après l'exposé de la situation, il convenait d'examiner d'abord les réponses faites à la lettre confidentielle du 7 octobre.

Mais, comme par surcroît de précaution, le maréchal ne fait lire que partie de ces réponses et passe notamment sous silence celles qui formulaient nettement l'avis de recourir aux armes, ou ne proposaient pas d'entrer en négociations; ainsi, il n'est donné lecture ni de la lettre du maréchal Le Bœuf, ni de celle du général de Ladmirault.

Le temps écoulé depuis le 10 octobre 1870 ne permettant plus de suppléer au silence du procès-verbal, en ce qui concerne l'ordre suivi pour la discussion, ni la part prise par chacun des membres du conseil, nous passerons à l'examen des propositions soumises au vote, et à celui des conclusions adoptées.

Exposé fait de la situation, le procès-verbal poursuit en ces termes :

« Après lecture faite au conseil du rapport de S. Exc. le maréchal Canrobert, commandant le 6e corps d'armée, du rapport de M. le général Coffinières, commandant supérieur de Metz, du rapport de M. le général Desvaux, commandant provisoirement la garde impériale, la situation militaire se résume dans les questions suivantes :

« 1° L'armée doit-elle tenir sous les murs de Metz jusqu'à l'entier épuisement de nos ressources alimentaires?

« 2° Doit-on continuer à faire des opérations autour de la place pour essayer de se procurer des vivres et des fourrages?

« 3° Peut-on entrer en pourparlers avec l'ennemi pour traiter des conditions d'une convention militaire?

« 4° Doit on tenter le sort des armes et chercher à percer les lignes ennemies? »

Remarquons-le, messieurs, les questions ainsi posées par le maréchal ne semblent pas présentées suivant l'ordre logique.

Ainsi, il eût fallu évidemment résoudre, en premier lieu, cette alternative : Doit-on tenter le sort des armes pour percer les lignes ennemies, ou bien est-il préférable de demeurer sous Metz jusqu'à la dernière extrémité?

Les autres questions n'étaient, en effet, qu'incidentes et ne devaient entrer en discussion qu'après le rejet préalable de la proposition de recourir aux armes.

En renvoyant à la fin de son exposé cette question capitale, de la solution de laquelle toutes les autres dépendaient, le maréchal nous autorise à dire qu'elle n'a été présentée que pour mémoire, et que ses résolutions étaient secrètement arrêtées à l'avance dans son esprit.

Ce qui nous confirme dans cette appréciation, c'est qu'en réalité la question n'a pas même été posée par le maréchal, et que, sans l'initiative de l'un des généraux présents, elle n'aurait pas été soumise au conseil, comme il sera prouvé tout à l'heure.

La première question fut résolue affirmativement.

Les considérants énoncés furent les suivants :

« La présence de l'armée sous les murs de Metz, y retient une armée ennemie de 200 000 hommes, dont il n'est point possible de disposer ailleurs, et dans les conditions où elle se trouve, le plus grand service que l'armée du Rhin puisse rendre au pays est de gagner du temps et de lui permettre d'organiser la défense dans l'intérieur. »

C'est au moment où le conseil vient d'entendre le général Coffinières annoncer dans sa lettre, puis verbalement, qu'à raison de 250 grammes de pain, les vivres feront complétement défaut le 20 octobre et qu'il est indispensable de traiter avant le 16, c'est à ce moment, disons-nous, que sont invoquées de telles considérations.

Était-il bien sérieux de parler de gagner du temps et de retenir devant la place 200 000 ennemis, quand on savait que le délai possible ne devait pas dépasser huit jours?

Était-ce la meilleure manière d'aider à l'organisation de la défense dans l'intérieur, que de maintenir sans communication avec le reste de la France la presque totalité des cadres de l'armée régulière, alors que ces cadres étaient indispensables pour donner quelque solidité aux troupes de la nouvelle levée?

Il suffit de poser ces questions pour les résoudre. Aussi doit-on regretter de voir présenter de semblables arguments à l'appui de la résolution qui devait aboutir fatalement en quelques jours à une catastrophe.

Mieux eût valu se contenter de faire l'aveu de son impuissance que de chercher à dissimuler sous des considérations vaines les conséquences de la situation.

La deuxième question fut résolue négativement à l'unanimité. Il fut reconnu : « Qu'il n'y avait pas lieu de continuer à faire des opérations autour de la place, en raison du peu de probabilité de trouver des ressources suffisantes pour vivre quelques jours de plus, à cause des pertes que ces opérations occasionneraient, et de l'effet dissolvant que leur insuccès pourrait exercer sur le moral de la troupe. »

L'opinion des commandants de corps, si rationnelle à ce moment où il ne restait plus rien à recueillir aux environs, eût sans doute été tout autre s'ils avaient connu les approvisionnements considérables qui les attendaient à Thionville et à Longwy. Mais le maréchal Bazaine s'était abstenu de les en instruire.

La troisième question fut, d'après le procès-verbal, résolue affirmativement à l'unanimité, et le conseil émit l'avis qu'il y avait lieu d'engager des pourparlers avec l'ennemi dans un délai de quarante-huit heures « afin de conclure une convention militaire honorable et acceptable pour tous. »

C'était là la résolution importante. Comme il l'avait désiré, le maréchal obtenait ainsi l'acquiescement de ses lieutenants à la proposition d'entrer en négociations avec l'ennemi.

Pour l'obtenir, il leur avait soigneusement tû ses tentatives précédentes; car s'il leur eût appris qu'il avait offert par l'intermédiaire de Régnier, de capituler sous la seule réserve d'obtenir les honneurs de la guerre et de laisser la place de Metz en dehors des stipulations, s'il eût annoncé que ces propositions n'avaient pas été accueillies non plus que celles qu'il avait renouvelées, dans le même but, le 29 septembre, auprès du général de Stiehle, quel est celui qui n'eût compris l'inutilité absolue de toute négociation ultérieure?

Connaissant l'artifice employé, on se rend compte du résultat obtenu. On ne saurait trop regretter cependant que le conseil n'ait pas compris que ces pourparlers conduisaient tout droit à une capitulation et que dès lors, en présence des prescriptions absolues de la loi militaire, il n'ait pas formellement refusé d'y acquiescer.

Au sujet de la quatrième question : « Doit-on tenter le sort des armes et chercher à percer les lignes ennemies? » le procès-verbal s'exprime ainsi :

« La quatrième question en amène une cinquième. — M. le général Coffinières demande s'il ne serait pas préférable de tenter le sort des armes avant d'entamer des négociations, le succès de cette tentative pouvant rendre les pourparlers inutiles, ou bien le résultat infructueux de notre effort pouvant peser dans la balance du poids des pertes que nous aurions fait subir à l'ennemi.

« Cette question est écartée à la majorité. »

Telles sont les seules paroles qui, dans le document officiel, se rapportent à la proposition faite de tenter le sort des armes avant de négocier.

Quelle est donc, nous le cherchons en vain, la différence entre la quatrième question restée sans solution, et la cinquième malheureusement écartée, mais à la majorité des voix seulement et non à l'unanimité?

En réalité, il n'y a là qu'une seule et même question, dont l'initiative appartient au général Coffinières seul, et le procès-verbal indique que le maréchal n'en parla pas.

Il demeure donc établi par son texte même que, dans la pensée de plusieurs généraux, mieux valait combattre que négocier et que si l'opinion contraire a finalement prévalu, elle n'a pas du moins été unanime, comme le donne à croire la rédaction du compte rendu.

Si, en entamant des négociations, on était décidé à tenter un effort désespéré pour repousser des conditions humiliantes, il importait de connaître ces conditions le plus promptement possible. Mais, en revanche, l'offre de capituler avait l'inconvénient grave d'indiquer aux Allemands la situation critique de notre armée.

C'était, en effet, leur annoncer que l'on ne comptait plus sur l'heureuse issue d'un combat. C'était ajouter ainsi à leurs chances de succès, en augmentant leur confiance. Ce n'est donc pas sans de graves motifs que nos règlements défendent au commandant d'une place assiégée d'entrer en pourparlers avant d'être arrivé au dernier terme de la résistance. La loi va plus loin encore en ce qui concerne le commandant d'une armée en campagne, et comme vous le savez, messieurs, elle lui interdit d'une façon absolue de capituler.

Puisque cette interdiction formelle n'arrêtait pas le maréchal, il devait au moins considérer comme un devoir d'attendre l'épuisement complet de ses ressources pour entamer les négociations.

Le conseil émit enfin, d'un commun accord, un dernier avis :

« Si les conditions de l'ennemi portent atteinte à l'honneur des armes et du drapeau, on essayera de se frayer un chemin par la force avant d'être épuisé par la famine, et tandis qu'il reste la possibilité d'atteler quelques batteries. »

En prenant cette résolution virile, les généraux comprenaient ce que l'honneur exigeait de l'armée du Rhin. Ils affirmaient ainsi leur volonté de tomber dignement, en restant jusqu'au bout fidèles au devoir.

Mais, pour pouvoir donner suite à ce projet, ce n'était pas à l'ouverture des négociations, c'était à la réponse de l'ennemi qu'il importait d'assigner un délai très-rapproché.

En laissant toute latitude à la diplomatie allemande, on s'enlevait la faculté de choisir l'instant propice et on s'exposait à la pire des extrémités, celle de mettre bas les armes sans avoir pu sauver l'honneur du drapeau par une lutte suprême.

Comme on eût pu le prévoir, la réponse de l'ennemi se fera attendre, elle n'arriva que le 18 octobre, jour indiqué à Régnier comme le terme de la durée des vivres, et, à ce moment, la proposition de sortie les armes à la main, adoptée à l'unanimité le 10, sera repoussée en raison de l'épuisement des hommes et des chevaux.

On ne saurait donc trop déplorer que le conseil n'ait pas prévu ce résultat inévitable, et qu'il n'ait pas été ramené ainsi à opiner pour un recours immédiat aux armes, seul moyen d'éviter une capitulation humiliante.

Telles furent, messieurs, les conclusions du conseil du 10 octobre.

Vous l'avez vu, bien qu'il eût caché la vérité à ses lieutenants, le maréchal reçut, dans ce conseil, comme dans les réponses à sa lettre confidentielle, quelques avis énergiques, que le devoir lui commandait impérieusement de suivre.

Le règlement est en effet précis et formel à cet égard :

« Le conseil entendu et la séance levée, le commandant doit prendre seul ses résolutions, en suivant l'avis le plus énergique, s'il n'est absolument impraticable. »

Or, pourrait-on soutenir que, dans l'esprit des membres du conseil une tentative de sortie était absolument impraticable, alors qu'ils s'engageaient, à l'unanimité, à recourir aux armes, dans le cas où les conditions imposées par l'ennemi ne seraient pas acceptables?

Le maréchal ne savait-il pas, d'ailleurs, que les négociations qu'on allait entamer avaient déjà échoué, et pouvait-il croire que l'ennemi se montrerait en ce moment moins rigoureux qu'il ne l'avait été, quand l'armée était en meilleur état pour combattre?

Le procès-verbal de la séance du 10 octobre se termine par l'exposé des réponses du conseil à chacune des questions.

En tête de cet exposé, on lit ces mots : Il est donc convenu et arrêté : « 1° que, 2° que, etc. » Et à la fin ceux-ci :

« Ont approuvé et signé MM. les maréchaux Canrobert et Le Bœuf, les généraux de Ladmirault, Frossard, Desvaux, Soleille et Coffinières, l'intendant en chef Lebrun, enfin le maréchal Bazaine, commandant en chef, » dont suivent les signatures.

Il est impossible de ne pas être frappé de la teneur suivant laquelle sont présentées ces conclusions. Le conseil n'avait et ne pouvait avoir qu'un avis à émettre, il n'avait aucune qualité pour décider, car c'est au général en chef seul qu'il appartient toujours de le faire, dans la plénitude de son action, mais aussi de sa responsabilité.

Méconnaître ces principes, c'est violer les lois de la hiérarchie, c'est porter une atteinte grave à la discipline, c'est enfin briser l'unité de commandement qui fait l'unité d'obéissance et la force des armées.

Le maréchal ne conteste pas cette règle absolue, aussi déclare-t-il qu'il ne voulait que consulter ses lieutenants. Mais, si les conclusions rapportées dans le procès-verbal n'étaient que des avis, pourquoi leur donner la forme d'une décision, en les faisant précéder de ces mots : « Il a été arrêté et convenu ce qui suit »?

Il ne s'agit pas d'ailleurs d'une erreur de rédaction isolée et involontaire. Faut-il rappeler que le maréchal a cherché à imputer au conseil du 26 août la responsabilité de son inaction avant Sedan? Nous le verrons agir de même dans toutes les réunions ultérieures.

Ainsi le compte rendu de la conférence du 18 octobre, après avoir mentionné qu'il s'agissait de décider s'il fallait ou non continuer les négociations, poursuit en ces termes :

« Le général Soleille, le général Desvaux, le général de Ladmirault, le général Frossard, le maréchal Canrobert se prononcent pour l'affirmative. Le général Coffinières et le maréchal Le Bœuf se prononcent pour la négative. En conséquence le général Boyer se rend à Hastings, etc. »

Ici, le commandant en chef ne se compte même pas au nombre des membres qui votèrent sur la proposition de l'envoi du général Boyer à Hastings. Nous reviendrons sur cette particularité.

Dans le récit de la réunion du conseil du 24, on lit :

« Le conseil.... pria M le général Changarnier.... de se rendre auprès du prince Frédéric-Charles, pour demander la neutralisation de l'armée avec un armistice local, etc. »

Dans le procès-verbal du conseil du 26 octobre :

« Les membres de la conférence déclarent que la ville doit suivre la fortune de l'armée....

« Le conseil décide qu'il sera fait droit à la demande de l'intendant qui prendra la direction générale des services des subsistances dans la ville de Metz....

« Le conseil décide enfin que le général Jarras, comme chef d'état-major de l'armée, se rendra auprès du chef d'état-major de l'armée allemande, pour y régler avec lui les conditions définitives qui devront être acceptées par tous les membres présents. »

Enfin, le procès-verbal du 28 octobre s'exprime en ces termes :

« Le 28 octobre, étaient réunis en conseil, sous la présidence de S. E. le maréchal Bazaine.... MM. les commandants des corps d'armée, le chef supérieur de l'artillerie et celui du génie, ce dernier commandant supérieur de la place de Metz.... à l'effet d'entendre la lecture de la convention signée.... par M. le général chef d'état-major de l'armée, muni à cet effet des pleins pouvoirs de M. le maréchal Bazaine et de tous les membres du conseil, lesquels lui ont été conférés dans la séance du 26 octobre.

« Le conseil a reconnu que son mandataire avait usé des larges instructions qu'il avait reçues..., etc. »

Le rapprochement de ces textes démontre jusqu'à l'évidence que le maréchal a cherché à représenter ses lieutenants comme ayant agi solidairement avec lui dans toutes les phases de la capitulation et à faire ainsi peser également sur eux une responsabilité qui n'incombe qu'à lui seul.

Bien plus, en attribuant au conseil, le 24 octobre, des décisions au sujet de questions étrangères aux négociations entamées, par exemple le service des subsistances, en omettant de faire figurer son nom parmi les votants, le 18 octobre, le maréchal a voulu faire entendre que le conseil faisait acte de commandement, et qu'il s'était borné, lui, général en chef, à être l'exécuteur de ses volontés !

A l'occasion de la première réunion des commandants de corps, tenue en vue de la capitulation, nous avons cru devoir insister sur le caractère fallacieux des comptes rendus de ces conseils, afin d'éviter toute erreur d'appréciation sur la portée véritable de ces délibérations, et pour n'avoir pas à répéter pour chaque séance les réserves à faire sur la sincérité de ces documents.

Ainsi donc, suivant l'avis du conseil, on allait entamer des négociations avec l'ennemi. Le maréchal chargea de cette mission son premier aide de camp, M. le général Boyer. Il avait voulu conserver dans ses anciennes fonctions cet officier tout récemment promu, bien que son nouveau grade fût incompatible avec elles aux termes du règlement.

Au lieu d'envoyer son mandataire au commandant des forces allemandes devant Metz, le maréchal demanda un sauf-conduit pour permettre au général de se rendre à Versailles auprès du roi de Prusse et de M. de Bismark.

On ne s'expliquerait pas cette dérogation aux règles ordinairement suivies, dans toutes conférences ayant un caractère purement militaire, si l'on ne se rappelait que le maréchal avait déclaré au conseil que les pouvoirs du prince n'étaient pas assez étendus. Le véritable motif était, nous l'avons vu, qu'il avait déjà tenté de négocier par l'intermédiaire du prince, et qu'il espérait obtenir directement à Versailles des conditions meilleures que celles exigées à Corny.

Après un premier refus, qui fit perdre un jour, le roi de Prusse accorda l'autorisation demandée, et le général Boyer partit le 12 octobre pour Versailles.

Nous allons voir quelles propositions il allait y porter.

Le maréchal Bazaine a fait connaître le contenu d'une pièce qu'il aurait remise au général Boyer. Voici ce document important :

« Au moment où la société est menacée par l'attitude qu'a prise un parti violent, et dont les tendances ne sauraient aboutir à une solution que cherchent les bons esprits, le maréchal commandant l'armée du Rhin, s'inspirant du désir qu'il a de sauver son pays, et de le sauver de ses propres excès, interroge sa conscience et se demande si l'armée placée sous ses ordres n'est pas destinée à devenir le palladium de la société.

« La question militaire est jugée; les armes allemandes sont victorieuses, et S. M. le roi de Prusse ne saurait attacher un grand prix au stérile triomphe qu'il obtiendrait en dissolvant la seule force qui puisse aujourd'hui maîtriser l'anarchie dans notre malheureux pays, et assurer à la France et à l'Europe un calme devenu nécessaire après les violentes commotions qui viennent de les agiter.

« L'intervention d'une armée étrangère, même victorieuse, dans les affaires d'un pays aussi impressionnable que la France, dans une capitale aussi nerveuse que Paris, pourrait manquer le but, surexciter outre mesure les esprits et amener des malheurs incalculables.

« L'action d'une armée française encore toute constituée, ayant bon moral, et qui, après avoir loyalement combattu l'armée allemande, a la conscience d'avoir su conquérir l'estime de ses adversaires, pèserait d'un poids immense dans les circonstances actuelles. Elle rétablirait l'ordre et protégerait la société, dont les intérêts sont communs avec ceux de l'Europe.

« Elle donnerait à la Prusse, par l'effet de cette même action, une garantie des gages qu'elle pourrait avoir à réclamer dans le présent, et enfin, elle contribuerait à l'avénement d'un pouvoir régulier et légal, avec lequel les relations de cette nature pourraient être reprises sans secousse et naturellement.

« Ban-Saint-Martin, 10 octobre 1870. »

Le rédacteur de cette étrange pièce rédigée en style figuré, paraît s'être beaucoup moins inspiré de la situation critique de son armée que de considérations d'ordre politique et de raisons d'intérêt social derrière lesquelles il espérait dissimuler plus facilement les visées de son ambition. On n'y trouve aucune proposition nette et précise; il n'y est fait mention ni des pouvoirs donnés au général Boyer, ni des conditions à obtenir, ni des concessions à faire, rien, en un mot, qui puisse servir de base aux pourparlers qui allaient s'engager. Ce ne sont pas là, en réalité, des instructions, mais une simple note qui semble plutôt destinée à être mise sous les yeux de M. de Bismark qu'à tracer la conduite du négociateur.

Le maréchal affirme cependant que c'est là le seul document écrit remis par lui à son aide de camp.

Quelle que fût la confiance du commandant en chef dans celui ci, il est difficile d'admettre qu'il s'en soit ainsi rapporté entièrement à sa sagacité pour fixer les clauses à débattre.

Pouvait-il espérer qu'un ennemi, enivré de ses succès, renoncerait gratuitement à recueillir le résultat d'une campagne de deux mois et laisserait rentrer librement en France une armée qu'il comptait sans doute réduire par la famine sous peu de jours?

Il était évident qu'il faudrait offrir une compensation. Quels avantages, quels dédommagements le général Boyer était-il autorisé à promettre au nom du commandant en chef?

Celui-ci ne l'a pas fait connaître, se bornant à déclarer que les instructions données par lui se résumaient dans la note que nous venons de lire.

Il a ajouté que le général Boyer devait surtout se renseigner et sonder les dispositions des gouvernements allemands. Observons-le, messieurs; s'il n'eût confié d'autre mission à son aide de camp, le maréchal aurait complétement mis de côté les conclusions du conseil du 10, tendant à l'ouverture des négociations sous quarante-huit heures.

Il aurait, d'autre part, oublié la situation des vivres et par suite l'obligation de hâter le plus possible le résultat de la démarche qu'il devait tenter.

Enfin, s'il ne voulait avoir que de simples renseignements, le prince Frédéric-Charles, qui communiquait télégraphiquement avec le quartier général du roi, était en mesure de les lui fournir, et quand il ne restait plus que huit jours de vivres, le général en chef n'a pu perdre un temps si précieux à envoyer en quête à Versailles, uniquement pour tâter le terrain.

On ne saurait donc en douter, le général Boyer a reçu nécessairement, avant son départ, soit verbalement, soit par écrit, les instructions indispensables pour lui permettre de débattre et de préparer les bases d'une convention.

C'est en effet ainsi que les choses se passèrent, si l'on en juge par le passage suivant de l'entretien du général Boyer avec M. de Bismark :

« Reprenant la note que le maréchal m'avait remise à mon départ, dit M. Boyer, j'exposai à M. de Bismark le rôle que l'armée devait remplir après avoir quitté Metz. L'armée se rendrait, avec l'assentiment du conseil de guerre, sur un territoire neutralisé, où les pouvoirs publics, tels qu'ils étaient constitués avant le 4 septembre, seraient appelés à proposer ou à déterminer la forme du gouvernement. »

Ces déclarations du général sont précises et singulièrement plus explicites que la note elle-même. On n'y trouve pas les circonlocutions et les artifices de langage dont le maréchal avait enveloppé sa pensée et qui pouvaient à la rigueur être de mise dans un document diplomatique à placer sous les yeux du chancelier prussien.

Troisième complément de l'audience du 5 décembre

PRÉSIDENCE DE M. LE DUC D'AUMALE

Suite du Réquisitoire

M. le général Pourcet, continuant son réquisitoire, parle de la mission du général Boyer à Versailles.

Voilà donc, dit-il, quelles étaient les offres du maréchal : il proposait la restauration du gouvernement impérial et le concours de l'armée du Rhin pour garantir à l'ennemi la possession du fruit de ses succès!

C'est en vain que, se retranchant derrière les réticences et les ambiguïtés calculées de sa note, il a prétendu que jamais il n'aurait consenti à des stipulations de nature à diviser la défense.

Avait-il donc oublié que l'empire effondré avait disparu depuis cinq semaines, et que, par suite, ses combinaisons politiques n'auraient pu se réaliser que par la force? Que venait-il donc parler de désordres et de violences lorsqu'il allait provoquer lui-même la guerre civile dans ce qu'elle a de plus affreux, puisque, dans cette lutte fratricide, l'armée du Rhin aurait eu l'envahisseur pour auxiliaire et pour adversaires des Français en armes pour défendre l'indépendance nationale et chasser l'étranger!

Telle était, en effet, la conséquence fatale, inévitable de la réussite de ses projets.

Certes, c'était de la part du maréchal Bazaine une étrange aberration que de supposer que l'armée le suivrait sur cette voie où, malgré les douleurs d'une chute immense et les regrets de l'exil, l'impératrice avait déjà refusé de s'engager.

Vous remarquerez, messieurs, que les instructions emportées par le général Boyer étaient loin de répondre aux intentions manifestées par les commandants de corps au conseil du 10. Tandis qu'ils avaient émis l'avis qu'il y avait lieu de conclure une convention militaire ayant pour but unique de tirer l'armée de la situation critique où elle se trouvait, le maréchal chargeait son aide de camp de traiter en vue de la paix et de la restauration de l'empire. Tandis qu'ils avaient été unanimes à déclarer qu'en cas de conditions incompatibles avec l'honneur, on devrait tenter de s'ouvrir un passage les armes à la main, le maréchal passait sous silence cette détermination généreuse, dont, à un moment donné, la notification à l'ennemi eût cependant pu être très-favorable au résultat des pourparlers!

Il avait ainsi transformé une mission purement militaire en une mission politique, comme l'établissent d'une manière irrécusable les termes mêmes de la note reproduite ci-dessus et les propositions faites à M. de Bismark par le général Boyer au nom du commandant en chef.

Par une semblable conduite, il sortait complétement de son rôle de commandant d'armée. Il outrepassait ses pouvoirs, sans avoir même, comme il a essayé de le faire, à prétexter, pour couvrir une si grave irrégularité, les circonstances anormales dans lesquelles il se trouvait.

Ce n'était pas, en effet, l'intérêt du pays qu'il avait pour mobile.

Ces renseignements qui lui faisaient craindre, a-t-il dit, de voir s'écrouler l'ordre social, où donc les avait-il puisés, si ce n'est, comme il l'avoue lui-même, dans les journaux allemands, intéressés à dépeindre l'état de la France sous les plus sombres couleurs.

La lecture des journaux français qu'il avait reçus pouvait cependant lui apprendre que jusque-là, sauf quelques troubles partiels, inévitables dans de semblables crises, l'ordre était partout maintenu, tous les partis étant d'accord pour combattre et repousser l'étranger. Mais, au lieu d'ajouter foi à ces déclarations rassurantes et de régler sa conduite d'après les nouvelles de l'intérieur, le maréchal n'hésitait pas à engager des pourparlers illicites sur des renseignements venant de l'ennemi!

Était-ce, du moins, l'intérêt de la dynastie impériale qui avait suggéré sa détermination? Nullement, car l'impératrice n'avait répondu à ses ouvertures que par le silence, témoignant par là qu'elle préférait l'exil à une restauration de concert avec l'ennemi.

C'est donc l'ambition personnelle qui seule guidait le commandant en chef!

Il suffirait pour s'en convaincre, indépendamment des considérations que nous venons d'indiquer, de rappeler que, le 16 octobre, devaient avoir lieu les élections pour l'Assemblée souveraine, qui avait à prononcer sur la forme du gouvernement et qui, seule, avait qualité pour conclure la paix. Le maréchal ne connaissait pas, avant le départ de son aide de camp, l'ajournement indéfini de ces élections, il l'a déclaré lui-même.

C'était quatre jours seulement avant le 16 octobre qu'il envoyait à Versailles le général Boyer pour entamer, en son nom, au lieu d'une convention militaire, des négociations politiques.

Se hâter ainsi de prendre les devants, n'était-ce pas vouloir substituer ses propres combinaisons à l'expression de la volonté nationale?

Le maréchal a bien compris lui-même qu'on ne pourrait s'y tromper. Aussi, prétend-il avoir donné lecture au conseil, le 12 octobre, de la note remise au général Boyer, donnant ainsi à entendre qu'il n'avait agi qu'avec l'assentiment de ses lieutenants. Mais, c'est là, messieurs, un fait absolument inexact.

Effectivement, le compte rendu de la conférence du 12 octobre ne fait aucune mention de cette lecture, et il ressort des dépositions de MM. les généraux commandants de corps que, si le maréchal donna à certains d'entre eux communication de cette note, cette communication leur a été faite individuellement après le départ du général Boyer et non pendant le conseil.

Nous comprenons, du reste, qu'il ait pu, sans inquiétude, lire cette pièce à un ou deux de ses lieutenants.

Elle était, en effet, rédigée de manière à ne pouvoir se passer de commentaires, et ces commentaires il ne les leur a pas donnés. Tous les commandants de corps ont ignoré que l'aide de camp du maréchal allait offrir à M. de Bismark le concours de l'armée du Rhin pour arriver à la paix en restaurant la dynastie impériale.

La plupart d'entre eux n'ont eu connaissance de la note que par la publication de l'ouvrage : *L'Armée du Rhin*. Ils ont exprimé la surprise qu'ils avaient éprouvée en n'y trouvant pas mentionnée la résolution prise expressément de s'ouvrir un passage les armes à la main, si les conditions imposées étaient incompatibles avec l'honneur et le devoir.

Le maréchal Canrobert déclare avoir appris seulement du commandant en chef que le général Boyer devait demander au roi de Prusse la faculté pour l'armée de se retirer avec les armes et bagages afin de se mettre à la disposition de l'Assemblée qui devait être prochainement convoquée, et d'exécuter ses décisions.

La parole de l'honorable maréchal nous fixe ainsi sur la valeur des renseignements donnés par le général en chef aux membres du conseil, relativement à la mission du général Boyer.

Le général Boyer arriva le 14 à Versailles, et eut le jour même une entrevue avec M. de Bismark.

A l'issue de cette conférence, celui-ci télégraphia au maréchal Bazaine qu'il venait d'avoir un premier entretien avec le général Boyer.

Ce soin empressé du chancelier n'indique-t-il pas que la mission de cet officier général avait plus d'importance que ne lui en attribue aujourd'hui le maréchal?

Un deuxième entretien eut lieu le lendemain.

Nous ne connaissons guère ce qui s'est passé dans ces entrevues que par le récit qu'en fit le général Boyer devant le conseil du 18 octobre. — Nous examinerons ce récit lorsque nous parlerons de cette séance. Mais nous devons, dès à présent, relever les inexactitudes manifestes qui se rencontrent dans la narration du général Boyer, telle que vous l'avez entendu reproduire devant vous.

D'après cette narration, le chancelier lui aurait exposé d'abord quelle était la situation de la France. Or cet exposé, dans les termes du moins où il vous a été rapporté, est doublement erroné, d'abord parce que l'ensemble de la situation s'y trouve représenté sous un jour beaucoup trop sombre, ensuite parce que les assertions qu'il contient sont en partie controuvées.

D'autre part, nous savons que M. de Bismark remit au général six à huit numéros du *Moniteur officiel* et du *Figaro*.

Nous verrons plus loin que les nouvelles contenues dans ces journaux différaient essentiellement du langage prêté au chancelier.

Comment admettre qu'un homme d'État aussi habile eût fourni ainsi, de lui-même, des preuves de la fausseté de ses dires?

Comment le général Boyer serait-il demeuré, pendant tout son voyage de retour, sans lire ces journaux? Comment, les ayant lus, se serait-il contenté de reproduire devant le conseil les paroles de M. de Bismark, sans les faire suivre d'aucune observation, sans même prendre la précaution de spécifier nettement leur origine, sur laquelle plusieurs membres du conseil restèrent dans l'erreur?

Devant tant d'invraisemblances, nous n'hésitons pas à déclarer que l'exposé de la situation de la France fait par M. de Bismark fut certainement moins éloigné de la vérité que ne l'a rapporté le général.

Ce n'est pas là, du reste, la seule inexactitude à relever dans sa narration.

Ainsi, on lit dans l'ouvrage du maréchal, comme dans son mémoire au conseil d'enquête, que l'une des conditions imposées par M. de Bismark était la remise préalable de la place de Metz.

Néanmoins, le général Boyer n'en fait pas mention, et il déclare même formellement que cette condition n'a pas été posée.

Il s'agit ici, messieurs, d'un fait trop grave, d'une assertion trop positive pour que la contradiction entre le commandant en chef et son aide de camp puisse être attribuée à une défaillance de mémoire. Incontestablement, l'un des deux ne dit pas la vérité.

C'est en vain que le maréchal, comprenant, mais trop tard, l'importance de certaines de ses déclarations, a essayé de revenir sur ce qu'il avait écrit, en vous assurant que son mémoire comme son ouvrage, rédigés d'après ses souvenirs et sans pièces justificatives, ne pouvaient faire foi en quoi que ce soit.

Nous ne pouvons laisser passer, sans la relever, une semblable allégation.

Le maréchal ne peut avoir oublié qu'il avait gardé en sa possession la plupart des documents importants, pièces relatives aux opérations militaires, dépêches de l'empereur et du major général, rapports des commandants de corps, de l'intendant en chef, du gouverneur de Metz. Il avait également conservé toutes les pièces relatives à l'incident Régnier, les seules lettres du prince Frédéric-Charles qui aient été représentées, les comptes rendus de toutes les conférences, les registres de correspondance du cabinet, etc.

Ce furent son ouvrage et son mémoire qui, en reproduisant certains de ces documents, firent connaître leur existence.

Ils ne lui furent réclamés que plus tard et furent remis par lui, partie au conseil d'enquête, partie au général rapporteur.

Il est vrai que, pendant la captivité, le général Jarras avait dû refuser de lui livrer les archives de l'état-major général. Mais si, par suite, le maréchal ne put prendre connaissance du texte des ordres qu'il avait donnés, il n'aurait, du moins, trouvé dans ces archives aucune pièce concernant soit les négociations avec l'ennemi, soit les conférences des commandants de corps. En effet, c'est uniquement dans le dossier conservé par lui, jusqu'au moment du procès, que nous puisons nos renseignements sur ces questions.

Le maréchal Bazaine, qui, au moment où il a écrit, disposait de toutes ces pièces, est donc mal fondé à venir prétexter aujourd'hui le manque de documents pour couvrir ses variations et pour revenir sur ses assertions précédentes.

Du reste, eût-il écrit sans avoir sous les yeux des pièces justificatives, qu'il n'aurait pu parler de la clause de la reddition de la place de Metz si elle n'avait pas été effectivement posée.

Enfin, nous ne voyons pas l'intérêt qu'aurait eu le maréchal à émettre à ce sujet, à plusieurs reprises, une affirmation mensongère.

N'est-ce pas de toute probabilité, d'ailleurs, que pour consentir à ce que l'armée française se retirât librement, le gouvernement prussien ait exigé comme condition *sine quâ non* la remise préalable de la place de Metz? Il ne pouvait renoncer à ses avantages militaires sans réclamer de l'armée du Rhin autre chose qu'un déclaration de fidélité à l'empire et l'engagement de ne pas combattre l'Allemagne.

M. de Bismark, on le sait, était trop positif en politique pour se payer de promesses et pour se contenter de garanties de l'ordre moral.

C'eût été montrer une générosité peu habituelle que de rendre à l'armée du maréchal Bazaine sa liberté d'action sans prendre à l'avance des sûretés et sans réclamer de dédommagements d'avance.

Dès le mois précédent, le chancelier avait déclaré que les gouvernements allemands exigeraient, pour faire la paix, la cession de Metz et de Strasbourg. Il l'avait annoncé, le 19 septembre, à M. Jules Favre, à Ferrières; il le répétait dans sa circulaire du 27. Selon toute probabilité, l'insuccès de la mission Régnier était dû au refus du maréchal de comprendre la place dans la capitulation de l'armée. On ne saurait admettre que trois semaines plus tard, alors que la situation de celle-ci était devenue si critique, les exigences de la diplomatie prussienne se soient subitement adoucies.

Pour tous ces motifs, nous demeurons convaincu que la remise préalable de la place de Metz fut au nombre des clauses dictées à Versailles par M. de Bismark au général Boyer. Il n'a pas pu en être autrement, et ici nous devons ajouter foi aux paroles du maréchal plutôt qu'à l'assertion de son aide de camp.

Comme dernière condition, le gouvernement prussien, d'après le maréchal et suivant les termes du compte rendu du 18 octobre, exigeait que la déclaration de fidélité de l'armée et le manifeste de l'impératrice fussent accompagnés d'un acte signé par un délégué de la régence, acceptant les bases du traité à intervenir.

M. Boyer n'avait pas parlé de cette clause devant la commission d'enquête parlementaire, non plus qu'à l'instruction. Il s'en est souvenu depuis, et il vous a déclaré que les préliminaires de paix devaient être signés soit par l'impératrice, soit par un de ses délégués.

Mais il suffit de jeter les yeux sur le compte rendu de la séance du 18, rédigé et signé par lui, pour reconnaître que cette alternative n'a pas été indiquée au conseil. Il y a, au contraire, été formellement spécifié que la troisième condition imposée par M. de Bismark consistait à faire intervenir un mandataire de la régente pour la signature du traité. Nous verrons tout à l'heure, du reste, combien il semble probable que le chancelier ait formulé cette exigence dans les termes qui ont été reproduits devant les commandants de corps.

Enfin, d'après la déposition du général Boyer, M. de Bismark, avant que toute question politique eût été mise sur le tapis, aurait déclaré que le gouvernement prussien ne reconnaissait pas celui de la Défense nationale, qu'il ne traiterait pas avec lui, qu'il ne pouvait non plus traiter avec l'empereur prisonnier, mais qu'il le ferait avec la régence. En d'autres termes, ce serait le chancelier qui aurait fait les premières ouvertures dans ce sens et le général se serait borné à y acquiescer.

Or, comme nous l'avons entendu rapporter ici, M. de Bismark, dans un entretien qu'il eut le 21 octobre avec M. Rameau, maire de Versailles, lui déclarait que le général Boyer était venu de la part du maréchal Bazaine pour traiter de la paix au nom de l'empire.

« Si l'on traite, ajoutait le chancelier, et que nous laissions sortir l'armée de Metz, elle se retirera dans la Gironde, sous l'engagement de ne pas combattre pendant trois mois et d'attendre les événements, etc. »

D'après ces paroles, ce serait, au contraire, le général Boyer qui aurait fait les premières ouvertures en vue d'une restauration, et l'on pourrait même en inférer que l'entretien prit une tournure plus précise et plus confidentielle qu'on ne l'aurait supposé, puisque le département à assigner à l'armée neutralisée y aurait déjà été spécifié.

Toutefois, ce n'est pas aux dires de M. de Bismark que nous voulons nous en rapporter, et cette question n'a, d'ailleurs, que fort peu d'importance. Ce qu'il nous suffit de constater, c'est que les instructions remises au général Boyer lui prescrivaient de formuler la proposition de rétablir le gouvernement impérial.

Nous lisons, en effet, dans sa déposition à l'instruction le passage suivant que nous avons déjà cité en partie :

« Reprenant alors la note que le maréchal m'avait remise à mon départ, j'exposai à M. de Bismark le rôle que l'armée devait remplir après avoir quitté Metz. L'armée se rendrait, avec l'assentiment du conseil de guerre, sur un territoire neutralisé où les pouvoirs publics, tels qu'ils étaient constitués avant le 4 septembre, seraient appelés à proposer ou à déterminer la forme du gouvernement. »

Peut-on raisonnablement supposer que celui qui voulait convoquer les pouvoirs publics d'avant le 4 septembre s'attendît à les voir prononcer leur propre déchéance et qu'il n'eût pas fondé le dessein de relever l'empire?

De l'exposé, vous conclurez comme nous, messieurs, que les entretiens de M. de Bismark avec le général Boyer sont loin de s'être passés comme celui-ci les a rapportés et que les inexactitudes relevées dans ses récits ne paraissent pas toutes uniquement imputables à des défaillances de mémoire.

Le 17 octobre, à deux heures de l'après-midi, le général Boyer rentra à Metz précédé par un avis du prince Frédéric qui, dès la veille, avait annoncé son retour au maréchal pour le 16 au soir ou la nuit du 16 au 17.

Certes, il y avait urgence à faire connaître aux commandants de corps le résultat de ces entrevues avec M. de Bismark. Depuis trois jours, en effet, le magasin général de l'armée ne fournissait plus de pain aux troupes, et le commandant supérieur de Metz refusait d'en délivrer plus longtemps sur les ressources propres de la ville.

Néanmoins, le maréchal s'entretint seul dans la soirée avec son aide de camp, et conserva pour lui seul jusqu'au lendemain les nouvelles qu'il apportait.

On se demande pourquoi ce délai dans ces circonstances aussi urgentes.

Le conseil fut convoqué le 18 octobre seulement.

Si le conseil du 10 a dû être l'objet d'une discussion approfondie, celui du 18 n'est pas moins important à étudier ; car, si le premier a marqué le commencement de la série de manœuvres destinées a rejeter sur les commandants de corps la responsabilité du désastre final, le second fixera irrévocablement le sort de l'armée. C'est aussi dans ce conseil du 18 que se dévoileront de la manière la plus saisissante les procédés peu loyaux employés par le commandant en chef pour arracher l'adhésion de ses lieutenants en surprenant leur bonne foi !

Si nous n'avions pu savoir exactement ce qui s'est passé dans les entretiens de Versailles, le procès-verbal de la séance, fourni par le maréchal, nous donne du moins les moyens d'apprécier la manière dont le général Boyer en rendit compte devant le conseil.

Ce procès-verbal est irrégulier, il est vrai, car il n'est pas, comme celui du 10, revêtu de la signature des membres du conseil et ne leur a pas été communiqué.

Ils ont fait remarquer que leurs opinions n'y étaient pas toujours fidèlement reproduites. Ils déclarent toutefois que, sauf ces réserves, le procès-verbal leur paraissait assez exact.

En nous aidant de leurs dépositions et des souvenirs de quelques officiers, nous pourrons donc reconnaître les principaux traits de la conférence.

A l'ouverture de la séance, le général Boyer exposa la situation de la France telle que la lui aurait dépeinte M. de Bismark.

Il eût été bien nécessaire à ce moment d'expliquer qu'il ne faisait que reproduire les assertions non contrôlées du chancelier prussien.

Mais ses explications à ce sujet ne furent rien moins que catégoriques. Aussi, tandis que le maréchal Le Bœuf, les généraux de Ladmirault et Coffinières comprirent que la source de ces nouvelles était exclusivement prussienne, le général Desvaux put croire qu'elles avaient été rectifiées par les renseignements recueillis en route par le général Boyer. Enfin, M. le maréchal Canrobert et le général Frossard crurent entendre le récit fidèle de ce qui se passait en France.

Le maréchal Bazaine a-t-il rien fait pour dissiper cette incertitude? Loin de là, nous le voyons agir au contraire comme si l'authenticité des nouvelles rapportées lui eût été parfaitement démontrée.

Ainsi, il ordonne de réunir le lendemain les officiers de tous grades et de les leur communiquer officiellement, avec mission d'en donner à leur tour connaissance à leurs troupes.

En présence des prescriptions formelles du réglement déjà citées, l'armée pouvait-elle soupçonner que l'annonce des malheurs publics, ainsi notifiés par la voie hiérarchique, n'était basée que sur les dires de l'ennemi, et que le maréchal se faisait le propagateur de nouvelles auxquelles son devoir lui c mmandait de rester sourd?

D'autres faits achèvent de montrer l'usage qu'il entendait faire du récit de son aide de camp.

Le journal *le Courrier de la Moselle*, s'étant attaché dans un de ses numéros à faire ressortir l'invraisemblance de ces nouvelles répandues en ville par les conversations des officiers, reçut l'ordre de faire disparaître l'article.

Ce n'est pas tout encore : le 26 octobre, le maréchal répond au maire de Metz, qui lui signalait l'anxiété de l'opinion publique :

« M. le général Coffinières, ayant assisté à tous les conseils qui ont été tenus au grand quartier général, est en mesure d'exposer au conseil municipal la situation actuelle du pays. »

Il représente donc aux habitants comme à son armée les nouvelles rapportées de Versailles, les seules qui aient jamais été données au conseil, comme dépeignant exactement la situation de la France.

Examinons maintenant quelles étaient ces nouvelles. D'après l'exposé que nous empruntons à la déposition du général Boyer, « certaines villes des départements du Nord ne devaient faire aucune résistance aux troupes allemandes ; dans certaines places de commerce, où l'égoïsme était le sentiment dominant, telles que Roubaix, par exemple, on n'était pas éloigné de recevoir des troupes allemandes; celles-ci étaient entrées sans coup férir à Rouen ; l'ennemi avait espéré un moment en faire autant au Havre, mais là il s'était trompé. Les gens qui, sous le nom de francs-tireurs, faisaient autant de mal à leurs compatriotes qu'aux Allemands, étaient, sur certains points, aussi bien chassés par les uns que par les autres. Les départements de l'Ouest étaient prêts à se déchirer sous l'influence des idées religieuses. Les départements du Midi étaient livrés à l'anarchie la plus absolue. Enfin, l'armée de la Loire venait d'être battue à Orléans ; les troupes allemandes étaient en marche sur Bourges. »

Le tableau était sombre, on le voit. Il aurait été plus noirci encore, si l'on en juge d'après les communications faites aux troupes par les commandants de corps d'armée.

L'historique officiel de quelques régiments renfermant les souvenirs des officiers consignés, en quelque sorte, séance tenante, ainsi que d'autres pièces également écrites à cette époque nous fournissent de curieux renseignements à cet égard.

Permettez-moi, messieurs, de vous en donner un exemple en lisant devant vous le passage suivant d'un carnet de notes journalières que je trouve au dossier :

« Mercredi, 19 octobre 1870.

« Il y a eu un grand conseil de guerre ce matin chez le maréchal, à la suite duquel le général Boyer est retourné auprès du roi de Prusse. Le général de Cissey, de retour de ce conseil, nous a exposé en ces termes la situation de la France et de notre armée :

« Messieurs, la patrie est dans le plus grand danger et ses périls intestins sont plus graves que ceux causés par les armées victorieuses de l'ennemi. — Paris ne s'est pas encore rendu, mais l'anarchie la plus effroyable y règne. — Le gouvernement provisoire, débordé par le flot populaire, ne fonctionne plus. — Deux de ses membres, MM. Gambetta et de Kératry, sont en fuite. — Lyon, Marseille, Bordeaux, Toulouse et beaucoup d'autres villes s'administrent elles-mêmes et refusent de reconnaître le gouvernement. — Lille et les places fortes du Nord demandent à traiter à tout prix. — Le Havre et Rouen ont demandé des garnisons prussiennes pour se sauver du pillage. — La dernière armée française qui eût quelque consistance a été anéantie sous le commandement du général d'Aurelles de Paladines; il ne reste plus que nous.

« La Bretagne a rappelé tous ses enfants à son service et se prépare à une nouvelle guerre de chouans pour repousser l'ennemi s'il osait s'enfoncer jusque-là. — La lutte est terminée, je veux dire la lutte qui convient à une grande nation qui doit songer à son avenir et qui ne peut transformer son territoire en un champ de guérillas où le soldat vainqueur deviendra une bête fauve commettant tous les excès.

« Dans ces circonstances malheureuses, le général Boyer a demandé à ce que la paix fût signée, la paix pour toute la France, entendez-vous bien, non pas la capitulation de notre armée. — Le roi Guillaume a répondu qu'il était prêt à traiter, à la condition qu'il traitât avec un gouvernement reconnu de la France entière et qui lui présentât des garanties que le traité serait respecté. Le seul gouvernement que le roi veuille reconnaître est celui de la régence de l'impératrice, attendu que c'est le dernier qui ait été consacré par un plébiscite de la nation. — Toutefois, cette régence serait soumise à des règles semblables à celles qui régissent l'Angleterre, et le pouvoir exécutif ne serait qu'une ombre sous laquelle gouverneraient les représentants de la nation. Le roi est donc disposé à traiter avec l'impératrice-régente, et notre armée devant former le noyau des armées françaises, sortira de la place de Metz avec ses armes, ses bagages, tous les honneurs de la guerre, et travaillera avec le gouvernement à la reconstruction du pays.

« Il reste une question encore douteuse : dans le cas où l'impératrice, effrayée du désordre de la France, n'accepterait pas ce mandat, que deviendra le pays en face d'un ennemi qui ne saura plus avec qui traiter et qui s'établira chez nous en conquérant? Ainsi, chacun aujourd'hui doit voir qu'il n'y a qu'une planche de salut : obtenir ce consentement de l'impératrice et prêter tout son concours à son gouvernement. »

M. le général Pourcet, commissaire spécial du gouvernement, continue la lecture de son réquisitoire.

Quatrième complément de l'audience du 5 décembre

Suite du Réquisitoire

Le réquisitoire continue en ces termes :

Comme la narration que vous venez d'entendre, les diverses reproductions du récit du général Boyer représentent tous les progrès de l'ennemi comme bien plus considérables qu'ils ne l'étaient en réalité; elles indiquent comme tombées en son pouvoir des places qui n'avaient pas encore ouvert leurs portes; elles annoncent, enfin, qu'il ne reste plus à l'intérieur un seul noyau de troupes organisées.

Toutes s'accordent à dire que le gouvernement de la Défense nationale, débordé, n'est plus obéi, que ses membres ont été obligés de se disperser; elles dépeignent la France comme en proie au brigandage, à l'anarchie, à la guerre civile, à tous les excès du socialisme; enfin le retour de la régence y est représenté comme l'unique port de salut pour la société qui s'écroule!

Il existe, il est vrai, de légères divergences dans ces documents. Elles s'expliquent aisément si l'on songe que les nouvelles, avant d'arriver jusqu'aux troupes, avaient dû passer par plusieurs intermédiaires. Aussi admettons-nous que, dans ces récits, tout n'était pas conforme aux paroles du général Boyer, et que ses assertions s'y trouvaient parfois exagérées.

Mais cette exagération même était facile à prévoir en pareil cas, et ce devait être pour le commandant en chef un motif de plus d'empêcher la propagation des lamentables nouvelles que son aide de camp prétendait tenir de l'ennemi.

Il est à peine besoin d'insister sur les faussetés que contenaient ces nouvelles.

Au milieu du mois d'octobre, la situation de la France était bien loin d'être désespérée encore : partout, au contraire, on se préparait à la lutte. Dans toutes les provinces, dans toutes les classes de la société, tous les hommes de cœur partaient pour l'armée. Aucune contrée, pas plus au Nord qu'à l'Ouest ou au Midi, ne résistait aux ordres du gouvernement quand il s'agissait d'organiser la défense.

Les Allemands atteignaient à peine la Normandie et la Picardie, Rouen ne devait ouvrir ses portes que le 5 décembre. L'armée de la Loire, après un échec qui lui avait fait perdre Orléans, s'organisait et se développait rapidement. Il fallait avoir une étrange idée du patriotisme de la France pour croire et pour rapporter, sur la foi de l'ennemi, que certaines villes avaient appelé des garnisons prussiennes.

Si quelques désordres avaient eu lieu sur certains points, pouvait-on s'en étonner quand, aux horreurs d'une guerre malheureuse, était venue se joindre la commotion violente d'une révolution? Ces mouvements avaient d'ailleurs été immédiatement réprimés. Les seuls désordres graves, les seuls qui eurent des conséquences vraiment funestes pour le pays, ne s'étaient pas encore produits, et ce fut la capitulation du maréchal Bazaine qui leur servit de prétexte!

Enfin, et lors même que, contrairement à toute vraisemblance, M. de Bismark eût noirci à ce point le tableau de la situation du pays, le maréchal et son aide de camp avaient entre leurs mains les éléments nécessaires pour rétablir la vérité. Pourquoi n'ont-ils pas fait usage de ces éléments?

Pour savoir à quoi s'en tenir, il leur aurait suffi de lire les numéros du *Moniteur* et du *Figaro* remis par M. de Bismark.

Aucun journal français aurait-il ouvert ses colonnes à des mensonges dont le résultat ne pouvait être que d'affaisser l'esprit et de décourager la résistance? A plus forte raison, il ne pouvait en être ainsi du *Journal officiel* du gouvernement.

Si l'on se reporte à la collection de cette feuille, on constate qu'il s'y trouvait les nouvelles les plus rassurantes sur la situation des esprits et sur les ressources de la défense nationale.

Frappé du récit qu'il venait d'entendre, le général Coffinières fit observer au maréchal, dans un entretien particulier, après le conseil, qu'il était extraordinaire que le général Boyer n'eût rapporté aucune nouvelle de source française, ni aucun journal. Le maréchal se décida alors à lui envoyer deux numéros du *Journal officiel.*

Mais les renseignements contenus dans ces journaux différaient tellement de ceux donnés au conseil, que le commandant supérieur de Metz, frappé de ces contradictions, crut devoir, avant de les publier, demander au maréchal s'il entrait bien dans ses intentions de les communiquer à la presse.

Sur ces observations, le maréchal se fit renvoyer les deux journaux sans les faire communiquer.

Cependant le général Boyer ne disait pas tout ce que lui avait annoncé M. de Bismark.

Puisque les commandants de corps devaient examiner l'opportunité de nouvelles négociations, il eût été bien nécessaire de faire connaître le résultat des tentatives précédentes et les chances de réussite de toute démarche ultérieure.

Le chancelier avait appris à M. Boyer que le général Bourbaki avait échoué dans sa mission et qu'il s'était décidé à aller offrir son épée au gouvernement de la Défense nationale.

L'aide de camp du maréchal n'en parla pas. M. de Bismark, afin de lui faire comprendre ce que seraient les exigences de l'Allemagne lors de la signature du traité de paix, lui avait dit :

« Il faut que l'impératrice accepte ces conditions, quelque exorbitantes qu'elles puissent paraître. »

M. Boyer ne rapporta pas ces paroles, qui étaient de nature à dessiller les yeux des plus confiants.

Après son récit, on passa à l'exposé des conditions imposées par le gouvernement prussien, pour permettre à l'armée de Metz de sortir librement du camp retranché.

Voici ces conditions, d'après le compte rendu :

« 1° L'armée de Metz déclare qu'elle est toujours l'armée de l'empire, décidée à soutenir le gouvernement de la régence.

« 2° Cette déclaration de l'armée coïncidera avec un manifeste de S. M. l'impératrice-régente, adressé au peuple français, et par lequel, au besoin, elle ferait un nouvel appel à la nation pour l'inviter à se prononcer sur la forme du gouvernement qu'elle désire adopter.

« 3° Ces deux déclarations devront être accompagnées d'un acte signé par un délégué de la régence et acceptant les bases d'un traité à intervenir entre le gouvernement des puissances allemandes et le gouvernement de la régence. »

Ainsi, après avoir présenté une image assombrie à dessein de la situation de la France, après avoir lu au conseil les renseignements propres à l'éclairer, on lui cachait la principale exigence de M. de Bismark, la condition de la remise préalable de Metz.

Voilà comment le commandant en chef comprenait les devoirs qu'il s'était tracés à lui-même dans sa lettre du 7 octobre; voilà comment il rendait compte à ses lieutenants; voilà comment il les instruisait pour les charger ensuite de décider à sa place!

Était-ce donc à préparer cette version qu'avaient servi les heures qui séparèrent le retour du général Boyer de la réunion du conseil?

Sur la liste déjà bien longue de ses dissimulations vient en figurer une nouvelle, la plus grave peut-être.

Quel était donc le motif qui pouvait déterminer le commandant en chef de l'armée du Rhin à édifier tout cet échafaudage de duplicités?

C'est ce que nous allons chercher à reconnaître.

Le communiqué de Reims, vous le savez, messieurs, avait déjà décidé le maréchal à revenir sur ses premières déclarations en faveur du gouvernement de la Défense nationale, et à fonder la réussite de ses visées ambitieuses sur la restauration de l'empire.

La venue de Régnier lui avait fourni l'occasion d'une tentative directe dans ce sens auprès de l'ennemi. Cette démarche étant restée sans résultat par suite du refus de l'impératrice, il avait obtenu, le 10 octobre, on se rappelle par quels procédés, l'acquiescement désiré de ses lieutenants, de manière à pouvoir entrer ouvertement, cette fois, en pourparlers avec l'ennemi, sous cette condition cependant qu'il ne serait question que d'une convention purement militaire.

S'appuyant alors de leur consentement, mais outrepassant le mandat qu'il s'était fait confier, il avait chargé son aide de camp d'entamer à Versailles, avec M. de Bismark, des négociations politiques en vue d'un traité de paix et du rétablissement du régime déchu.

Mais comment obtenir l'assentiment de l'armée à ces négociations illicites dont la réussite eût entraîné infailliblement la guerre civile? En lui démontrant qu'il ne restait plus aucun autre parti à prendre, aucun autre moyen de salut, non-seulement pour elle-même, mais encore pour la société tout entière!

De là ces nouvelles désespérantes rapportées aux commandants de corps et annoncées officiellement aux troupes.

Mais cela ne suffisait pas : il était d'autres circonstances qu'il importait de dissimuler.

Tels étaient : l'existence de pourparlers précédemment entamés par l'entremise de Régnier, leur insuccès répété, l'échec de la mission Bourbaki, les conditions exorbitantes que faisait pressentir M. de Bismark.

Telle était surtout la clause imposée par le gouvernement prussien, qui, tout en accueillant l'idée d'une restauration, exigeait rigoureusement que la place de Metz lui fût rendue avant même d'entamer les négociations.

Pour le satisfaire, il eût donc fallu que l'armée du Rhin ouvrît ses rangs pour laisser pénétrer les colonnes allemandes dans les murs de Metz; elle aurait dû livrer elle-même la place qu'elle était chargée de défendre, et attendre ensuite sous le canon des remparts, devenus ennemis, le résultat de ces négociations dérisoires!

Quel est l'officier, quel est le soldat qui n'eût frémi d'indignation devant une telle exigence et qui n'eût préféré une lutte désespérée à la honte de s'y soumettre?

Une capitulation pure et simple n'était-elle pas cent fois préférable?

Pouvait-on oublier d'ailleurs que, dans sa séance du 10 octobre, le conseil des commandants de corps et d'armes avait adopté à l'unanimité cette résolution :

« Dans le cas où l'ennemi voudrait imposer des conditions incompatibles avec l'honneur et le sentiment du devoir militaire, on tentera de se frayer un passage les armes à la main. »

Ne se trouvait-on pas dans la situation prévue par ces paroles?

Était-il possible d'imaginer une condition plus incompatible avec l'honneur et le sentiment du devoir?

Le maréchal ne le comprenait pas autrement; aussi prit-il le soin de cacher à ses lieutenants les exigences de l'ennemi.

Et cependant, s'il eût divulgué, comme il le devait, cette condition humiliante, il eût fait naître une dernière occasion, sinon de modifier la condition désastreuse où il avait entraîné l'armée, du moins de racheter en partie le triste résultat de ses intrigues passées.

Sans aucun doute, en effet, cette révélation, en provoquant dans l'armée une explosion de colère, eût entraîné la rupture immédiate de toutes négociations!

On eût livré alors ce combat suprême jugé nécessaire pour sauver l'honneur des armes!

Ce n'était certes pas devant le danger que reculait le maréchal! Mais l'adoption d'un semblable parti, c'était la condamnation la plus éclatante de sa conduite depuis le commencement du blocus; c'était la ruine de ses projets d'ambition, car le succès de la lutte était peu probable, et le maréchal, même en parvenant à ramener les débris de son armée dans l'intérieur, n'eût plus été qu'un chef amoindri et à jamais discrédité.

Quelle différence entre cette destinée et celle qu'il avait rêvée, quand il comptait, la paix signée, rentrer en France à la tête de troupes nombreuses et disciplinées, ramenant avec lui le gouvernement de la régence, en réalité souverain lui-même!

Ce rêve commençait à s'évanouir, et il pouvait entrevoir l'abîme où ses calculs égoïstes, ses agissements ténébreux allaient le précipiter, et son armée avec lui!

Mais l'homme qui se perd ne renonce à l'espérance qu'après avoir épuisé toutes les chances de salut.

Une seule restait : c'était que l'impératrice consentît à traiter de la paix aux conditions imposées par le gouvernement allemand, qui avait manifesté depuis longtemps sa résolution implacable d'exiger une cession de territoire.

Le maréchal, dont le nom n'aurait pas figuré au bas du traité ratifiant le démembrement, demeurait étranger à l'humiliation subie, et, rentrant à la tête de son armée nombreuse et bien constituée, il eût certainement exercé encore une influence prépondérante.

Aussi n'hésita-t-il pas à sacrifier une fois de plus son devoir à son ambition. Pour réussir dans cette combinaison nouvelle, il fallait temporiser. Le maréchal se tut.

Vous savez que son aide de camp imita ce silence.

Il nous est profondément pénible d'avoir à blâmer un officier général et d'être obligé de contester sa véracité; mais, en présence des divergences notables qui existent entre ses différentes dépositions, des inexactitudes manifestes de certains de ses dires, en présence enfin des contradictions formelles et flagrantes que nous avons à relever entre ses déclarations et celles du maréchal Bazaine et de divers témoins, nous sommes forcé de reconnaître que, dans la séance du 18 octobre, le général Boyer a sciemment caché la vérité aux commandants de corps, et que, par son silence calculé, par ses assertions trompeuses, il a volontairement secondé les intrigues de son chef!

En s'écartant ainsi des principes immuables qui doivent, en toute circonstance, diriger la conduite d'un officier français, le général Boyer a commis une faute grave, dont les conséquences ont été des plus funestes.

Sans nous arrêter à l'examen de la discussion, que nous savons avoir été infidèlement reproduite dans le compte rendu, nous devons consigner ici les réflexions que fait naître la lecture des conclusions du conseil.

Sur les trois conditions énoncées, la première seule concernait l'armée, qui devait affirmer sa fidélité à l'empire.

Ainsi présentée, cette condition pouvait passer pour la conséquence naturelle du serment prêté par les troupes, car la libre expression de la volonté nationale n'avait pas été appelée à consacrer le mouvement insurrectionnel du 4 septembre. D'après les nouvelles qui leur parvenaient, les commandants de corps pouvaient croire d'ailleurs que le gouvernement issu de cette insurrection n'avait pas été partout accepté en France; le maréchal comptait donc, sans doute, sur un acquiescement pur et simple de leur part à cette première condition.

Néanmoins, la loyauté de ses lieutenants ne se méprit pas sur la portée de la promesse demandée. Tout en restant fidèles à leurs engagements antérieurs, ils comprenaient que leur serment ne pouvait les obliger à susciter une guerre civile pour rétablir l'empire, et à se faire ainsi les auxiliaires des Allemands en divisant la défense. Ils savaient du reste qu'en présence de l'ennemi, l'armée n'a qu'un devoir, celui de le combattre, sans s'inquiéter de la forme du gouvernement.

Aussi déclarèrent-ils, suivant les termes du compte rendu, qu'ils adhéraient à cette condition : « en ce sens qu'ils se considéraient toujours liés par le serment qu'ils avaient prêté à l'empereur, mais en doutant que l'armée les suivît, une fois loin de Metz, toute couleur politique donnée à son action pouvant donner lieu à des interprétations fâcheuses et devant être repoussée. »

Avant de se prononcer ainsi, ils avaient eu soin de prendre l'avis de leurs généraux, et leurs conclusions définitives furent arrêtées seulement dans une seconde réunion dont ne parla pas le compte rendu, lequel réunit les deux séances dans une seule, ce qui est la moindre de ses irrégularités.

La deuxième condition, relative au manifeste à adresser par l'impératrice au peuple français, ne fut pas mise en discussion, par ce motif qu'elle ne concernait pas l'armée.

La troisième consistait, avons-nous vu, dans la signature par un délégué de la régence d'un acte acceptant les bases du traité à intervenir.

Dans la pensée de M. de Bismark, quel devait être ce délégué, sinon le maréchal lui-même, qui disposait seul de la force nécessaire pour faire observer les clauses du traité, et qui, dans sa note remise au général Boyer, avait annoncé son intention d'employer au besoin ses troupes à cet usage?

La demande du chancelier n'avait de raison d'être que si le maréchal devait être chargé de représenter la régente. Seule, la déclaration de fidélité à l'empire n'assurait pas suffisamment que l'armée du Rhin respecterait le traité. Mais les garanties devenaient bien autrement sérieuses si le propre chef de cette armée eût signé lui-même les prélimi naires, remplissant par là le rôle que lui avait précédemment attribué le communiqué de Reims.

Mais, comprenant que le rôle de commandant en chef était incompatible avec celui de négociateur, le conseil n'hésita pas à déclarer unanimement que le maréchal Bazaine ne saurait accepter la délégation de la régence pour signer les bases du traité à intervenir, « son action devant rester uniquement militaire. »

On était bien loin alors du communiqué de Reims, où le gouvernement prussien assignait déjà au maréchal Bazaine la mission de faire la paix ! Les temps étaient changés ; le maréchal savait que le négociateur aurait, avant tout, à souscrire à la remise préalable de la place de Metz; il ne se souciait plus de remplir un rôle qui l'eût rendu odieux à son armée et au pays ! Aussi le voyons-nous admettre sans difficulté la réserve formulée par le conseil. On concevrait même que son habileté lui ait inspiré l'initiative de cette disposition, comme il se l'attribue dans son mémoire. Il pouvait ainsi, à bon compte, faire montre de désintéressement.

En dernier lieu, le conseil décida que le général Boyer se rendrait auprès de l'impératrice pour lui exposer la situation de l'armée et les conditions imposées par le gouvernement prussien. En résumé, sur les trois conditions qu'on lui avait fait connaître, le conseil n'avait admis la première qu'avec des réserves qui en détruisaient la portée; la seconde n'était pas de sa compétence; enfin il refusait pour le commandant en chef le mandat de remplir la troisième.

Après de telles résolutions, on ne devait guère compter sur le succès des négociations ultérieures.

Comment la majorité du conseil ne le comprit-elle pas et ne se rangea-t-elle pas à l'opinion du maréchal Le Bœuf, qui demandait la rupture immédiate des pourparlers et une tentative suprême à main armée? On pourrait s'en étonner, s'il n'était facile de reconnaître que l'avis de la majorité fut inspiré moins par l'espoir d'un résultat favorable que par la conviction de l'insuccès de toute sortie et par le désir d'éviter une effusion de sang inutile.

Comme nous l'avons dit plus haut, le maréchal indique, dans le compte rendu, que six membres : MM. Soleille, Desvaux, de Ladmirault, Frossard, Canrobert et Changarnier opinèrent pour la continuation des négociations et que deux seulement : MM. Coffinières et Le Bœuf, se prononcèrent pour la négative.

« En conséquence » poursuit le compte rendu « le général Boyer se rendra à Hastings..., etc. »

Comme nous l'avons déjà fait remarquer, le maréchal se plaçait en dehors et semblait n'avoir été que l'exécuteur des décisions du conseil, dans lequel il n'aurait même pas formulé son opinion.

Vous l'avez entendu, messieurs, assurer dans son interrogatoire qu'il y avait là une erreur de rédaction, et que rectification avait été faite dans son mémoire. On lit en effet dans celui-ci : « Il fut décidé à la majorité de sept voix contre deux que le général Boyer se rendrait en Angleterre, etc.... »

Cette fois le maréchal se compte au nombre des membres de la majorité.

Mais si on se reporte à son ouvrage, on y lit :

« Il résulte de ce qui précède, que le conseil décida, à la majorité de six voix sur huit, que le général Boyer se rendrait auprès de l'impératrice, etc.... »

Or, le mémoire a été écrit en décembre 1870, pour le conseil d'enquête convoqué une première fois à cette époque, et l'ouvrage *l'Armée du Rhin* n'a paru qu'en avril 1872.

La correction a donc eu lieu dans cet ouvrage en sens inverse de ce que déclare le maréchal, et il semblerait qu'elle n'ait eu d'autre but que d'induire le public en erreur sur la portée des actes du commandant en chef de l'armée et sur le véritable rôle du conseil.

Le général Boyer partit le 19 pour l'Angleterre.

Nous ne le suivrons pas dans sa deuxième mission; nous nous bornerons à constater que, mieux inspirée que le maréchal, l'impératrice refusa de se prêter aux conditions qu'on venait lui proposer.

Deux jours après le départ du général Boyer, le 21 octobre, le maréchal envoyait une dernière lettre au gouvernement de la Défense nationale, comme s'il eût voulu se mettre aussi en règle avec lui. Cette dépêche n'est ni plus explicite. ni plus véridique que la première :

« A plusieurs reprises, disait-il, j'ai envoyé des hommes de bonne volonté pour donner des nouvelles de l'armée de Metz. » Or nous savons que la seule dépêche envoyée à ce gouvernement ne contenait aucune nouvelle de l'état de son armée.

« Depuis, lisons-nous ensuite, notre situation n'a fait qu'empirer, et je n'ai jamais reçu aucune communication de Paris ni de Tours. » Cette assertion n'est pas plus exacte, car, s'il n'a pas été établi avec certitude que des nouvelles directes du gouvernement de la Défense nationale soient parvenues au maréchal, il est du moins incontestable qu'il reçut avis du succès des efforts tentés pour le ravitaillement de l'armée et de l'arrivée des vivres à Thionville.

La dépêche se terminait enfin par ces mots : « Il est cependant urgent de savoir ce qui se passe dans l'intérieur du pays et dans la capitale, car, sous peu, la famine me forcera de prendre un parti dans l'intérêt de la France et de cette armée. »

Qu'entendait-il par ces derniers mots? S'il signifiaient qu'il allait être obligé d'entrer en négociations avec l'ennemi, le maréchal trompait le gouvernement, car ces négociations étaient entamées depuis un mois. S'il voulait dire seulement qu'il serait sous peu réduit à capituler, comment, après avoir si gravement compromis l'intérêt de la France, osait-il l'invoquer pour justifier la déplorable extrémité où il avait conduit son armée?

En quoi, d'ailleurs, la connaissance de ce qui se passait dans l'intérieur du pays et dans la capitale pouvait-elle à ce moment modifier la situation?

La révolution du 4 septembre n'avait pas changé ses devoirs envers la patrie, il l'avait déclaré lui-même. Or ses devoirs exclusivement militaires ne lui commandaient-ils pas d'assurer à tout prix le salut de son armée!

Cette dépêche fut confiée à six émissaires, dont plusieurs s'étaient vainement offerts depuis longtemps; trois parvinrent à Tours. Dernière et inutile preuve de la possibilité de communiquer!

Plus encore que le rejet des conditions imposées, la rapide consommation des vivres rendait vaine toute tentative de négociations.

Évidemment, le gouvernement prussien ne s'était pas mépris sur l'inadmissibilité de ses propositions, mais, en entretenant les illusions du maréchal Bazaine, il prolongeait son immobilité, il le détournait de recourir aux armes. Il évitait ainsi de rien abandonner au hasard d'un combat, et d'ajournement en ajournement, par l'épuisement des dernières ressources et les privations qui s'ensuivaient, il amenait l'armée française à une complète impuissance.

Ce moment était venu quand, le 24 octobre, le prince Frédéric-Charles transmit au maréchal une dépêche de M. de Bismark, dans laquelle le chancelier déclarait que les garanties indispensables n'ayant pas été réalisées, et les propositions venant de Londres étant inacceptables, il était impossible au roi de se prêter à de nouveaux pourparlers.

La dépêche se terminait par ces mots :

« Je constate, à mon regret, que je n'entrevois plus aucune chance d'arriver à un résultat par des négociations politiques. »

M. de Bismark avait raison : la ruse avait accompli sa tâche, c'était à la famine de terminer l'œuvre.

Où en étaient alors les approvisionnements ?

Nous savons que les mesures propres à économiser les ressources, comme celles qui devaient les accroître, complétement négligées pour la plupart jusqu'aux premiers jours d'octobre, n'avaient été que tardivement et partiellement adoptées.

La lettre dans laquelle le général Coffinières annonçait, le 7 octobre, que l'armée n'avait plus de pain que pour cinq jours avait déterminé le maréchal, sur l'avis du commandant supérieur, à réduire la ration à 300 grammes, à partir du 9 octobre.

Le surlendemain, il s'était décidé à prescrire que la farine serait employée sans être blutée.

Mais aucune mesure n'était prise encore pour la population civile, qui n'avait pas même été engagée à ménager ses vivres. Or on sait que, par suite du refus du général Coffinières d'instituer au commencement du siége le comité réglementaire de surveillance des approvisionnements, l'état des ressources était ignoré de la population.

Le 13 seulement, quand la situation des magasins militaires indiqua qu'il n'y avait plus de pain que pour un jour, le général Coffinières se résolut à instruire le conseil municipal de la situation, et il invita le maire à partager avec l'armée les dernières ressources des habitants.

Cet avis fut accueilli avec stupeur par ceux-ci. Comment comprendre, en effet, qu'on ait attendu aussi tard sans prendre à leur égard aucune mesure de prévoyance ?

Jusque-là, la consommation étant restée libre, la ville avait dû se croire suffisamment approvisionnée.

La patriotique population de Metz fit éclater, à cette occasion, un vif mécontentement. Sur ses réclamations, elle fut à son tour astreinte au régime de l'armée et immédiatement soumise au rationnement.

En même temps qu'il annonçait l'épuisement des magasins, le conseil supérieur de la place prenait enfin la résolution de constituer le comité de surveillance des approvisionnements de siége et le conseil de défense, qui n'avait pas été créé encore, contrairement aux prescriptions formelles du règlement sur le service des places.

L'audience continue.

Cinquième complément de l'audience du 5 décembre et audience du 6 décembre.

PRÉSIDENCE DE M. LE DUC D'AUMALE

Suite du Réquisitoire

M. le général Pourcet continue la lecture de son réquisitoire.

Ce n'est pas pourtant que les avertissements à ce sujet (la constitution d'un comité de surveillance des approvisionnements et d'un conseil de défense) aient fait défaut au général Coffinières. Dès son entrée en fonctions, l'intendant militaire de la 5e division lui avait écrit pour lui rappeler la nécessité de constituer le comité de surveillance, et quelques jours plus tard, le 15 août, lorsque l'armée eut quitté la place, M. le général de Laveaucoupet lui avait demandé à son tour la convocation des conseils réglementaires. Mais l'une et l'autre de ces démarches étaient restées sans effet. Ainsi, pour prendre des mesures dont la mise à exécution doit réglementairement précéder l'investissement, le gouverneur de Metz avait cru devoir attendre le moment où le général Boyer était parti pour aller négocier à Versailles, et malheureusement le commandant en chef, qui avait pour devoir de contrôler ses actes, avait négligé de s'assurer de l'observation de ces prescriptions réglementaires si importantes. Ce retard eut les conséquences les plus fâcheuses.

Si la présence de l'armée dans le camp retranché, en empêchant les travaux réguliers du siége, diminuait de beaucoup la tâche du conseil de défense, il eût pu néanmoins être utilement consulté sur la résistance qu'offrait la place et sur les moyens propres à prolonger la défense.

En effet, l'une des réponses à la lettre confidentielle du 7 octobre contenait l'avis que Metz serait obligée de se rendre huit jours après le départ de l'armée. Une semblable déclaration, qui ne fut l'objet d'aucune observation, pouvait exercer une fâcheuse influence sur les déterminations à prendre.

Or si nous en jugeons par les dépositions des officiers des armes spéciales présents sur les lieux, qui ont été consultés à ce sujet, l'avis du conseil de défense eût été diamétralement opposé, et nous n'avons trouvé partagée par personne l'opinion que nous venons de citer, et contre laquelle, au contraire, se sont élevés avec énergie M. le maréchal Le Bœuf, le général Coffinières, le commandant du génie de la place et tous les commandants des forts.

Bien qu'il nous semble étrange de voir assigner une limite de résistance aussi rapprochée à une place regardée de tout temps comme l'une des plus fortes de l'Europe, place dont les défenses venaient encore d'être considérablement augmentées par la construction de quatre grands forts alors complétement en état et pourvus d'une formidacle artillerie, nous ne croyons pas avoir à entrer ici dans une discussion technique sur ce grave sujet. Mais lorsque nous entendons déclarer que Metz ne pouvait tenir plus de huit jours, parce que la ville était exposée à un bombardement, il est de notre devoir de relever ces paroles, qui empruntent à la haute position de leur auteur une gravité exceptionnelle. Une semblable thèse, en effet, en opposition formelle avec l'esprit comme avec la lettre de nos règlements, démentie d'ailleurs par de nombreux exemples, dont quelques-uns même appartiennent à la dernière guerre, serait de nature à excuser toutes les faiblesses. Nous ne saurions donc la laisser passer sans une énergique protestation.

La durée de la résistance se trouvant en grande partie subordonnée à celle des approvisionnements, le rôle du comité de surveillance avait une importance prépondérante.

Le comité devait tenir le commandant supérieur au courant de l'état des ressources, et lui soumettre les propositions suggérées par les circonstances. En outre, la présence dans son sein du maire, membre de droit, eût empêché de dissimuler à la population civile la situation exacte et ses prochaines et inévitables conséquences.

Pour se rendre compte des services qu'on pouvait attendre du comité de surveillance, il suffit de signaler ceux qu'il sut rendre alors que sa réunion tardive semblait limiter son mandat à la stérile constatation de l'épuisement des ressources : il s'empressa de réclamer la mise en commun des réserves des corps d'armée, proposa de faire consommer les vivres des forts, de réduire la ration de pain, activa les perquisitions à domicile, prêta enfin au commandant supérieur un appui de tous les instants.

La non-convocation du conseil de défense et du comité de surveillance constituait une infraction des plus graves aux dispositions précises du règlement sur le service des places, et vous demeurerez comme nous confondus devant cet oubli volontaire et persistant des règles les plus importantes du service dans les places de guerre.

Et cependant, en dehors des prescriptions réglementaires, c'était pour le commandant en chef une obligation étroite de veiller à la conservation des vivres. A Metz, vous le savez, les approvisionnements de siége n'avaient pas été constitués. Ils devaient être formés par l'excédant de denrées laissées par l'armée à son départ. Par suite, les ressources étaient demeurées indivises entre l'armée et la place.

En raison de cette circonstance, outre le devoir de contrôler et de surveiller les actes du commandant supérieur, le maréchal avait donc la charge directe de répartir et de ménager les vivres dont effectivement il disposa toujours à son gré.

S'il ne s'en est pas acquitté comme il le devait, c'est à lui qu'en incombe la responsabilité.

Mais, comme l'a déjà fait le conseil d'enquête, nous ne devons que regretter davantage l'attitude effacée et passive prise par le commandant supérieur, qui, après avoir demandé le mantien de l'armée sous Metz, ne fit rien pour sauvegarder les intérêts de la place, tâche à laquelle il ne lui appartenait pas de se soustraire !

On se trouvait ainsi acculé à l'extrême limite des ressources alimentaires, lorsque, le 24 octobre, M. de Bismark notifia son refus de continuer les négociations. Le maréchal ayant réuni ses lieutenants pour leur faire part de ce refus, la discussion s'engagea sur la question de savoir s'il fallait tenter une sortie.

Le 18, le conseil avait déjà rejeté ce projet comme devant amener une effusion de sang inutile. Le 24, il était moins praticable encore : il fut écarté à l'unanimité, bien qu'on ne pût se faire plus longtemps illusion sur les dures exigences de l'ennemi.

En présence de l'épuisement complet des vivres, il n'y avait donc plus qu'à se soumettre aux conditions qu'il plairait au prince Frédéric-Charles d'imposer.

Néanmoins, le conseil voulut essayer une démarche suprême qui fut confiée au général Changarnier.

L'honorable général reçut mission de demander la neutralisation de l'armée, soit à Metz même, soit sur tout autre point du territoire, pour y faire appel aux députés et aux pouvoirs constitués avant le 4 septembre, ces pouvoirs devant être chargés de traiter de la paix.

A défaut, il devait chercher à obtenir l'envoi de l'armée en Algérie.

Enfin, aux termes de la phrase finale des instructions du commandant en chef, le général devait, s'il ne pouvait rien obtenir, « demander les conditions d'une capitulation imposée par la famine. »

En dehors de ces instructions écrites, le maréchal recommanda au général d'insister pour obtenir que le sort de la place fût séparé de celui de l'armée.

On sait qu'à l'annonce de nos premiers revers l'honorable général, retrempant ses forces dans son ardent patriotisme, n'hésita pas, malgré ses soixante-dix-sept ans, à venir partager les dangers, les fatigues et les privations de l'armée. Nul n'était plus digne de parler en son nom que l'intrépide soldat dont la bravoure est restée légendaire parmi nous, que l'illustre commandant de l'armée de Paris après la révolution de 1848. Mais c'était bien mal connaître le caractère de nos ennemis que de compter sur leur générosité.

La mission confiée au général Changarnier ne pouvait donc pas aboutir, car il n'avait aucun avantage sérieux à offrir en échange de la faveur qu'il allait solliciter du prince Frédéric-Charles, parfaitement au courant de la position de notre armée. Si le prince l'eût ignorée, les pourparlers engagés depuis si longtemps auraient suffi pour l'en instruire.

Sans doute l'ennemi eût mieux aimé traiter avec l'empire qu'avec le pouvoir issu de la révolution du 4 septembre; mais on se trompait étrangement en supposant que, par appréhension de voir la France se constituer en République, le gouvernement prussien renoncerait à la proie facile que la ruse, bien plus que la force des armes, lui avait préparée.

Si les commandants de corps fondèrent quelque espoir dans la réussite de cette démarche, le maréchal ne pouvait avoir d'illusions à cet égard, les propositions adressées au prince Frédéric-Charles n'étant que la reproduction des offres transmises par Régnier, renouvelées le 29 septembre, et enfin portées à Versailles par le général Boyer à l'insu du conseil.

Comment M. de Bismark, après les avoir rejetées de la part d'un adversaire encore redoutable, y aurait-il acquiescé, une fois celui-ci réduit aux abois et désormais impuissant?

Or le gouvernement prussien connaissait si exactement notre situation, et, par suite, était tellement sûr de la capitulation à jour fixe, que, dès le 23 octobre, il avait envoyé à Versailles l'ordre de diriger sur Paris et vers la Loire une partie des troupes d'investissement, et le mouvement avait commencé le lendemain.

Le général Changarnier fut reçu à Corny avec la courtoisie due à son âge et à son caractère, mais il ne put rien obtenir. Le prince ne lui cacha pas qu'il était au fait de ce qui se passait dans les lignes françaises, et notamment de la pénurie des vivres.

Il lui montra de ses fenêtres, sur la voie ferrée construite pendant le siége, pour relier la ligne de Sarrebrück à celle de Nancy, un long convoi de denrées destinées à ravitailler notre armée et la place de Metz, aussitôt la capitulation signée.

Le général revint rendre compte de son insuccès au commandant en chef.

Celui-ci envoya néanmoins le général de Cissey, qui dut demander de nouveau que la place de Metz ne fût pas comprise dans la capitulation.

Or le maréchal savait le refus opposé, le 29 septembre, à sa proposition de laisser Metz en dehors des négociations, ainsi que les exigences formulées, le 14 octobre, à Versailles, par M. de Bismark, au sujet de la remise de la place. Après l'échec du général Changarnier, le maréchal ne pouvait se faire aucune illusion sur le succès de la pénible démarche confiée au général de Cissey, lorsqu'il le chargeait d'aller adresser à l'ennemi, pour la sixième fois, des sollicitations constamment repoussées jusque-là, et de redemander le soir ce qui avait été refusé le matin même !

L'envoi du général ne saurait donc être attribué sérieusement à l'espoir d'obtenir des conditions meilleures ; la persistance du commandant en chef ne pouvait avoir d'autre objet que de faire ressortir sa sollicitude pour les intérêts de la ville.

Vous apprécierez, messieurs, si ces vaines démonstrations peuvent le justifier du reproche d'avoir entraîné Metz dans la chute de l'armée.

Au dernier jour du siége, quand il avait épuisé toutes les ressources de la population civile et de la garnison, qu'importait la séparation !

Eût-elle été obtenue que la place n'en eût pas moins été obligée d'ouvrir ses portes quarante-huit heures après la capitulation de l'armée.

C'est au moment où il renonçait à tenir la campagne que le maréchal aurait dû réfléchir aux conséquences de sa détermination. Il aurait dû comprendre alors la terrible responsabilité qu'il assumait en s'établissant à demeure, avec une armée de 140 000 hommes, sous les murs d'une place déjà insuffisamment approvisionnée pour elle-même, et cela sans faire aucun effort utile pour remplacer les vivres qu'il venait consommer.

Au lieu de s'exposer à d'humiliants refus en poursuivant une négociation sans succès possible, le commandant en chef eût mieux compris ses devoirs en s'occupant, dès le 18 octobre, de la destruction du matériel, l'idée de sortir étant alors complétement abandonnée.

D'après le maréchal, cette question aurait été agitée entre lui et les généraux Coffinières et Soleille, qui se seraient montrés opposés à cette destruction. Ces derniers se défendent énergiquement d'avoir exprimé cette opinion. D'ailleurs, si l'on considère en elles-mêmes les objections qu'ils auraient soumises au maréchal, on reconnaît qu'elles n'ont aucune valeur.

Quel danger eût présenté, en effet, pour la discipline, l'ordre donné, au dernier moment, à chaque corps d'infanterie, de cavalerie, d'artillerie, de procéder méthodiquement à la mise hors de service d'armes désormais inutiles et dont il importait d'interdire l'usage à l'ennemi ?

Si la pensée que Metz, à la paix, ferait retour à la France pouvait empêcher de démanteler les remparts, quel inconvénient y avait-il à faire noyer les poudres, à mettre hors de service ou à détruire l'immense matériel de guerre et les approvisionnements de toute nature accumulés dans les deux arsenaux de l'artillerie et du génie?

Quelles représailles pouvait-on redouter en agissant ainsi?

Toute considération ne devait-elle pas d'ailleurs s'effacer devant l'obligation imposée au commandant en chef de diminuer autant que possible les trophées de l'ennemi et les avantages que lui assurait la capitulation?

C'eût été le cas pour le maréchal de se souvenir de l'exemple qu'il avait eu sous les yeux à Sébastopol et à Puebla, dont les défenseurs ne cessèrent une résistance devenue impossible qu'après avoir anéanti tout ce qui pouvait servir à notre armée.

Faut-il croire que, s'il ne fut pas procédé à la destruction du matériel, c'est que l'on craignait, comme un témoin l'a entendu dire, de se voir refuser l'autorisation d'emmener les bagages?

Ou bien doit-on admettre que des engagements antérieurs liaient le commandant en chef?

Quelque invraisemblable qu'elle paraisse d'abord, on est amené à cette hypothèse par les déclarations du colonel de Villenoisy et du général Coffinières, desquelles il ressort que les exigences de l'ennemi relativement à la remise du matériel étaient connues à Metz avant le 25 octobre. Quoi qu'il en soit, nous ne parvenons pas à nous rendre compte des motifs qui ont pu déterminer le maréchal Bazaine à livrer intact, alors qu'il avait le temps et les moyens de le détruire, l'immense matériel de l'armée et de la place, que les Allemands allaient employer contre les défenseurs du pays!

Audience du 6 décembre.

L'audience est reprise à midi et demi.

M. le maréchal Bazaine est introduit.

M. LE GÉNÉRAL-PRÉSIDENT. — La parole est à M. le commissaire spécial du gouvernement.

M. le général Pourcet continue en ces termes :

Nous sommes arrivés, messieurs, au moment douloureux de la capitulation. Le 26 au matin, le conseil est convoqué. Dans cette réunion comme dans les précédentes, le maréchal cherche à décliner la responsabilité de ses actes; en se retranchant derrière la volonté de ses lieutenants.

Ainsi, ce n'est pas lui, mais le conseil, qui aurait décidé l'ouverture immédiate des pourparlers définitifs en vue de la capitulation, extrémité d'ailleurs inévitable, puisqu'il n'y avait plus de vivres et qu'on était résolu à ne plus combattre.

Ayant oublié sans doute les exigences invariables de M. de Bismark, le commandant en chef demande encore que, dans les négociations, le sort de la ville soit séparé de celui de l'armée; enfin c'est le conseil qui aurait décidé que la ville partagerait ses vivres avec l'armée, et que l'intendant en chef prendrait la direction générale du service des subsistances dans la place de Metz.

Ces dernières résolutions prouvaient, du reste, combien le conseil, en prescrivant une disposition appliquée déjà depuis douze jours, était peu au courant de la situation. Dès le 13, la ville avait partagé ses vivres avec l'armée. Quant à la direction générale du service des subsistances, elle appartenait depuis le commencement du blocus à l'intendant en chef, aussi bien dans Metz qu'au dehors. La correspondance de ce fonctionnaire, comme celle du maréchal, en fournit la preuve irrécusable.

Le 7 octobre, pour la première fois, l'intendant militaire de la place ayant cru devoir refuser d'acquiescer aux demandes de ce haut fonctionnaire, le maréchal avait écrit aussitôt au commandant supérieur pour l'inviter à prescrire le soir même à M. Denecey de Cevilly d'obtempérer aux ordres de l'intendant en chef.

Par conséquent, cette séparation des intérêts de la place, pour laquelle le maréchal montrait tant de sollicitude à ce moment, n'existait pas, et la soi-disant décision du conseil n'apporta aucune modification à l'organisation du service.

Il n'y eut, au reste, pas de discussion véritable dans le conseil, mais seulement quelques propos échangés. On devait s'incliner devant la nécessité et subir les conditions formulées par le général de Stiehle, conditions d'après lesquelles « l'armée entière devait être prisonnière de guerre et Metz remis à l'ennemi, ainsi que le matériel, les drapeaux, etc. »

Nous ne saurions, toutefois, quitter cette triste et pénible séance sans relever les paroles que le compte rendu prête à l'un des membres du conseil.

D'après ce document, le commandant de l'artillerie de l'armée aurait émis son avis en ces termes :

« Le général Soleille pense que l'on doit saisir le côté pratique et ne pas oublier que le soldat souffre; que, d'autre part, tel que l'on connaît le caractère prussien, on n'obtiendra pas de grandes modifications à la négociation. La prolonger serait donc exercer une fâcheuse influence sur le soldat. A quoi servira d'avoir fait durer les souffrances du soldat, pour arriver à une solution fatale? Le général demande donc qu'au nom du soldat on se décide à une prompte solution. »

On a vu quelquefois une population, frappée de terreur par l'incendie ou le bombardement, faire appel aux sentiments d'humanité du commandant de la place, pour chercher à le déterminer, contrairement à son devoir, à ouvrir ses portes à l'ennemi avant d'avoir épuisé tous ses moyens de défense. Mais de semblables arguments se seraient trouvés ici pour la première fois dans la bouche d'un général, et j'ajoute d'un général commandant des troupes en campagne.

Qu'elle ait été soutenue ou non dans ce conseil, le ministère public doit protester hautement contre cette étrange doctrine, propre à encourager et à justifier toutes les défaillances.

Moins que partout ailleurs, dans une ville assiégée, l'intérêt particulier ne saurait l'emporter sur l'intérêt général. Une place forte protége le pays tout entier, non sa propre enceinte et ceux qu'elle renferme.

Les habitants de Metz étaient mieux inspirés quand, demandant le départ de l'armée, ils réclamaient pour la place l'honneur de se défendre elle-même, et qu'ils se déclaraient prêts à supporter les plus cruelles privations pour tenir jusqu'à la dernière extrémité.

Ce n'est ni à la population d'une place assiégée, ni même à son commandant, qu'il appartient de décider si la prolongation de la résistance importe ou non à l'intérêt du pays; ils n'ont pas qualité pour prononcer, car ils ignorent les résultats que peut entraîner une reddition prématurée.

Il importe toujours que la défense soit poussée jusqu'à la dernière limite, puisque, indépendamment de toute autre considération, elle a pour effet d'immobiliser une partie des forces ennemies, qui, aussitôt le siége levé, deviennent disponibles.

Telle est, d'ailleurs, la ligne impérieusement tracée par les règlements comme par l'honneur militaire. Or, à Metz, c'étaient près de 200 000 hommes qui étaient ainsi retenus devant la place, comme on l'avait fait valoir au conseil du 10 octobre; c'étaient ces troupes qui, en se portant en toute hâte sur la Loire, aussitôt après la capitulation, permirent au gouvernement allemand d'arrêter la marche de l'armée de la Loire et de rendre stériles ses premiers succès !

En ne repoussant pas énergiquement cette fausse et funeste doctrine, le maréchal oubliait ces prescriptions formelles du règlement sur le service des places : « Le commandant d'une place de guerre ne doit jamais perdre de vue qu'il défend l'un des boulevards de la France, l'un des points d'appui de ses armées, et que de la reddition d'une place, avancée ou retardée d'un seul jour, peut dépendre le salut du pays. »

Comme nous allons le voir, jusqu'au dernier moment, le maréchal Bazaine agira au rebours de ces sages dispositions.

Dans l'après-midi du 26, avant que le général Jarras partît pour le château de Frescati, l'intendant en chef, qui, le matin même, avait déclaré qu'il ne restait plus de vivres, vint en hâte annoncer au maréchal qu'après de nouvelles recherches, il était en mesure de continuer les distributions pendant trois et peut-être quatre jours encore.

Ce n'était point là une illusion de la part de ce fonctionnaire. Ce fut en effet l'existence de ces denrées qui put seule permettre au général Coffinières, dans le conseil du 26, de fixer au 5 novembre la date de l'épuisement des approvisionnements pour la place abandonnée à elle-même, tandis que jusque-là c'était le 29 octobre qu'il avait indiqué comme dernière limite.

Répartis entre l'ensemble des rationnaires, ces vivres eussent donc permis d'atteindre le 1er novembre.

Néanmoins, au lieu de se réjouir de cette bonne fortune inespérée et d'en profiter pour prolonger la résistance, le commandant en chef se contenta de répondre que cette faible ressource ne pourrait modifier en rien la situation de l'armée, et, comme s'il avait hâte d'en finir et qu'il eût décidé de capituler à heure fixe, il n'en dit rien au général Jarras et le laissa partir.

C'est en vain que le maréchal a allégué que l'intendant ne serait venu lui parler qu'après le départ du général : le fait que le commandant Samuel était présent à l'entrevue démontre péremptoirement le contraire, cet officier s'étant rendu ensuite à Frescati avec le chef d'état-major général.

Ces vivres n'étaient d'ailleurs pas indispensables pour permettre d'attendre le ravitaillement de la place. Le maréchal savait, en effet, par le général Changarnier, que des vivres avaient été préparés par les soins du prince Frédéric-Charles.

Ainsi, après avoir avancé de deux mois le terme de sa résistance, par son incurie à recueillir et à économiser les vivres, il livrait volontairement à l'ennemi son armée et la place de Metz, trois jours au moins avant d'y être contraint par l'épuisement des subsistances !

Était-ce donc sa sollicitude pour ses soldats qui l'empêchait de supporter plus longtemps la vue de leurs misères?

Cette sollicitude se serait alors réveillée bien tard.

Pendant toute la durée du blocus, le maréchal s'était fort peu préoccupé de voir ses troupes. Renfermé le plus souvent dans son quartier général, jamais il n'avait passé une revue. Jamais il n'avait fait une visite aux blessés, car nous ne pouvons appeler de ce nom cette unique promenade le long de l'ambulance de la place d'Armes, découverte à grand' peine par la défense. Jamais il n'avait cherché à adoucir leurs maux. Jamais il n'avait eu pour eux une de ces paroles affectueuses, témoignages d'intérêt, qui, répétées de bouche en bouche, resserrent les liens entre le chef et ses soldats, et sont pour celui qui souffre un précieux soulagement.

Ainsi n'agissaient pas les commandants de corps, les généraux, les officiers de tous grades, qui témoignèrent à leurs subordonnés un intérêt de tous les instants. Leurs soins, leurs égards, leurs rapports incessants avec les troupes, eurent pour effet de conserver la discipline dans des circonstances douloureuses et difficiles. Vaillante dans les combats, résignée dans les privations, constamment prête à tous les efforts comme à tous les sacrifices, cette noble armée méritait un sort meilleur que celui que lui infligèrent la coupable insouciance et les intrigues égoïstes de son chef!

L'indifférence du maréchal envers ses soldats ne contrastait pas moins avec le dévouement dont faisait preuve la population de Metz.

Elle avait accepté avec une fermeté virile les souffrances résultant de l'état de siége, et s'était employée avec une ardeur patriotique à soigner les 20 000 blessés et malades entassés dans la place.

Les hôpitaux, les casernes étaient promptement devenus insuffisants : les habitants s'empressèrent d'ouvrir leurs demeures, où 5000 hommes furent recueillis à la fois. Le personnel faisant défaut, chacun voulut s'employer pour nos soldats.

Les dames surtout furent admirables de dévouement : sans cesse au chevet des malades, dans les salles encombrées des ambulances, bravant les fatigues, les dangers, les dégoûts, luttant d'héroïsme avec les sœurs de charité, elles ne faiblirent pas un instant à la noble tâche qu'elles s'étaient imposée!

L'armée de Metz, objet de leurs soins touchants, témoin de leur abnégation, la patrie tout entière, qui leur doit le salut d'un grand nombre de ses enfants, leur ont voué une reconnaissance qui ne passera pas!

Puisse l'expression de ce sentiment, qui rend pour nous plus amère encore la douleur de la séparation, contribuer du moins à adoucir les ineffaçables regrets de la généreuse population de Metz.

Ce même jour, 26, où la capitulation devait être signée, les habitants ignoraient encore la série des événements survenus depuis le 10 octobre. Le maréchal, qui, dans sa proclamation, assurait qu'il n'avait rien de caché pour eux, avait décidé du sort de la ville sans qu'un avertissement fût adressé à la municipalité, sans même que le conseil de défense en fût prévenu. Cependant, ému par les bruits en circulation, le conseil municipal avait fait, le 23, une démarche auprès du général Coffinières, afin d'obtenir des informations sur la situation du pays et les négociations pendantes.

Le réquisitoire continue.

Complément de l'audience du 6 décembre

PRÉSIDENCE DE M. LE DUC D'AUMALE

Suite du Réquisitoire

M. le commissaire spécial du gouvernement poursuit ainsi :

Le commandant supérieur ayant allégué (aux membres du conseil municipal) la réserve qui lui était imposée, et conseillé de s'adresser au maréchal, le maire écrivit, le 25, au commandant en chef.

« Cette lettre, dit celui-ci dans son mémoire, me causa de l'étonnement, car je ne pouvais supposer que le général Coffinières, qui avait assisté à toutes les réunions du quartier général, laissât le conseil municipal dans l'ignorance. » Quant à nous, nous sommes loin de partager cet étonnement.

Le maréchal pouvait-il penser que le commandant supérieur divulguerait sans autorisation ce qui se passait dans le sein du conseil, alors surtout qu'il n'était question que de négociations politiques? Avait-il oublié, d'ailleurs, qu'il s'était réservé le contrôle des communications à faire à la population, en conservant la direction de la presse, direction qu'il garda pendant tout le siége, ainsi que l'établissent surabondamment sa correspondance avec le général Coffinières, la déposition de celui-ci, l'envoi journalier au quartier général des épreuves des journaux, les communiqués adressés, les suppressions ordonnées, enfin l'incident déjà cité, relatif aux deux numéros du *Journal officiel* rapportés de Versailles par le général Boyer?

C'est le lieu d'examiner ici comment le maréchal a exercé cette action.

La plupart des opinions politiques avaient leur organe dans la presse de Metz. Mais, comme partout, la presse avait compris que, dans la situation du pays, il ne devait plus y avoir qu'un parti, celui de la résistance à l'envahisseur.

Aussi la politique ne se traduisit guère dans les journaux, pendant le siége, que par quelques manifestations en faveur du régime nouveau et par de vives attaques contre certaines personnes du gouvernement déchu : bien que ces attaques fussent loin de dépasser en violence la proclamation de M. Jules Favre, publiée par ordre du maréchal, celui-ci eut raison de les interdire, car elles pouvaient être un levain dangereux d'indiscipline dans l'armée.

La première place était réservée, dans les feuilles publiques, aux épisodes glorieux de la guerre et aux considérations militaires ; elles rappelaient avec complaisance les souvenirs des anciens siéges où Metz avait toujours résisté victorieusement : exalter le courage, ranimer la confiance, entretenir l'espoir, tel était le but honorable poursuivi par les journaux à quelque opinion qu'ils appartinssent.

S'ils exprimaient le désir de voir l'armée reprendre la campagne, si son inaction prolongée y provoquait quelques observations sévères, qui pourrait les en blâmer?

Loin d'aider la presse dans une mission si patriotique, le commandant en chef s'attache à exercer sur l'esprit public une action tout opposée.

Ainsi, on le voit tenter de justifier son inaction en publiant le détail plus ou moins exact des forces du blocus. De là les communiqués des 24 septembre, 5 et 16 octobre. Non-seulement la position des troupes ennemies avec leur effectif probable s'y trouve indiquée, mais on y lit qu'elles reçoivent des renforts considérables, que leur situation sanitaire est satisfaisante, etc. Si, d'après les observations faites de la ville même, ces troupes semblent moins nombreuses, c'est uniquement parce que l'ennemi s'est retiré en arrière, après avoir incendié les environs.

C'est au journaliste qu'est laissé le soin de faire observer que ces nouvelles communiquées, étant d'origine prussienne, ne doivent être acceptées que sous bénéfice d'inventaire.

D'autres notes officielles font ressortir les fâcheux résultats des combats livrés autour de la place : l'une, à la suite de l'affaire de Peltre, énumère les fermes et villages incendiés; l'autre, après le combat des Tapes, indique le chiffre élevé des pertes subies.

Alors que le règlement ordonne au commandant en chef de rester sourd aux nouvelles répandues par l'ennemi, le maréchal ne craint pas d'adresser à la presse des extraits de journaux allemands racontant les événements de la guerre sous le jour le plus défavorable à la France.

Quand le bruit de succès remportés se répand dans la ville, il s'empresse de les démentir.

Le 5 octobre, il adresse au général Coffinières un télégramme ainsi conçu :

« Je lis dans l'*Indépendant de la Moselle* du 5 octobre :

« *Post-scriptum.* — Les renseignements arrivés au maréchal Bazaine sur l'affaire d'Étampes sont tellement satisfaisants, etc. »

« Faites démentir de suite cette nouvelle, et envoyez-moi demain matin le rédacteur. »

Le 11, il publie un avis commençant par ces mots :

« Pour répondre aux nouvelles mensongères répandues dans la ville, le maréchal commandant en chef de l'armée du Rhin, n'ayant reçu aucune nouvelle affirmant les heureux faits de guerre qui se seraient passés à Paris, se borne à en souhaiter la réalisation. »

Le 14, il écrit de nouveau au commandant supérieur :

« Les journaux de Metz continuent à répandre journellement de fausses nouvelles relativement au siége de Paris, etc. »

La plupart des nouvelles favorables données par les journaux étaient, en effet, exagérées ou erronées, et le commandant en chef était en droit de les démentir.

Néanmoins, quand on se souvient que le maréchal avait, de sa propre bouche, annoncé la capitulation de Strasbourg quinze jours avant la reddition de cette place, et la prochaine arrivée du matériel de siége pour bombarder Metz; quand on songe qu'il faisait répandre officiellement des informations mensongères rapportées de Versailles par son aide de camp, alors qu'il savait la vérité par les journaux français entre ses mains, on peut, à juste titre, s'étonner de cet empressement à étouffer tous les bruits de nature à raviver l'espérance.

Ce n'est pas tout : si certains articles peuvent encourager les idées de résistance, ils sont supprimés.

Ainsi, dans quelques pages portant l'empreinte des sentiments les plus élevés, M. le colonel du génie Humbert, ayant voulu démontrer par des exemples tirés de l'histoire que le sort du pays n'était pas encore désespéré, ordre est donné de supprimer l'article, attendu qu'il a, suivant les expressions de la censure : « l'inconvénient de soulever des questions trop brûlantes pour le temps qui court. »

Le 11 octobre, l'*Indépendant de la Moselle*, après avoir annoncé que les renseignements apportés par les prisonniers étaient très-satisfaisants, continue par ces mots :

« Que les pessimistes et les découragés prennent donc confiance, et n'entendons plus prononcer ce mot, qui fait monter la rougeur au front : Capitulation ! »

Cette phrase est rayée.

Plus tard, le rédacteur du *Courrier de la Moselle* s'efforce de démontrer l'invraisemblance des nouvelles rapportées par le général Boyer.

L'article est supprimé.

Enfin, vous savez déjà, messieurs, que le 19 octobre, sur les observations du commandant supérieur de Metz, le commandant en chef s'est fait renvoyer, sans en autoriser la communication à la presse, les deux numéros de journaux apportés par le général Boyer.

Par cet ensemble de mesures, le maréchal s'était efforcé de diriger suivant ses vues l'esprit de la population et celui de l'armée.

Le ministère public doit infliger à de semblables agissements le blâme qu'ils méritent.

Si la responsabilité en incombe avant tout au commandant en chef, nous ne pouvons nous empêcher de constater qu'en se montrant à ce sujet, vis-à-vis de la presse de Metz, le docile interprète de ses intentions, le général Coffinières s'est exposé au grave reproche d'avoir travaillé, comme le commandant en chef lui-même, à jeter le découragement parmi les habitants, dont le patriotisme, hâtons-nous de le dire à leur louange, ne faiblit pas un instant et sut résister jusqu'au bout à ces tristes suggestions.

Ces communiqués à la presse n'avaient été qu'un des moyens employés par le maréchal pour agir sur son armée. Il s'était surtout préoccupé, comme nous l'avons déjà montré si souvent, de tromper ses lieutenants en leur cachant ce qu'il savait, en leur fournissant des renseignements mensongers, en leur dépeignant enfin la situation sous les couleurs les plus sombres.

Nous l'avons vu procéder ainsi dans les conseils du 26 août, du 10, du 18 octobre.

Mais ce n'était pas seulement dans ces réunions qu'il avait recours à ces procédés, malheureusement habituels pour lui.

Est-il besoin de vous rappeler la communication faite par son ordre aux commandants de corps, du rapport rédigé par M. Debains, d'après les nouvelles racontées par l'ennemi ?

C'est à toute l'armée, on s'en souvient, qu'il avait voulu faire connaître officiellement le récit du général Boyer.

D'autre part, il prescrivait d'envoyer à tous les états-majors une note détaillée des forces de l'ennemi et de ses ouvrages, avec plan à l'appui.

Cette communication qui, faite confidentiellement aux commandants de corps au moment d'une sortie, aurait eu sa raison d'être, ne pouvait qu'affaiblir le moral des troupes immobilisées dans leurs campements. Elle était, d'ailleurs, loin d'être exacte ; car les ouvrages ennemis, représentés comme formidables, n'étaient généralement que de simples tranchées-abris, ainsi que l'établissent les dépositions des officiers compétents qui ont pu les examiner après le siége.

Nous avons hâte de clore cette énumération déjà trop longue ; nous devons pourtant mentionner la note du maréchal relative au siége de Paris. Pour ne pas abuser des instants du Conseil, nous nous bornerons à en donner ici l'analyse succincte. Le 14 octobre, le maréchal invite les commandants de corps à faire lire dans les régiments, à l'appel de midi, les passages de la proclamation du général Trochu rapportant la panique du régiment provisoire des zouaves au combat de Châtillon.

Par contre, il néglige de faire donner lecture du passage de la proclamation où le gouverneur de Paris place en parallèle la solidité d'autres troupes, et les résultats obtenus, où il flétrit énergiquement la lâcheté et l'indiscipline, et annonce l'envoi des coupables devant les conseils de guerre pour y être jugés suivant la rigueur des lois!

Ainsi, dans les efforts tentés de toute part pour la défense du pays, le maréchal ne trouve à citer que la déroute du corps qui, au dire de journaux allemands, communiqués par son ordre l'avant-veille à la presse, eût été le seul régiment intact de l'armée, tous les autres se composant de « recrues et de bataillons de marche. »

Tels étaient les seuls renseignements que le maréchal croyait devoir donner de l'armée, le jour même où il reprochait aux journaux de publier de fausses nouvelles relativement au siége de Paris.

Il est vrai que, dans sa note, il déclarait que cette lecture devait avoir pour but :

« De prémunir les officiers et soldats contre les manœuvres des agents de certains partis, et notamment contre les fausses nouvelles et les insinuations perfides que les journaux et les brochures répandent à profusion. »

Ces paroles ne caractérisent-elles pas, d'une manière frappante, l'action qu'il s'efforçait d'exercer lui-même sur le moral de ses troupes, soit directement, soit par l'intermédiaire de la presse?

L'exposé des mesures prises nous indique en effet ce qu'étaient ces manœuvres de certains agents de parti contre lesquelles le maréchal croyait devoir prémunir les officiers et les soldats! Ces manœuvres, c'étaient les réclamations, les murmures de ceux qui, voyant l'abîme où les entraînait leur chef, auraient préféré tenter de suite le sort des armes, au lieu d'attendre l'épuisement des forces dans une immobilité stérile et honteuse!

Les fausses nouvelles, c'étaient les bruits répandus de succès remportés à Paris ou en province, bruits qui, en rallumant parmi ses troupes l'ardeur du combat, pouvaient déjouer les combinaisons de sa politique!

Enfin, que pouvaient être ces insinuations perfides, sinon les propos des gens de cœur qui, regardant l'inaction imposée à l'armée comme dangereuse et indigne d'elle, exprimaient hautement leur opinion et cherchaient à ranimer l'énergie des découragés et des pessimistes?

Après avoir montré le maréchal s'appliquant à amollir le courage, à énerver les idées de résistance, suggérant les défaillances, enveloppant son armée comme d'une atmosphère débilitante, il ne nous reste plus qu'à enregistrer le triste dénoûment de ses combinaisons déçues.

Nous avons vu le conseil réuni le 26 octobre, n'ayant plus aucune confiance dans le sort des armes, déclarer qu'il ne restait plus qu'à subir les conditions de l'ennemi.

Le même jour, désigné pour cette triste mission, le général Jarras, chef d'état-major général, partit vers cinq heures et demie du soir pour le château de Frescati, où il devait, de concert avec le général de Stiehle, chef d'état-major du prince Frédéric-Charles, arrêter les clauses de la capitulation de l'armée et de la place de Metz. Il se fit accompagner de deux officiers attachés à l'état-major général, MM. le lieutenant-colonel Fay et le commandant Samuel.

Dans la conférence qui s'ouvrit, le général Jarras demanda d'abord qu'un détachement constitué, composé de troupes de toutes armes, fût autorisé à rentrer librement en France ou en Algérie. Cette faveur lui ayant été refusée, la discussion ne porta plus que sur deux points principaux.

Comme le conseil en avait exprimé le désir, le général devait insister pour que l'épée fût laissée à tous les officiers. A cette demande, le plénipotentiaire prussien objectait que le roi de Prusse entendait réserver cette faveur à ceux-là seuls qui consentiraient à rentrer en France sous condition de s'engager sur parole à ne pas porter les armes contre l'Allemagne jusqu'à la paix.

Malgré l'anomalie injustifiable d'une semblable exception, il fallut une longue insistance pour que le général de Stiehle promît d'appuyer auprès du prince la demande de laisser l'épée à tous les officiers.

Une deuxième demande, non prévue dans le conseil, fut formulée inopinément par les officiers qui accompagnaient le général Jarras. Ils firent observer que pour reconnaître la valeur des troupes françaises, valeur dont le général prussien venait de témoigner lui-même, il était équitable d'accorder une faveur honorifique dont l'effet s'étendît à toute l'armée. Ils réclamèrent en conséquence les honneurs de la guerre, tels qu'ils sont définis par l'usage, c'est-à-dire consistant dans le défilé en armes des troupes vaincues, qui reçoivent de la part des troupes victorieuses les honneurs militaires, et ne sont constituées prisonnières de guerre qu'après cet hommage rendu à l'énergie de leur résistance.

Le général de Stiehle, après s'être d'abord opposé à cette demande, consentit également à la soumettre au prince.

On passa ensuite à la rédaction du protocole, dont l'article 3 fut établi de deux manières, l'une ou l'autre version devant être adoptée suivant que les honneurs de la guerre seraient ou non accordés.

On convint enfin qu'une nouvelle conférence aurait lieu le lendemain, après réception de la réponse aux demandes formulées. On devait signer alors le protocole de la capitulation, opération qui ne pouvait d'ailleurs avoir lieu le jour même, M. le général Jarras ayant omis de se munir des pleins pouvoirs réguliers du commandant en chef.

On se sépara fort tard dans la nuit. Le lendemain matin, le général Jarras rendit compte du résultat de sa mission au maréchal Bazaine, et lui communiqua le projet de protocole. Arrivé à l'article 3, le maréchal manifesta quelque répugnance au sujet des honneurs de la guerre; néanmoins, il adopta la rédaction française de l'article, c'est-à-dire celle stipulant que ces honneurs étaient accordés à l'armée.

Espérait-il que l'ennemi les refuserait? On est en droit de le penser d'après ce qui va suivre.

Quelques instants plus tard, une lettre du général de Stiehle faisait savoir que le roi de Prusse consentait à laisser l'épée à tous les officiers, et que le prince Frédéric-Charles accordait les honneurs de la guerre.

Ainsi, les demandes en faveur de l'armée française ont été accueillies. Elle va donc recevoir les honneurs de la guerre. Non, cette fois, c'est son général en chef qui les lui refuse; il déclare en effet au général Jarras son intention formelle de ne pas les accepter, ou plutôt de refuser le défilé qui en est le signe, et il persiste dans cette résolution malgré les instances qui lui sont faites. Un semblable refus devait paraître étrange au général Jarras. Aussi, au moment de repartir pour Frescati, revint-il à la charge, faisant ressortir avec force ce qu'il y aurait de pénible, d'humiliant même, à refuser ce qu'on avait réclamé d'abord comme une faveur; ce qui, dans tous les temps, avait été regardé comme une marque éclatante d'estime; ce qui enfin devait constituer pour les troupes un adoucissement à l'amertume de la capitulation.

Le maréchal demeura inflexible. — Pourquoi cette détermination inexplicable au premier abord? Sa conduite antérieure va nous le faire comprendre.

Après avoir maintenu son armée dans l'inaction, en la leurrant de vaines espérances; après s'être efforcé de l'énerver par des récits mensongers, il l'avait amenée à déposer les armes sans avoir entrepris rien de sérieux depuis près de deux mois pour percer les lignes d'investissement.

Mais le jour s'était fait.

Tous voyaient maintenant l'abîme où ils avaient été entraînés à leur insu. Le maréchal craignit sans doute que l'indignation de ses soldats n'étouffât la voix de la discipline, et que, dans l'égarement du désespoir, leur fureur se tournât contre le chef dont les agissements tortueux les avaient conduits à une telle extrémité.

En vain objecte-t-il qu'il eût été humiliant de défiler.

Quelle qualité avait-il pour réformer ainsi le Code de la guerre en substituant à ses règles de tous les temps une opinion absolument contraire aux usages reçus et partout respectés? En accordant les honneurs militaires, ce n'était pas au chef seul, mais à la valeur de ses troupes que le prince rendait hommage. Le maréchal avait-il le droit de refuser ce témoignage d'estime que l'ennemi voulait donner à ses soldats?

D'ailleurs, si, fidèle à son devoir, il eût combattu jusqu'au dernier jour, sans trêve ni repos, et si néanmoins il eût été réduit à capituler, il n'aurait pas éprouvé de honte en défilant devant l'ennemi, et il aurait fièrement tenu son rang à la tête de ses troupes, comme le firent tant d'intrépides capitaines qui ne se crurent pas humiliés parce que, malgré leurs efforts, la fortune avait trahi leur valeur.

Son refus est donc une première condamnation prononcée par lui-même contre sa conduite pendant le siége.

Redoutant du reste l'appréciation sévère que comportait sa décision, il prescrivit au général Jarras, en lui donnant ses dernières instructions, de proposer au général de Stiehle de conserver la rédaction française de l'article, en se conformant, pour l'exécution, à la rédaction allemande. En d'autres termes, tout en ne défilant pas, il voulait paraître avoir défilé.

Cette combinaison ne devait pas réussir, et, pour se justifier devant l'opinion publique, le maréchal dut avoir recours à un autre expédient.

« Si l'on avait accepté les honneurs de la guerre, dit-il dans son ouvrage l'*Armée du Rhin*, les officiers n'auraient pas conservé leurs épées. »

Est-il besoin de faire remarquer que cette assertion est exactement l'inverse de la vérité, et que, tout au contraire, les honneurs militaires furent accordés par l'ennemi en même temps que l'autorisation pour les officiers de conserver leurs épées?

Le général Jarras fut, en outre, chargé de dire au général de Stiehle qu'il était d'usage en France, après une révolution, de détruire les drapeaux et étendards qui avaient été remis aux troupes par le gouvernement déchu, et que, conformément à cet usage, un certain nombre de drapeaux avaient été brûlés.

Pour donner le change à l'ennemi, le maréchal recourait ici à un artifice bien grossier. Le prince, qui adressait toutes ses lettres au commandant de l'armée impériale française, pouvait-il croire en effet que le maréchal considérait l'empire comme un gouvernement déchu et qu'il en eût fait détruire les emblèmes ? Pouvait-il le penser, surtout lorsque depuis plus d'un mois le maréchal offrait de traiter au nom de la régente, et qu'il avait près d'elle, à ce moment même, son aide de camp en mission spéciale à cet effet ?

Ainsi, comme s'il eût été porté par une inclination naturelle aux subterfuges et aux faux-fuyants, le maréchal, afin d'éviter le défilé, sans perdre devant l'opinion le bénéfice des honneurs de la guerre, proposait de faire l'inverse de ce qu'il stipulait, tandis qu'au sujet des drapeaux il prescrivait à son chef d'état-major de soutenir devant l'ennemi une assertion à la fois fausse et invraisemblable. Triste mission, en vérité, que celle dont on chargeait le général Jarras !

Le 27, à six heures du soir, accompagné des mêmes officiers, le général repartit pour le château de Frescati, où l'attendait le général de Stiehle.

Après l'échange des pleins pouvoirs, on s'occupa de la rédaction définitive du protocole.

Arrivé à l'art. 3, le général Jarras déclara qu'il avait ordre de rejeter le défilé et les honneurs qui s'y rattachaient.

« Ai-je bien entendu ! s'écria avec étonnement le plénipotentiaire prussien, vous refusez aujourd'hui les honneurs que vous demandiez hier et qui vous ont été accordés ? »

La surprise du général ennemi fut partagée par les deux officiers français qui, par un sentiment élevé et patriotique, avaient insisté la veille pour obtenir cette dernière satisfaction en faveur de l'armée.

Mais le général Jarras dut maintenir son refus, et proposa alors, comme le maréchal le lui avait prescrit, de conserver la version française de l'article, tout en se conformant en réalité à la version allemande.

A quoi le général de Stiehle se contenta de répondre : « Chez nous, ce qui n'est pas exécuté n'est pas écrit. »

Il était pénible de recevoir cette leçon de l'ennemi, mais il n'aurait pas fallu s'y exposer.

Quand on lut l'article relatif aux drapeaux, le général Jarras, suivant ses instructions, annonça que, conformément à l'usage, des aigles avaient été brûlées lors du changement de gouvernement. Cette déclaration excita des signes non équivoques d'incrédulité chez le général de Stiehle, qui demanda des explications sur cet usage, qui lui était, disait-il, totalement inconnu. Le général Jarras, embarrassé, ne put que répéter ce qu'il venait de dire. Il fut convenu qu'en tout cas, ce qui n'avait pas encore été brûlé demeurait acquis à l'armée allemande.

Le protocole fut arrêté sans nouvelles observations, rédigé en double et signé par les deux généraux.

On se sépara vers dix heures du soir. Le lendemain matin, le général Jarras remit le protocole au maréchal. Le texte en fut communiqué aux commandants des corps, qui l'approuvèrent dans une dernière réunion du conseil, tenue le 28 octobre, à huit heures et demie du matin.

Avant d'exposer les clauses de la capitulation, nous devons revenir en arrière pour examiner en détail l'un des épisodes les plus douloureux de ces derniers jours du blocus; nous voulons parler de la série des actes qui ont préparé la livraison des drapeaux à l'ennemi.

Le 26 octobre, après la séance où fut arrêté l'envoi du général Jarras à Frescati, les commandants de corps allaient se séparer sans qu'on eût parlé des drapeaux, quand cette question fut soulevée par l'un des généraux. Malheureusement, les souvenirs des membres du conseil au sujet de cet incident sont peu précis.

Tandis que le général Desvaux, d'accord sur ce point avec la déclaration du maréchal Bazaine, assure que l'ordre fut donné de porter les drapeaux à l'arsenal pour y être brûlés, d'autres membres, MM. le maréchal Le Bœuf, les généraux Frossard, Coffinières et Jarras, soit qu'ils eussent déjà quitté la salle, soit que la mémoire leur fasse défaut, attestent ne pas avoir eu connaissance de cet ordre.

MM. le maréchal Canrobert et le général de Ladmirault ne se souviennent pas qu'il ait été fait mention que les drapeaux seraient brûlés; il ne leur a pas été prescrit de les envoyer à l'arsenal, et tout s'est borné, suivant eux, en ce moment, à une simple conversation.

Le général Soleille était particulièrement intéressé aux mesures concernant les drapeaux, puisqu'il lui incombait d'en assurer l'exécution. Mais, consulté sur ce qui s'était passé, il n'a pu fournir que des renseignements contradictoires, témoignant de l'incertitude de ses souvenirs.

Ainsi, après avoir écrit à M. le maréchal président du conseil d'enquête, qu'il ne se rappelait pas qu'un ordre verbal, à cet égard, lui eût été donné le 26, il a déclaré une première fois à l'instruction avoir reçu des ordres pendant le conseil pour faire réunir et brûler les drapeaux à l'arsenal. Puis, dans une déposition postérieure, revenant sur cette déclaration, il a répété l'assertion contraire, renfermée dans sa lettre au président du conseil d'enquête. Cette assertion, la dernière formulée devant le magistrat instructeur, est donc celle à laquelle nous devons nous arrêter.

Nous constatons toutefois qu'il avait été certainement question, le 26, des drapeaux entre le maréchal et le général Soleille, puisque celui-ci annonça dans la journée à M. le général Gagneur qu'ils seraient brûlés, mais sans lui donner d'ordres à cet effet.

En présence de cette diversité des témoignages, il serait difficile de déterminer avec précision ce qui s'est passé dans la conférence.

Mais, si l'on observe qu'aucune disposition ne fut prescrite relativement aux drapeaux par les commandants des corps, qui tous attendirent les instructions écrites du lendemain 27 pour faire verser les aigles, on reste convaincu que les paroles du commandant en chef n'avaient nullement le caractère d'un ordre. Si elles avaient eu ce caractère, elles auraient été prononcées à haute voix, avant que personne ne fût sorti, de manière à être entendues distinctement de tous les commandants de corps qui certainement se fussent empressés d'obéir.

Or c'est le contraire qui arriva, et vous remarquerez, messieurs, que ceux mêmes qui entendirent les paroles du maréchal, MM. le maréchal Canrobert et le général de Ladmirault, ne les considérèrent que comme un simple avertissement et nullement comme un ordre à exécuter.

Deuxième complément de l'audience du 6 décembre

PRÉSIDENCE DE M. LE DUC D'AUMALE

Suite du réquisitoire

M le général Pourcet, commissaire spécial du gouvernement, après avoir fait remarquer que plusieurs membres présents à la conférence du 26 octobre ont plutôt considéré les paroles du maréchal en ce qui concerne l'incinération des drapeaux comme un simple avertissement que comme un ordre, continue ainsi :

D'autre part, le fait que M. le général Desvaux, comme les autres commandants de corps, a attendu de nouveaux ordres donnés le 27 seulement pour prescrire la réunion des drapeaux, établit péremptoirement que sa mémoire le trompe quand, seul des membres du conseil, il déclare avoir reçu, dans la matinée du 26, l'ordre dont il parle.

Ce qui achève de démontrer que le maréchal n'a pas donné d'ordres pendant la conférence, c'est que le procès-verbal de la séance, tel qu'il a été publié dans son ouvrage *l'Armée du Rhin*, n'en fait aucune mention.

En revanche, sur l'original du mémoire produit devant le conseil d'enquête, on lit ces mots ajoutés après coup, en interligne et d'une autre écriture : « Ordre lui est donné (au général Soleille) de réunir et de brûler à l'arsenal les aigles des régiments. »

Mais cette inscription, qui n'a aucun des caractères de l'authenticité, montre seulement l'intérêt que le maréchal attache à établir l'exactitude de cette déclaration. Vous apprécierez, messieurs, dans quel but ce document original a pu être ainsi surchargé.

Pendant le reste de la journée, le maréchal ne songea nullement à s'assurer si l'on s'était conformé partout au soi-disant ordre du matin. La mesure était pourtant assez importante et les circonstances assez urgentes pour qu'il fût nécessaire d'en presser l'exécution et de se faire rendre compte.

Le général Jarras partait, en effet, le soir, pour traiter de la capitulation, et il n'avait pas à revenir avant de l'avoir signée. On sait que cette signature ne fut retardée que par des circonstances imprévues, indépendantes de la volonté du maréchal. Si le général de Stiehle avait été en mesure de prononcer immédiatement sur la demande de conserver les épées aux officiers et sur celle relative aux honneurs de la guerre, si d'autre part le général Jarras n'avait pas négligé de se munir de pouvoirs réguliers, le protocole eût été signé le jour même, et on eût pu le lendemain détruire les drapeaux sans manquer aux engagements pris.

Le maréchal croyait-il du moins l'opération accomplie le 26? Non; nous allons trouver dans la série de faits qui vont se produire la preuve du contraire.

Le 27, avant midi, au sortir du rapport chez le commandant en chef, le général Soleille, rentrant à son quartier général, rédigea deux lettres.

La première, adressée aux généraux commandant l'artillerie des corps d'armée, était ainsi conçue :

« 27 octobre, n° 1002.

« Par ordre du maréchal commandant en chef, les drapeaux et étendards devront être remis dans la journée à l'arsenal. Les drapeaux seront enveloppés de leurs étuis et transportés dans un chariot de batterie fermé, conduit par un lieutenant et accompagné d'une escorte de quatre sous-officiers à cheval, s'il est possible. Vous voudrez bien vous entendre avec le commandant de votre corps d'armée pour que des ordres soient donnés aux différents régiments dans ce but.

« Je vous prie de vous rendre à mon quartier général aujourd'hui à deux heures de l'après-midi. »

Cette lettre fut expédiée immédiatement. Le maréchal savait donc, en faisant donner ces ordres, que les drapeaux n'avaient pas encore été brûlés, ni même livrés à l'artillerie. Vous remarquerez que, dans cette lettre écrite au nom du commandant en chef, il n'était plus question de les détruire.

Que comptait-on en faire? C'est ce que nous apprend la seconde lettre destinée au colonel de Girels, directeur de l'arsenal. La voici :

« 27 octobre 1870, n° 1003.

« Par ordre du maréchal commandant en chef, tous les corps de l'armée doivent envoyer à l'arsenal leurs drapeaux et étendards. Je vous prie de les recevoir et de les conserver; ils feront partie de l'inventaire du matériel de la place, qui sera établi par une commission d'officiers français et prussiens. »

Suivant les déclarations de MM. le colonel Vasse Saint-Ouen et du chef d'escadron Morlière, et comme l'indique aussi sa teneur, cette seconde lettre fut également préparée dans la matinée du 27. Les deux dépêches, complément l'une de l'autre, étaient d'ailleurs nécessaires pour l'exécution de l'ordre donné.

Toutefois, la dernière resta chez le général Soleille pendant toute la journée, et ne parvint au colonel de Girels que le lendemain matin, 28. Nous reviendrons sur les conséquences de ce retard.

Ainsi, le 27 au matin, il ne s'agissait plus dans ces ordres écrits, les premiers qui aient été formulés, de détruire les drapeaux, mais de les conserver pour en faire la remise à l'ennemi.

Cependant, à la réunion des généraux d'artillerie qui eut lieu chez lui à deux heures de l'après-midi, le général Soleille ne leur fit pas connaître cette destination, et il leur annonça, au contraire, que les drapeaux une fois réunis à l'arsenal y seraient brûlés.

Ce fait, que les dépositions des généraux de Rochebouët et de Berckheim rendent malheureusement incontestable, démontre que le général Soleille aurait voulu cacher à ses lieutenants les intentions véritables du commandement.

Nous regrettons que le général n'ait pu fournir aucune explication sur son étrange manière d'agir en cette circonstance.

A la vérité, chez quelques-uns des témoins de cette scène, la mémoire un instant a paru fléchir : contrairement à leurs dépositions écrites, plusieurs ont pu croire et dire à l'audience qu'à cette conférence du 27 ils n'avaient pas eu à solliciter d'explications sur le sort réservé aux drapeaux, parce qu'ils n'auraient pas encore reçu, à ce moment, du général Soleille les instructions écrites dans la matinée de ce jour et qui les saisissaient de la question; ils oubliaient évidemment, en parlant ainsi, que la dépêche qui les avait convoqués pour cette réunion était celle-là même qu'ils s'imaginaient n'avoir pas reçue! Mais les faits, tels que nous venons de vous les exposer, restent désormais acquis aux débats.

L'ordre transmis par le général Soleille ne fut pas accueilli partout de la même manière. Tandis que le maréchal Le Bœuf et le général Frossard, qui n'avaient pas entendu parler des drapeaux dans le conseil de la veille, refusaient de livrer les aigles de leur corps d'armée sans un ordre direct du commandant en chef, le général Desvaux s'empressait d'inviter ses divisionnaires à faire porter les aigles chez le général commandant l'artillerie de la garde, chargé de les envoyer à l'arsenal.

Cet avis jeta l'émotion dans les corps.

Le colonel Péan, du 1er grenadiers, considérant que l'ordre ne prévenait pas que les drapeaux dussent être détruits, se fit apporter le sien, le déchira lui-même, fit scier la hampe et l'aigle, et en distribua les morceaux aux officiers et soldats de son régiment.

Le général Jeanningros, à qui le colonel vint rendre compte, approuva sa conduite, et ordonna au colonel des zouaves d'en faire de même immédiatement.

Informé à son tour, le général Picard, commandant la division, crut devoir aviser le maréchal commandant en chef de l'inquiétude survenue parmi les troupes. Il demandait, en outre, dans quel but il faisait réunir les drapeaux à l'arsenal.

L'exemple de la brigade Jeanningros pouvait devenir dangereux.

S'ils venaient à soupçonner que leurs aigles ne leur étaient enlevées que pour être remises à l'ennemi, il était évident que les régiments allaient les détruire plutôt que d'obtempérer à un ordre qui eût si vivement blessé leur honneur militaire. Il importait donc de les rassurer. Aussi le maréchal Bazaine se hâte-t-il d'écrire au général Picard que les drapeaux seraient brûlés, et il envoie en même temps un de ses officiers d'ordonnance aux bureaux de l'état-major général, pour faire ajouter sur une lettre-circulaire adressée aux commandants de corps et traitant d'une autre question de service un *post-scriptum* ainsi conçu: « C'est par erreur qu'en donnant l'ordre de porter les drapeaux à l'arsenal, on a omis de dire que c'était pour y être brûlés. »

C'était pour la première fois qu'il s'agissait des drapeaux à l'état-major général, car le seul ordre écrit donné jusque-là à leur sujet émanait du général Soleille.

Le général Jarras ne se trouvant pas au bureau, M. le colonel Nugues, qui le remplaçait momentanément, se rendit chez le commandant en chef et lui fit observer que, lorsqu'il s'agissait d'une prescription aussi grave, il paraissait plus prudent et plus convenable d'en faire l'objet d'une lettre spéciale, au lieu de la mentionner sous forme d'un simple *post-scriptum*.

Sur cette sage observation, le maréchal dicta au colonel les termes d'une lettre adressée aux commandants des corps d'armée, et portant que les aigles des régiments seraient recueillies le lendemain matin, 28, de bonne heure, par les soins de l'artillerie et portées à l'arsenal: « Vous préviendrez les chefs de corps, ajoutait le maréchal, qu'elles y seront brûlées. »

Le colonel demanda s'il ne fallait pas écrire au général Coffinières, sous les ordres duquel était l'arsenal, ainsi qu'au général Soleille, commandant en chef de l'artillerie.

Le maréchal lui prescrivit alors d'écrire au général Coffinières pour l'inviter à faire recevoir, le lendemain matin, les aigles à l'arsenal, mais « sans lui parler d'autre chose. » Effectivement, cette lettre, signée, comme la précédente, par le commandant en chef, ne mentionne pas que les aigles seront brûlées.

Quant à la lettre pour le général Soleille, le maréchal dit au colonel Nugues : « Non, ne lui écrivez pas, il pourrait faire des difficultés ; je me réserve d'écrire moi-même au commandant de l'arsenal quand le moment sera venu. »

Vous le remarquerez, messieurs, ces nouveaux ordres semblent modifier entièrement les dispositions prescrites le matin ; ce n'est plus dans la journée du 27, mais le 28 seulement que les drapeaux doivent être portés à l'arsenal. Et l'on annonce à l'armée qu'ils y seront brûlés.

Si le maréchal, revenant sur son intention du matin, voulait sincèrement la destruction de ces insignes, comment ajournait-il au lendemain l'exécution de cette mesure? Vous avez entendu les motifs qu'il allègue pour expliquer ce retard. Ils n'ont aucune valeur. Il n'y avait pas un moment à perdre. En effet, le général Jarras allait repartir pour arrêter définitivement le protocole et le signer. Le commandant en chef connaissait les termes de ce protocole, où l'obligation de remettre les drapeaux était spécifiée en toutes lettres. Il avait bien chargé son chef d'état-major d'avertir le général de Stiehle qu'un certain nombre de ces insignes avaient été brûlés, mais il ne lui avait nullement prescrit de rejeter cette condition humiliante.

Le commandant en chef devait d'ailleurs être assuré que, cette fois, il n'y aurait plus ni difficultés ni retards. Les deux demandes formulées la veille avaient été accordées par l'ennemi, et c'était le maréchal qui, seul, refusait à son armée les honneurs de la guerre qui lui étaient concédés par l'ennemi. Il savait donc, à n'en pas douter, que la convention serait conclue dans la soirée, et qu'il ne serait certainement plus possible, le lendemain, de brûler les aigles sans violer la foi jurée.

Du reste, pour faire détruire les drapeaux par l'artillerie, il ne suffisait pas d'avertir les commandants de corps ; ce qu'il fallait surtout, c'était donner des ordres au service de l'artillerie, auquel incombait le soin matériel de l'opération.

Or le maréchal n'a pas voulu que le colonel Nugues écrivît à ce sujet au général Soleille, se réservant, disait-il, de le faire lui-même.

En fait, il n'a jamais écrit. Ni le général Soleille, ni le directeur de l'arsenal n'ont reçu l'ordre de détruire les drapeaux ; le maréchal Bazaine l'avoue lui-même, et vous en concluerez comme nous qu'au momoment où il annonçait aux commandants de corps son intention de faire brûler les aigles, le commandant en chef n'entendait nullement la mettre à exécution.

La même arrière-pensée ne se faisait-elle pas jour lorsque, quelques instants auparavant, donnant ses instructions au général Jarras, il lui disait, pour expliquer l'étrange déclaration qu'il le chargeait de porter à Frescati : « Je sais que des drapeaux ont été brûlés, et je ne veux pas que le prince Frédéric-Charles puisse supposer que j'ai manqué à mon engagement. »

Si le maréchal n'avait pas été résolu déjà à livrer ses aigles, il pouvait encore les faire brûler sans manquer aucunement à sa parole, puisque rien n'était signé! Rien ne le liait encore, que nous sachions.

Dès lors, de quel engagement voulait-il parler ici ? et pourquoi croyait-il devoir s'excuser en quelque sorte de ne pas livrer tous les drapeaux?

Donner avis au prince qu'un certain nombre de drapeaux avaient été brûlés, c'était promettre de livrer les autres, et non songer à les détruire!

Le lendemain matin, 28 octobre, le commandant en chef réunit ses lieutenants pour leur faire connaître les conditions de la capitulation. A la lecture de l'article relatif à la remise des drapeaux, l'un des commandants de corps s'écria : « Mais, cette clause ne saurait être exécutée, les drapeaux sont détruits! »

Le maréchal fit alors entendre qu'il avait été obligé de suspendre leur incinération par suite d'un retard mis dans l'exécution de ses ordres. Dans cette circonstance, comme toujours, il cherche à décliner la responsabilité en la rejetant sur ses lieutenants. Mais le motif invoqué n'était pas sérieux. Nous savons qu'il n'avait jamais donné l'ordre de brûler les drapeaux. Il n'avait donc pas eu à suspendre leur incinération! Bien plus, c'est lui qui avait retardé jusqu'au 28 leur livraison à l'arsenal. Il était donc faux de prétendre que les commandants de corps eussent mis du retard à obéir.

Du reste, la gravité des événements avait porté certains régiments à agir sans ordres à cet égard.

On sait déjà ce qui s'était passé au 1er grenadiers et aux zouaves de la garde.

Quand le général Jeanningros reçut le deuxième avis, annonçant que les drapeaux, versés à l'arsenal, y seraient brûlés, il y répondit par la note suivante :

« Les drapeaux de mes deux régiments ont été déchirés par mon ordre, les hampes et aigles sciées, et les morceaux distribués aux deux régiments. Les drapeaux de ma brigade n'iront pas à Berlin. » Ce fier langage, dont la forme insolite n'explique que trop les douloureux sentiments de l'armée, allait être bientôt justifié ; il nous prouve, du reste, combien était ébranlée alors la confiance des officiers dans la loyauté de leur commandant en chef.

Malgré les ordres donnés, plusieurs généraux refusèrent aussi d'abandonner le soin de détruire les aigles à d'autres que ceux à qui elles avaient été confiées.

Le général Lapasset réunit ses colonels et leur prescrivit de brûler les drapeaux en présence des officiers, ce qui fut exécuté. Il le fit connaître à son commandant de corps dans des termes que nous nous plaisons à citer ici : « La brigade mixte ne rend ses drapeaux à personne, et ne se repose sur personne de la triste mission de les brûler. Elle l'a accomplie elle-même ce matin. J'ai entre les mains les procès-verbaux de cette lugubre opération. »

Le général de Laveaucoupet ordonna aux porte-drapeaux des régiments de sa division de lui rapporter leurs aigles, si elles n'étaient pas détruites en leur présence. Elles furent effectivement rapportées et brûlées dans chaque régiment.

Enfin, le drapeau du 17e d'artillerie fut également détruit par le chef de corps.

Nous devons revenir maintenant à la lettre écrite le 27 au matin par le général Soleille au colonel de Girels, portant ordre de conserver et d'inventorier ces insignes. On sait que, par un retard prémédité qui s'explique aujourd'hui, cette lettre ne parvint au directeur que dans la matinée du 28.

Grâce à ce retard, le colonel put faire brûler un certain nombre de drapeaux de la cavalerie et de l'artillerie, précédemment déposés à l'arsenal; y furent détruits la plupart aussi de ceux de la garde, que le colonel Melchior avait apportés la veille ou le matin, sur l'ordre de son général.

Peu de temps après cette opération, arriva l'ordre de conserver les drapeaux. Le colonel directeur venait de le recevoir, quand un officier d'infanterie, exhibant l'ordre de la veille en vertu duquel les aigles devaient être brûlées, demanda à être présent à l'incinération de celle de son régiment.

Ici éclatait la contradiction entre l'ordre donné aux commandants de corps et celui donné au directeur de l'arsenal. Le rapprochement de ces deux ordres, intentionnellement contradictoires, ne laissait plus de doute sur la manœuvre coupable du commandant en chef. L'honorable colonel de Girels vous a dit l'émotion de ces braves officiers, qui comprenaient que l'armée avait été trompée, et que ses drapeaux devaient être livrés à l'ennemi.

Pressé par le colonel de lui tracer la marche à suivre à travers ces ordres opposés, le général Soleille, arrivé à l'arsenal vers onze heures du matin, expliqua ainsi l'incident au directeur : le maréchal avait essayé de sauver les drapeaux en faisant annoncer au plénipotentiaire prussien qu'ils avaient été détruits lors du changement de gouvernement. Mais l'ennemi ne l'avait pas cru, et le maréchal avait été obligé de donner un ordre contraire au premier, « les Prussiens tenant beaucoup à cette clause de la capitulation, dont ils faisaient une condition expresse. »

Cette explication péchait par un point important. Elle présentait l'ordre de brûler les drapeaux comme donné antérieurement à celui de les conserver. Or c'était le contraire qui avait eu lieu; car c'est le 27 au matin que le général Soleille avait rédigé l'ordre au colonel Girels, et c'est dans la soirée seulement que le colonel Nugues avait écrit aux commandants de corps pour les informer que les drapeaux seraient brûlés.

Mais on comprend maintenant pourquoi le maréchal n'a pas donné d'ordres, le 27 au soir, au service de l'artillerie en même temps qu'aux commandants de corps.

« Je me réserve d'écrire moi-même à l'arsenal quand le moment sera venu, » avait-il dit au colonel Nugues. Ce moment ne vint pas : le général de Stiehle ayant refusé d'ajouter foi à la fable inventée par le maréchal, celui-ci dut renoncer au projet de faire détruire une partie des drapeaux au moyen de ce subterfuge, si tant est qu'il en ait jamais eu l'intention.

On voit maintenant ce qu'il faut penser des prétendus ordres donnés à cet égard au conseil du 26. Oui, ce jour-là, le maréchal, mis en demeure inopinément par l'interpellation de M. Desvaux, a pu annoncer verbalement à ses lieutenants que les drapeaux seraient brûlés ainsi qu'il le leur a écrit le lendemain; mais comment aurait-il donné alors l'ordre d'exécution, puisque, à ses yeux, le 27 au soir, ce n'était pas encore le moment de le faire? Loin de donner le change à l'ennemi, la déclaration du général Jarras n'avait fait qu'exciter sa défiance.

Au commencement de l'après-midi du 28, une lettre du général de Stiehle fut remise au général Jarras, qui la porta immédiatement au maréchal. Dans cette lettre, le général prussien déclarait, au nom du prince Frédéric-Charles, qu'il n'avait jamais entendu parler des règlements invoqués la veille pour la destruction des aigles. Il invitait [illegible] suspendre immédiatement toute incinération, et à lui faire connaître le nombre des drapeaux restants. Il terminait en déclarant que si ce nombre ne lui paraissait pas suffisant, aucune des stipulations de la convention ne serait exécutée.

Le maréchal se montra vivement ému à la lecture de cette dépêche qui témoignait du peu de cas que l'ennemi faisait de sa parole.

Il envoya aussitôt chercher le général Soleille, afin d'être rassuré sur le succès des mesures prises pour la conservation des aigles. Le général, qui revenait de l'arsenal, le rassura en lui annonçant qu'il en restait quarante et une.

Pour plus de sûreté, le maréchal lui remit un ordre dans lequel, renouvelant en termes formels les prescriptions antérieures, il interdisait de restituer aux corps, sous aucun prétexte, les drapeaux déjà déposés, et rendait le colonel de Girels personnellement responsable de l'exécution des dispositions prescrites.

Le général Soleille retourna à l'arsenal pour y porter lui-même cet ordre et y recueillir le compte définitif des drapeaux : il s'en trouva cinquante-trois.

De son côté, le maréchal ordonna d'arracher du registre de correspondance de l'état-major général le feuillet où était transcrite la lettre du 27, informant les commandants de corps que les aigles seraient brûlées. « Je ne veux pas, dit-il, que cette lettre soit lue par le prince Frédéric-Charles, si les archives venaient à tomber entre ses mains. »

Ces précautions prises, il fit écrire au général de Stiehle pour lui annoncer qu'aucun drapeau n'avait plus été détruit depuis la signature de la convention, et qu'il en restait quarante et un à la disposition de la commission prussienne, à laquelle, néanmoins, il fit remettre cinquante-trois drapeaux le lendemain.

Dans sa lettre au général de Stiehle, le maréchal protestait de nouveau de la véracité de sa déclaration relative à la destruction des drapeaux lors du changement de gouvernement. Mieux eût valu se taire que de renouveler inutilement une déclaration inexacte à laquelle on ne croyait pas.

Par une lettre qu'il lui adressa le 29, le prince exprima sa satisfaction pour l'exactitude à tenir ses engagements.

Tel est, messieurs, l'exposé des faits relatifs à ce triste épisode. Cet exposé a exigé de nombreux détails; mais il était nécessaire de vous amener à partager cette conviction inébranlable, à laquelle nous a conduit un examen scrupuleux : c'est que le maréchal Bazaine n'a jamais voulu faire détruire les drapeaux et qu'il n'eut d'autre but, au contraire, que de les conserver pour l'ennemi! — Il n'a jamais voulu les faire détruire, disons-nous. En effet, au conseil du 26, interrogé à ce sujet, il annonce bien son intention de les brûler, mais il ne prescrit aucune disposition. Et cependant, il lui suffisait d'un mot pour faire anéantir ces insignes. Sur un ordre, sur une simple autorisation du général en chef, chaque régiment se fût empressé de faire disparaître son aigle comme l'avaient fait le 1er grenadiers et les zouaves de la garde, sans qu'il fût besoin de confier ce soin à l'artillerie! Néanmoins, le maréchal laisse s'écouler la journée sans rien prescrire, sachant bien cependant que la capitulation doit être signée le jour même.

Pour remédier à cette inexcusable inaction, une occasion inespérée se présente. Par suite de circonstances fortuites, la signature de la capitulation est reculée de vingt-quatre heures. Loin de profiter de ce répit, il informe, dès le 27 au matin, le général Soleille que les drapeaux devront être conservés pour faire partie du matériel de la place, qui sera inventorié par une commission d'officiers français et prussiens.

Non-seulement le maréchal ne veut pas leur destruction, mais encore il prend toutes les mesures pour empêcher qu'on n'y procède à son insu.

Ainsi, afin de rassurer son armée sur le sort des aigles, il annonce verbalement que les drapeaux seraient brûlés à l'arsenal. Le 27, il fait réitérer cette assurance par le général Soleille aux généraux d'artillerie; enfin il l'écrit lui-même aux commandants de corps.

Ces précautions pourraient devenir insuffisantes si en versant leurs drapeaux les troupes venaient à apprendre que le directeur de l'arsenal a l'ordre non de les brûler mais de les conserver. Nul doute, en effet, qu'elles ne détruisissent elles-mêmes ces emblèmes, plutôt que de consentir à les livrer.

Mais le commandant en chef de l'artillerie va parer à ce péril : à peine la dépêche destinée au colonel de Girels est-elle expédiée, dans la matinée du 27, que le général fait rappeler le planton qui l'emporte, et la dépêche, arrêtée jusqu'au lendemain, n'arrive à l'arsenal que le 28, entre huit heures et huit heures et demie du matin.

A cet instant, la contradiction entre les deux ordres pent éclater sans inconvénient.

Il est désormais trop tard pour brûler les aigles : la capitulation est signée. Vous connaissez à présent dans toute son étendue la manœuvre coupable du maréchal Bazaine. Elle fut malheureusement facilitée par la faiblesse du commandant en chef de l'artillerie. Vous savez, messieurs, que le général Soleille tut les instructions qu'il avait reçues pour conserver les aigles, qu'il retint par devers lui pendant vingt-quatre heures la lettre au colonel de Girels, enfin qu'il ne craignit pas d'annoncer aux commandants de l'artillerie des corps que les drapeaux devaieut être brûlés, et cela quand il venait d'écrire à l'arsenal pour les faire conserver.

Les antécédents si honorables du général nous interdisent de penser qu'en agissant ainsi il ait compris la portée de sa fatale condescendance. Aussi, bien vif est notre regret d'avoir eu à constater des faits qui porteraient à croire que, subjugué par un ascendant auquel il ne sut pas résister, il eut la faiblesse de se prêter à ces déplorables agissements dont sa funeste complaisance pouvait seule assurer le succès.

En conservant les drapeaux à l'ennemi, le maréchal espérait-il obtenir du moins des conditions meilleures pour son armée?

Nous ne trouvons nulle part trace de pourparlers dans ce sens, et il suffit de lire le protocole pour s'assurer que s'il nourrissait cet espoir, il fut singulièrement déçu.

Mais, eût-il obtenu en retour quelques avantages, il n'en aurait pas moins manqué gravement à son devoir et à l'honneur militaire, car une telle humiliation infligée à ses soldats ne pouvait se racheter par aucune compensation matérielle.

La conduite du maréchal a-t-elle été au contraire dictée par les conditions d'un pacte demeuré secret ?

L'instruction n'a pu recueillir aucun renseignement précis à cet égard, et, fidèle à la loi que nous nous sommes imposé, de ne rien avancer qui ne soit établi par des preuves irréfutables, nous ne nous arrêterons pas à cette hypothèse.

L'audience continue.

Troisième complément de l'audience du 6 décembre

Présidence de M. le duc d'Aumale

Suite du Réquisitoire

M. le commissaire du gouvernement continue la lecture de son réquisitoire en ces termes :

Ce qui, à nos yeux, rend le maréchal Bazaine plus coupable encore que le fait même de la livraison des drapeaux, ce sont les procédés indignes auxquels il a eu recours pour arriver à consommer cet acte!

Ainsi, au lieu de faire anéantir loyalement, ouvertement, tous ces insignes, alors qu'il n'avait qu'un mot à dire, un ordre à donner, il préfère avertir le prince Frédéric-Charles qu'un certain nombre d'entre eux ont été brûlés lors du changement de gouvernement, stratagème ridicule qui est dédaigneusement repoussé.

On éprouve un sentiment pénible en voyant un maréchal de France descendre à de semblables moyens, mais ce sentiment devient de l'indignation lorsqu'on découvre que le maréchal a également usé de subterfuges vis-à-vis de ses propres troupes, et que c'est par un véritable abus de confiance qu'il a soustrait à ses soldats les glorieux emblèmes qu'ils devaient défendre au péril de leur vie !

Il a dit, pour s'excuser, que des drapeaux trouvés dans un magasin n'avaient plus la même valeur que s'ils eussent été enlevés sur le champ de bataille. Cela est vrai; mais une fois qu'ils étaient entre ses mains l'ennemi distinguait-il ceux pris dans les combats de ceux dont il ne devait la conquête qu'a sa diplomatie!

S'il en eût jugé ainsi, il n'aurait pas eu à faire montre de son butin.

L'armée du Rhin, dans toutes les batailles livrées par elle, ne laissa aux mains des Prussiens ni une aigle ni un canon. En revanche, elle leur enleva un drapeau et deux pièces d'artillerie ; voilà les véritables et les seuls trophées de la campagne !

Il nous reste à examiner les clauses de la capitulation.

L'article 1er du protocole stipulait que l'armée française était prisonnière de guerre. Elle comptait encore en ce moment 139 000 hommes, dont 122 000 combattants disponibles, plus 23 000 hommes pour la garnison de Metz. L'histoire n'a jamais enregistré un pareil désastre.

Aux termes de l'art. 2, la place de Metz avec ses forts, son matériel, ses approvisionnements, et en général tout ce qui était propriété de l'État, devait être rendu aux Prussiens dans l'état où le tout se trouvait au moment de la signature.

En capitulant, le maréchal avait traité pour Metz comme pour son armée. Il ne pouvait, du reste, en être autrement depuis qu'il avait résolu de ne pas s'éloigner du camp retranché. Il avait ainsi affamé prématurément la ville, qui, livrée à elle-même, eût pu, comme l'instruction l'a établi, prolonger sa résistance jusqu'à l'époque de l'armistice, si les ressources eussent été convenablement ménagées. Ainsi, la présence de l'armée sous les murs de Metz n'avait servi qu'à contraindre la place à ouvrir ses portes trois mois plus tôt.

D'après l'article 3, « les armes et tout le matériel de l'armée, consistant en drapeaux, aigles, canons, mitrailleuses, chevaux, caisses de guerre, équipages de l'armée, munitions, etc., devaient être laissés à Metz, à des commissions militaires instituées par le maréchal Bazaine, pour être remis immédiatement à des commissaires prussiens. »

Cette remise du matériel était le complément naturel de l'article 1er, et il ne s'agissait là que de l'opération de pure forme qui se pratique dans tous les cas semblables. Mais le maréchal ne l'entendait pas ainsi.

On trouve, en effet, ces mots dans l'ordre qu'il écrivit, le 28 octobre, au colonel de Girels, pour le rendre personnellement responsable de la conservation des drapeaux :

« D'après la convention militaire signée hier soir, 27 octobre, tout le matériel de guerre, étendards, etc., doit être déposé, inventorié et conservé intact jusqu'à la paix ; les conditions définitives de la paix doivent seules en décider.... »

Sur quoi se fondait le maréchal pour émettre officiellement une semblable assertion et agir en conséquence ?

Il est vrai que, dans certaines capitulations, dans celle de Verdun, notamment, il a été admis que le matériel suivrait le sort de la place elle-même lors de la conclusion de la paix. Mais cette condition était inscrite dans le texte de la convention. D'autre part, était-il admissible que les Prussiens voulussent s'obliger à restituer non-seulement ce qui appartenait à la place, mais encore l'immense matériel de l'armée et jusqu'à ses drapeaux ? Comment l'armée française, réduite aux abois, aurait-elle obtenu d'un ennemi rigoureux une faveur exorbitante et complétement inusitée ? Le maréchal, qui connaissait les termes du protocole, savait très-bien que rien de semblable ne s'y trouvait stipulé. Vous avez pu remarquer, au surplus, que, même dans les pourparlers qui précédèrent la capitulation, il ne fut jamais question de réserve d'aucune sorte relative au matériel de la place ou de l'armée.

Le maréchal, en annonçant que, d'après la convention, il serait statué à la paix sur le sort du matériel, émettait donc une assertion absolument controuvée.

Il revint sur ce sujet dans son ordre général du 28 octobre, où il recommandait aux troupes de s'abstenir de toute destruction d'armes et de matériel, « puisque, dit-il, d'après les usages militaires, place et armement devront faire retour à la France lorsque la paix sera signée. » Cette fois, en s'adressant à ses soldats, il ne parlait plus de la convention, car ils en avaient le texte sous les yeux ; aussi se contentait-il d'invoquer les usages militaires ; mais cette seconde assertion, est-il besoin de le dire, n'était pas plus exacte que la première.

Les déclarations du maréchal portèrent leurs fruits. Chacun crut de son devoir de veiller à ce que tout le matériel fût remis dans le meilleur état. Dans beaucoup de régiments, on alla jusqu'à faire nettoyer les armes, et le général de Berckheim, commandant l'artillerie du 6e corps, qui, avant la capitulation, avait fait mettre ses mitrailleuses hors de service, reçut une réprimande.

Les commissions chargées de la remise du matériel, qui n'eurent pour se guider dans leurs opérations que l'ordre précité du maréchal au colonel de Girels, crurent naturellement que ce matériel ferait retour à la France.

Dans cette pensée, tandis que l'art. 3 du protocole spécifiait que la remise aurait lieu immédiatement, elles s'attachèrent, contrairement à l'usage, à dresser inventaire de toute chose avec la plus scrupuleuse exactitude. Elles ne terminèrent que 31 décembre ce travail ingrat et stérile, rendu plus pénible encore par leur situation anomale.

Elles reconnurent ainsi l'existence de 1665 bouches à feu dont 1135 rayées, de plus de 3 millions de projectiles, de 23 millions de cartouches, de 124000 fusils chassepot, 150000 fusils d'anciens modèles, de 9000 affûts et voitures, sans compter la poudre, les approvisionnements et un grand nombre d'accessoires, le tout représentant une somme de plus de 36 millions de francs.

Ainsi, les déclarations du maréchal, les dispositions qu'il prescrivait, tout concourait à assurer la conservation intégrale et en bon état du matériel.

Sans rechercher les motifs de cette étrange sollicitude pour les intérêts prussiens, nous devons demander compte au maréchal des humiliations ainsi imposées durant deux longs mois à des officiers français, dont le travail ne pouvait profiter qu'à l'ennemi.

Aux termes de l'art. 4, les généraux et officiers qui engageraient « leur parole d'honneur par écrit de ne pas porter les armes contre l'Allemagne, et de n'agir d'aucune autre manière contre ses intérêts jusqu'à la fin de la guerre, n'étaient pas faits prisonniers. »

Ce fut un tort grave de laisser insérer cette clause dans le protocole. Elle était directement contraire aux prescriptions du règlement, qui interdit de séparer le sort des officiers de celui de la troupe.

Si la loi donne à l'officier les prérogatives du commandement, elle lui fait aussi un devoir de partager les misères comme les fatigues et les périls du soldat !

La capitulation de Metz ne fut pas la seule, pendant la guerre contre l'Allemagne, où figura cette condition regrettable. A Sedan, comme dans plusieurs autres places, elle fut également consentie. Le conseil d'enquête a infligé à bon droit un blâme sévère à tous les gouverneurs qui avaient admis cette clause. Il est fâcheux que le maréchal Bazaine, qui, investi du grade suprême, devait plus particulièrement donner l'exemple, ne se soit pas montré lui-même plus scrupuleux observateur de ces principes qui intéressent si fort la dignité comme la discipline de l'armée !

La fin de l'article stipulait que, pour reconnaître le courage des troupes, il était permis aux officiers de conserver leur épée, ainsi que ce qui leur appartenait personnellement.

Si ce fut là une faveur accordée, on doit convenir qu'elle fut rarement refusée à des troupes qui avaient si courageusement fait leur devoir.

D'après l'art. 5, les médecins militaires et le personnel des hôpitaux, laissés à Metz pour soigner les blessés, devaient être traités suivant les conditions de la convention de Genève.

En revanche, rien n'était stipulé pour les blessés eux-mêmes, sauf que ceux laissés dans la place recevraient les soins que comportait leur état.

On n'aurait pas dû oublier que le règlement prescrit de s'attacher à obtenir pour les blessés des conditions de faveur. Pourquoi ne pas déclarer au moins qu'ils étaient placés aussi sous la convention de Genève ? Il était plus nécessaire encore de le spécifier explicitement pour eux que pour le personnel médical et administratif. Quelques jours plus tard, en effet, il ne fallut rien moins que les réclamations énergiques de l'intendant et du général Henry pour leur faire accorder le bénéfice de la convention.

L'art. 6 renvoyait à un appendice spécial, dans lequel étaient consignées les garanties d'usage concernant la population civile. Sans entrer dans le détail des clauses consenties, nous noterons que cet appendice était loin de renfermer « d'immenses avantages, » comme le maréchal l'a écrit dans son ouvrage.

Telles étaient les principales clauses de la capitulation, signée, le 27 octobre, à Frescati, et qui ne fut connue dans les rangs de l'armée que dans la soirée du 28.

En communiquant le protocole à ses troupes, le maréchal le fit accompagner de l'ordre général suivant :

« A l'armée du Rhin,

« Vaincus par la famine, nous sommes contraints de subir les lois de la guerre en nous constituant prisonniers. A diverses époques de notre histoire militaire, de braves troupes commandées par Masséna, Kléber, Gouvion-Saint-Cyr, ont éprouvé le même sort, qui n'entache en rien l'honneur militaire, quand, comme vous, on a aussi glorieusement accompli son devoir jusqu'à l'extrême limite humaine.

« Tout ce qu'il était loyalement possible de faire pour éviter cette fin a été tenté et n'a pu aboutir.

« Quant à renouveler un suprême effort pour briser les lignes fortifiées de l'ennemi, malgré votre vaillance et le sacrifice de milliers d'existences qui peuvent encore être utiles à la patrie, il eût été infructueux par suite de l'armement et des forces écrasantes qui gardent et appuient ces lignes ; un désastre en eût été la conséquence.

« Soyons dignes dans l'adversité, respectons les conventions honorables qui ont été stipulées, si nous voulons être respectés comme nous le méritons ; évitons surtout, pour la réputation de cette armée, les actes d'indiscipline, comme la destruction d'armes et de matériel, puisque, d'après les usages militaires, place et armement devront faire retour à la France lorsque la paix sera signée.

« En quittant le commandement, je tiens à exprimer aux généraux, officiers et soldats toute ma reconnaissance pour leur loyal concours, leur brillante valeur dans les combats, leur résignation dans les privations ; et c'est le cœur brisé que je me sépare de vous. »

Certes, le commandant en chef de l'armée du Rhin pouvait avec justice remercier officiers et soldats de leur loyal concours, les féliciter de leur valeur dans les combats, de leur résignation dans les privations. Il pouvait aussi les comparer aux troupes des Masséna, des Kléber, des Gouvion-Saint-Cyr, car, dans toutes les épreuves, elles s'étaient montrées dignes de leurs devancières.

Mais où la comparaison cessait d'être juste, c'était lorsqu'il prétendait avoir tout fait pour éviter la catastrophe, et avoir ainsi atteint la limite du possible, comme ces héros dont il parlait.

Au moment où, par son inaction calculée, par sa conduite tortueuse, par ses agissements déloyaux, il venait d'attirer sur son armée et sur la France un désastre sans exemple, il y avait de l'impudeur à oser évoquer le souvenir de ces noms glorieux.

Le maréchal Bazaine avait raison quand il disait que la capitulation n'entachait en rien l'honneur de ses soldats, qui, dans toutes les circonstances, avaient noblement fait leur devoir. Mais si l'honneur de chacun d'eux individuellement était sauf, l'honneur de cette grande famille qu'on appelle l'armée reçut une grave atteinte. Disciplinée et obéissante, l'armée n'est et ne doit être qu'un instrument dans la main de son chef, qui, seul, en dispose à son gré, mais qui, seul aussi, assume la responsabilité des actes qu'il ordonne. C'est le maréchal Bazaine qui a préparé et consommé la capitulation de Metz, c'est à lui seul d'en répondre devant vous comme devant l'histoire.

Nous n'avons pas même la consolation de penser que sa conduite épargnait, comme il le dit, de nombreuses existences qui pouvaient être encore utiles à la patrie.

L'immobilité presque absolue où il avait maintenu ses troupes depuis le 1er septembre, leur fut plus fatale, en effet, que le feu de l'ennemi. On sait que 11 000 hommes de l'armée du Rhin succombèrent misérablement loin de leurs foyers, pendant leur captivité en Allemagne, enlevés par les maladies, dont ils avaient contracté le germe dans les boues du camp retranché. C'étaient plus de morts que n'en avaient coûté ensemble à cette armée les batailles livrées par elle, les plus meurtrières de toute la campagne.

Preuve frappante qu'à la guerre, les résolutions énergiques, tout en amenant les plus grands résultats, sont aussi celles qui épargnent le plus de sang!

Oh! si nous rappelons cette opinion, qui fut celle de tous les plus grands capitaines, c'est parce que nous avons la conviction profonde, et nous tenons à l'exprimer ici, que si, au début du blocus, le maréchal s'était résolu à un sacrifice exigé par l'intérêt suprême du pays, la tournure des événements militaires en eût été sans nul doute singulièrement modifiée!

Après avoir, par cette proclamation, pris congé de ses soldats, M. le maréchal ne songea plus qu'à son départ, sans se préoccuper de leurs derniers besoins.

Privés ainsi de direction, les services se désorganisèrent, et, faute d'ordres donnés, la troupe, qui n'avait touché que 250 grammes de pain les 27 et 28, ne reçut rien pour la journée du 29.

Or le procès-verbal d'inventaire fait foi que les magasins militaires contenaient encore plus d'un jour de pain, de riz ou légumes secs, de sel, de sucre, de café, 100 000 rations de lard, plus encore de vin ou d'eau-de-vie. Toutes ces denrées furent livrées aux Prussiens, tandis que nos soldats, victimes d'une déplorable négligence, mouraient de faim et de misère. Et cependant, outre ces denrées, l'autorité allemande, nous l'avons dit, avait fait réunir à proximité d'immenses quantité d'approvisionnements destinés à notre armée. Il eût donc suffi de le demander, pour que celle-ci reçût immédiatement les distributions nécessaires.

La capitulation fut mise à exécution le 29 octobre.

A l'occasion de l'article 2 du protocole, nous avons déjà indiqué comment le maintien de l'armée sous les forts avait avancé de trois mois la reddition de la place. Nous devons ajouter que si, une fois décidé à ne plus quitter Metz, le commandant en chef se fût appliqué à recueillir les ressources des environs; si, depuis le 1er septembre, il eût réduit les consommations au strict nécessaire, il eût reculé de deux mois la fatale échéance, sans avoir à imposer à ses soldats les privations qu'ils eurent à subir dans la dernière quinzaine du blocus.

C'est à la fin d'octobre que s'ouvraient à Versailles des négociations que fit échouer l'odieuse insurrection du 31 octobre, dont la capitulation de Metz fut le prétexte.

A cette même époque, l'armée de la Loire s'organisait rapidement. Il est inutile de rappeler que ses progrès devant Orléans ne furent arrêtés que par l'arrivée à marches forcées des troupes du prince Frédéric-Charles.

Ainsi la rupture des négociations politiques, la continuation indéfinie d'une guerre désastreuse, l'armée allemande devant Paris tranquillisée et renforcée, notre jeune armée rompue et refoulée, malgré une vigoureuse résistance, et par suite l'échec des combinaisons de la défense nationale et des efforts désespérés du pays : telles furent les conséquences directes et irréparables de la capitulation de Metz.

En présence de ces faits, on demeure convaincu que la conduite du maréchal Bazaine, qui avait déjà contribué à la catastrophe de Sedan, exerça une influence néfaste sur les événements ultérieurs, qui aboutirent à la défaite finale de la France !

Le 29 au matin, le commandant en chef, qui, dès la veille, avait demandé au prince Frédéric-Charles l'autorisation de partir, quitta le quartier général et s'achemina le premier vers les lignes allemandes.

Pressé de s'éloigner de ces lieux si tristement célèbres, il ne comprenait pas son devoir, comme le capitaine de navire qui, après le naufrage, tient à rester le dernier à son bord, afin de veiller jusqu'au bout sur le sort de ses hommes, et de montrer ainsi que, par une juste compensation, le commandement suprême impose la suprême obligation de se dévouer, de se sacrifier au besoin pour ses subordonnés.

Mais le prince ne se prêta pas à cet empressement ; il ajourna jusqu'à cinq heures du soir la réception du maréchal, qui dut attendre aux avant-postes le bon plaisir de l'ennemi.

Obéissant à des sentiments plus élevés, les commandants des corps d'armée attendirent que leurs soldats eussent été rendus et toute difficulté aplanie, avant de songer à s'éloigner eux-mêmes.

Ainsi fit également une partie de l'état-major général. Ces officiers, bien que sans ordres, demeurèrent à leur poste, s'efforçant de se rendre utiles jusqu'au dernier moment.

Le 29 octobre, à midi, les différents corps de l'armée, après avoir déposé leurs armes dans les forts, s'acheminèrent en longues files par les routes assignées, et vinrent passer comme des troupeaux devant les régiments prussiens rangés en bataille.

Tel est le défilé que le maréchal avait préféré pour ses soldats.

Mais, bien qu'il n'eût désigné que quelques officiers pour conduire les troupes, la plupart tinrent à honneur d'accompagner leurs hommes jusqu'au dernier moment.

Ce fut un spectacle qui ne s'effacera jamais de la mémoire de ceux qui y ont assisté !

Le temps était froid et sombre, la pluie tombait sans interruption. Sur tous les visages étaient peints la honte et le désespoir ; la plupart pleuraient ; quand vint l'instant de la séparation, beaucoup de soldats se jetèrent dans les bras de leurs officiers. Les uns et les autres confondaient dans cet embrassement leurs regrets, leur douleur, mais aussi leurs espérances !

Ainsi une armée de 150 000 hommes, la seule organisée qui restât à la France, prisonnière de guerre ; la ville de Metz intacte, vierge de toute attaque, livrée à l'ennemi, avec un immense matériel ; la Lorraine avec sa capitale, abandonnée aux coalisés allemands ; 200 000 Prussiens jetés, avec l'enivrement d'un succès inespéré, contre ces jeunes corps sans organisation, sans matériel et presque sans armes, que le patriotisme du pays s'efforçait d'organiser à la hâte sur la Loire ;

une lutte devenue désormais par trop inégale, et dans laquelle le courage devait rester impuissant devant la discipline et la grande supériorité numérique de l'ennemi; la France, enfin, réduite aux dernières extrémités et contrainte de subir la paix la plus douloureuse: tel fut, messieurs, le résultat, telles furent les conséquences de la conduite du commandant de l'armée du Rhin devant Metz. C'est ainsi que ses coupables intrigues aboutirent à une capitulation sans exemple, à la situation la plus douloureuse qui pût être infligée à notre patrie.

Vous avez à prononcer, messieurs, sur le général qui a osé assumer devant son pays et devant l'histoire la responsabilité d'une telle capitulation.

J'ai déroulé devant vous la longue série des actes coupables du maréchal.

Vous l'avez vu d'abord, investi du commandement, demeurer indécis entre son devoir qu'il va méconnaître et de mesquines passions qui déjà l'entraînent.

Le désir de se soustraire à la pression morale du quartier impérial, qui le gêne, vous a expliqué la lenteur de sa marche, l'absence de toute précaution pour ralentir celle de l'ennemi.

Le 16, alors qu'un dernier effort eût pu être décisif, il suit sa fatale pensée de retourner en arrière, pour aller bientôt s'immobiliser devant Metz.

Le 18, résolu dès la veille à ramener l'armée dans le camp retranché, il reste éloigné du théâtre de l'action.

Pendant la bataille, les instances du maréchal Canrobert, qui lui peint sa situation critique et réclame du secours, sont impuissants à l'émouvoir et obtiennent à peine l'envoi tardif de deux batteries d'artillerie et de quelques caissons.

Il semble se désintéresser du sort de la journée; il ne songe même pas à envoyer aux nouvelles, et laisse son nombreux état-major inactif, lorsque trois cent mille hommes sont aux prises sur les plateaux.

Pour lui, il se contente de se porter au fort Saint-Quentin et à Plappeville, à 8 kilomètres de ce champ de bataille, où va se décider le sort de la campagne et peut-être celui du pays.

En désertant ainsi les obligations les plus impérieuses du commandement, en laissant écraser une partie de sa ligne, quand il a sous la main des réserves d'infanterie et une artillerie sans emploi, le maréchal a manqué au devoir, non, certes, qu'on puisse le rendre responsable de la bataille, mais parce qu'il n'a pas donné à son lieutenant en détresse les secours dont il disposait.

Avant même de connaître le résultat de la lutte, le maréchal a prescrit la rentrée de son armée sous Metz.

Désormais à l'abri des forts, il attendra tranquillement une crise suprême qu'il a jugée imminente après les événements qui se sont précipités depuis l'ouverture de la campagne.

Résolu à ne pas tenter le sort des armes, il va chercher dans de coupables expédients le salut qu'il aurait dû demander exclusivement à son énergie secondée par la bravoure de son armée.

Au lieu d'élever son cœur et ses résolutions au niveau du péril, il trouve moins hazardeux de temporiser et d'attendre les circonstances pour en tirer parti.

Bientôt il s'engage dans des intrigues politiques que son devoir comme son honneur lui prescrivaient de repousser,

Il ne craint pas de livrer à un inconnu, qu'accrédite seulement auprès de lui une passe suspecte de l'ennemi, avec le secret de sa faiblesse, la fatale échéance de sa résistance; puis, après l'avoir chargé de proposer à M. de Bismark la capitulation de son armée, il n'hésite pas à renouveler lui-même cette honteuse proposition.

Ainsi, alors que l'armée est encore presque intacte, alors que ses moyens d'action sont à peine entamés, il ose faire savoir à l'ennemi qu'il est prêt à renoncer à la lutte.

Et quelle est la base indiquée par le maréchal pour cette coupable capitulation?

Il sait que le gouvernement impérial s'est effrondé; que l'empereur est prisonnier; que l'impératrice et son fils sont en Angleterre; qu'un gouvernement nouveau multiplie ses forces pour lutter contre l'envahisseur.

Il a porté ces nouvelles à la connaissance de son armée, ajoutant avec raison que ces revirements politiques ne changeaient rien à leurs devoirs envers la France.

Quels étaient donc ces devoirs, sinon de combattre à outrance? Et cependant il propose de faire poser les armes à son armée, seule espérance et dernier appui sérieux de la défense; il veut la condamner à demeurer sur un territoire neutralisé, spectatrice impuissante des succès des armées allemandes et des ruines que leur présence accumule dans le pays.

Il va jusqu'à affecter d'ignorer l'existence de ce gouvernement qu'il a officiellement reconnu, et il ne recule pas même devant l'éventualité d'une guerre civile qui entraînerait nécessairement la restauration d'un pouvoir disparu dans les désastres de la patrie.

Instruit désormais de la faiblesse de son adversaire, et comptant, non sans raison, sur l'effet énervant des visées politiques qui l'absorbent, M. de Bismark n'a pas acquiescé aux propositions apportées par Régnier, et que le maréchal s'est empressé de renouveler lui-même. Celui-ci ne s'obstine pas moins dans la poursuite de ses tortueuses combinaisons; mais il juge prudent alors de faire partager à ses lieutenants la responsabilité de ses desseins coupables.

Dans ce vain espoir, dissimulant avec soin la vérité sur toutes les circonstances qui pourraient éclairer leur jugement, il les réunit et cherche à s'abriter derrière l'avis d'un conseil sans caractère légal, qu'il appelle à délibérer sur un acte qualifié crime et formellement proscrit par la loi.

C'est ainsi que la haute influence du commandement, au lieu de servir de guide aux subordonnés et d'assurer la stricte exécution des règlements, s'emploie avec dissimulation à les pousser hors de la ligne du devoir.

Ces entreprises criminelles ont échoué, le maréchal est tombé dans le piége de l'ennemi, qui a su entretenir ses espérances tant que ses soldats pouvaient encore combattre, mais qui a jeté le masque le jour où, affaiblie par les privations et par la famine, l'armée française allait se trouver sans défense à la merci du vainqueur.

Ainsi finit, par suite des calculs égoïstes et des coupables intrigues de son général en chef, cette nombreuse et vaillante armée de Metz, qui entraîna dans son désastre les destinées de la patrie.

Quatrième complément de l'audience du 6 décembre

PRÉSIDENCE DE M. LE DUC D'AUMALE

Fin du Réquisitoire

M. le commissaire du gouvernement termine sa lecture en ces termes :

Au moment suprême où l'ennemi prenait pour la première fois possession de cette grande cité de Metz, cette patriotique population, jusqu'alors dévouée, patiente, résignée, protestait avec dignité contre la conduite du maréchal : elle couronnait d'immortelles et voilait la statue de Fabert, de cet autre maréchal de France qui, oublieux, lui, de ses plus légitimes intérêts, dans une situation extrême, vendait son propre bien pour nourrir ses soldats. Noble désintéressement! Pourquoi le maréchal Bazaine a-t-il oublié cette grande leçon? Que n'a-t-il médité ces belles paroles du héros messin, gravées sur le socle de sa statue :

« Si, pour empêcher qu'une place que le roi m'a confiée ne tombât au pouvoir de l'ennemi, il fallait mettre à la brèche ma personne, ma famille et tout mon bien, je ne balancerais pas un moment à le faire. »

Enfin le maréchal livre à l'ennemi ses drapeaux. Par quelle manœuvre il y parvient, vous le savez. Il annonce une première fois, le 26, l'ordre de les détruire et il ne le donne pas; il annonce, le 27, un second ordre et il ne le donne pas encore; mais après quelque hésitation l'armée rassurée va se dessaisir de ses aigles, et il les tiendra enfin à l'arsenal : alors il tente près du général ennemi une démarche ambiguë qui n'aboutit qu'à une humiliation, et il cède aussitôt à l'injonction hautaine du vainqueur, qui désormais dédaigne tout ménagement. — Cinquante-trois drapeaux français vont décorer le quartier général allemand; quelques jours plus tard, nos malheureux compatriotes, conduits en captivité, subissaient en passant le douloureux spectacle de cet insultant triomphe.

Et maintenant, messieurs, comment caractériser cet acte inouï, sans précédents?

La loi, qui signale comme une aggravation du crime de capitulation la remise des armes, se tait sur l'abandon des drapeaux et des étendards. Est-ce une lacune? Elle s'expliquerait à la rigueur : le législateur pouvait ne pas prévoir qu'un jour il se rencontrerait un général capable de livrer, d'aussi bonne grâce, ses drapeaux à l'ennemi et d'abaisser ainsi sa défaite, comme à plaisir.

Mais l'omission, grâce à Dieu, n'est qu'apparente, et l'impunité légale n'est pas acquise à un tel mépris de tous les sentiments les plus délicats d'une nation restée fière dans ses désastres.

Qu'est-ce que le drapeau, messieurs? Faut-il le redire encore, après tant d'autres dont vous avez vu couler les larmes plus éloquentes que des phrases? A coup sûr le drapeau est quelque chose qui leur tenait au cœur, à ces hommes de forte trempe et de haut courage, puisqu'ils suffoquaient au seul souvenir de ces heures d'angoisses, pendant lesquelles une indigne intrigue les enveloppait et dérobait à leur vigilance les trophées qui ornent aujourd'hui les palais et les basiliques de Berlin. Quelques-uns vous l'ont dit, ces drapeaux couchés dans des fourgons et cachés à tous les regards, c'était, leur semblait-il, comme un lambeau de leur honneur, comme une part de leur âme qu'on leur arrachait, et ceux qui les escortaient avaient l'air de conduire le deuil de la patrie : c'était en effet le deuil de sa gloire éclipsée, de son bonheur perdu.

Oui, le drapeau, c'est bien, ainsi qu'on vous l'a dit, l'image de la France, c'est bien l'image de ce qu'elle aime, admire et honore le plus, car c'est l'emblème du sacrifice. Il parle à tous un langage ferme et limpide, entendu des plus humbles comme des plus grands : il faut le suivre tant qu'il avance, et, s'il tombe, le relever pour le porter plus loin : cela est simple et cela suffit.

Ce drapeau qu'on a pu livrer sans le ternir (trop d'éclat l'environne !), il a été associé aux triomphes de la France et à ses désastres, hélas ! à ses joies comme à ses souffrances ; il a flotté sur nos splendeurs et sur nos ruines, toujours honoré, relevant comme une promesse les courages abattus dans les jours de détresse, et jalonnant la route du devoir devant les générations qui se succédaient à son ombre. Ainsi liée à nos destinées, cette grande et simple image de la patrie, vrai symbole de son impérissable grandeur, nous apparaît si pleine de brûlants souvenirs et d'enivrantes espérances, que l'héroïsme en déborde sur les rangs sans cesse renouvelés de ceux qui se pressent autour d'elle.

C'est bien là, messieurs, le drapeau de la France, dont toute l'histoire se résume en ce peu de mots échappés, dans un jour de péril et d'agitation populaire, à l'âme d'un grand citoyen :

« Il a fait le tour du monde avec nos libertés et nos gloires. »

Celui qu'une autre voix éloquente, chaleureux interprète de nos patriotiques élans, appelait naguère avec une émotion comprise et partagée par toute la France : « le drapeau chéri. »

Doublement chéri en effet : en ce généreux pays que l'infortune attache, il manquait seulement à ce drapeau, pour défier l'inconstance, le tout-puissant prestige d'un malheur immense et immérité. Un général élevé, sous ses auspices, aux plus hautes faveurs de la fortune, lui préparait cet étrange et cruel destin.

Mais si mourir bravement et les armes à la main, pour le salut de ce drapeau, constitue pour chacun de nous le plus grand des devoirs et le suprême honneur, il faut bien reconnaître que sacrifier à des considérations personnelles les drapeaux de l'armée qu'on commande, les soustraire sournoisement, par une manœuvre déloyale, à ses soldats affaiblis et trompés, les déposer docilement et humblement aux pieds du vainqueur et rehausser de ce factice éclat un trop facile triomphe, c'est descendre autant qu'on peut descendre par le mépris du devoir et l'oubli de l'honneur.

Or la loi nous entretient et de devoir et d'honneur. Vous la méditerez, messieurs, cette loi de salut, et vous entendrez, dans le recueillement de vos consciences, l'inexorable vœu du législateur !

J'ai terminé, messieurs.

Organe de la loi, le ministère public n'a plus qu'un douloureux mais rigoureux devoir à remplir, celui de mettre sous vos yeux les conclusions sur lesquelles vous allez délibérer.

Trois chefs d'accusation, vous le savez, pèsent sur le maréchal Bazaine :

Le premier, concernant la capitulation de la place de Metz :

Pour avoir capitulé avec l'ennemi et rendu la place dont il avait le commandement, sans avoir épuisé tous les moyens de défense dont il disposait et sans avoir fait tout ce que prescrivaient le devoir et l'honneur ;

Le deuxième, pour avoir capitulé à la tête d'une armée en rase campagne, cette capitulation ayant eu pour résultat de faire poser les armes à la troupe ;

Le troisième, pour, étant à la tête d'une armée en rase campagne, n'avoir pas fait, avant de traiter, tout ce que lui prescrivaient le devoir et l'honneur.

En ce qui concerne le premier chef, le maréchal Bazaine, nommé par décret impérial du 12 août 1870, au commandement en chef de l'armée du Rhin, se trouvait, aux termes de l'article 4 du décret du 13 octobre 1863, investi du commandement supérieur de la place de Metz.

Or il est établi que, contrairement aux dispositions des art. 255 et 256 du même décret et de l'art. 209 du Code de justice militaire, il a rendu cette place à l'ennemi sans avoir satisfait à toutes les obligations imposées au commandement, notamment sans avoir épuisé tous les moyens de défense dont il disposait, et sans avoir fait tout ce que prescrivaient le devoir et l'honneur.

Par le fait de la capitulation signée par lui le 28 octobre 1870, en ce qui concerne la place de Metz, le maréchal Bazaine tombe donc sous l'application des dispositions de l'art. 209 du Code de justice militaire.

En ce qui concerne le deuxième chef, il est également établi que, le 28 octobre 1870, le maréchal a signé la capitulation de son armée en rase campagne, et que cette capitulation a eu pour résultat de faire poser les armes à cette armée ; il tombe donc, par ce fait, sous l'application de la première partie du premier paragraphe de l'article 210 dudit Code.

Enfin, en ce qui concerne le troisième chef, il est constant que divers actes du maréchal Bazaine, se rattachant directement à l'exercice du commandement de l'armée du Rhin, constituent les manquements au devoir et à l'honneur prévus par la deuxième partie du même paragraphe de l'art. 210 du Code de justice militaire ; il se trouve, en conséquence, sous l'application de la deuxième partie du premier paragraphe dudit art. 210.

La loi, messieurs, a voulu être inexorable pour de tels crimes. Elle n'admet aucune excuse, aucune circonstance atténuante.

« Faire mettre bas les armes à une armée en campagne n'est pas même une capitulation, disait Napoléon Ier, c'est une usurpation de pouvoir, une trahison, une lâcheté. Un général n'a pas le droit de traiter de son armée ; il doit combattre jusqu'à la dernière extrémité. »

Le Code s'est inspiré de ces nobles et mâles pensées, et, pour justifier ses sévérités, le législateur déclarait :

« Que le juge lui-même a besoin quelquefois d'avoir devant les yeux une règle invariable qui soit pour lui l'image austère du devoir, fin d'y puiser le courage de remplir sa rigoureuse mission, et de ne pas céder à ces entraînements qui, à certaines époques, tendent à amollir et à énerver la puissance de la loi. »

En conséquence, nos conclusions sont que le maréchal Bazaine

(François-Achille), ex-commandant en chef de l'armée du Rhin, soit déclaré coupable :

1° D'avoir, le 28 octobre 1870, capitulé avec l'ennemi et rendu la place de Metz, dont il avait le commandement supérieur, sans avoir épuisé tous les moyens de défense dont il disposait, et sans avoir fait tout ce que prescrivaient le devoir et l'honneur;

2° D'avoir signé, le même jour, 28 octobre 1870, à la tête d'une armée en rase campagne, une capitulation qui a eu pour résultat de faire poser les armes à cette armée;

3° De ne pas avoir fait, avant d'avoir signé ladite capitulation, tout ce que lui prescrivaient le devoir et l'honneur :

Crimes prévus et punis par les art. 209 et 210 du Code de justice militaire ;

Requérons le Conseil de faire, en conséquence, au maréchal Bazaine, application desdits art. 209 et 210, en se conformant aux prescriptions de l'art. 135 dudit Code;

Requérons en outre le Conseil de prononcer contre ledit maréchal Bazaine l'application des dispositions prescrites par les art. 138 et 139 dudit Code.

Typographie Lahure, rue de Fleurus, 9, à Paris.

BIBLIOTHEQUE NATIONALE DE FRANCE
3 7531 04324700 7

www.ingramcontent.com/pod-product-compliance
Ingram Content Group UK Ltd.
Pitfield, Milton Keynes, MK11 3LW, UK
UKHW021121220726
13924UKWH00004B/1839